자비중심치료

인지행동치료 스펙트럼 시리즈 ▌COGNITIVE BEHAVIOR THERAPIES

자비중심치료

Paul Gilbert 저 ▌조현주 · 박성현 공역

COMPASSION
FOCUSED
THERAPY

학지사

추천사

세상 살기가 녹록지 않다. 하루하루 살아 내기가 어렵다. 남을 밟고 올라서기, 다른 사람들이 죽어야 내가 살 것 같은 무한경쟁, 끊이지 않는 종교와 이념의 분쟁, 나의 이익만이 무엇보다 앞서는, 내가 살기 위해서는 무엇이든지 해야 하는 세상, 마구 파헤치고 써 버리는 탓에 극심한 환경오염까지 보태져서 우리 지구촌은 중병에 걸려 신음하고 있다. 타인을 배려하고 사랑하는 자비심은 찾아보기 어려울 것 같다. 그러나 이 세상 어느 곳에는 약한 자들을 돌보고 헌신하는 사람, 세계 평화주의를 주장하고 실천하는 사람 그리고 생태계 보호활동을 하는 환경 지킴이들이 있는 것처럼, 삶 속에서 자비를 실천하여 이 땅을 정화하는 사람들이 있다. 한편에서는 경쟁과 전쟁이 또 다른 한편에서는 이타주의에 근거한 자비가 일어나는 것을 어떻게 설명할 수 있을까? 달라이 라마의 통역자인 제프리 홉킨스는 우리는 다른 사람을 대할 때에는 시각적으로 판단하고 자신에게는 자신의 느낌을 우선시하기 때문에, 때때로 자신의 이익을 위해 다른 사람을 이용하거나 그 사람을 상대할 수 없는 사람으로 간주하면서 자신의 악행을 합리화한다고 설명한다. 불교에서는 본디 자신과 다른 사람들이 구분되는 실체가 아니라 마음이 빚어낸 형상이므로, 모든 존재들이 서로 연결되어 있다는 것을 깨달으면 자비의 마음이 저절로 일어난다고 본다. 우리가 자신을 비추어 남을 이해할 수 있다면, 누구나 자비를 실천하지 않을 수 없다는 것이다. 내가 죽기를 두려워하고 살기를 원한다면 남도 바로 그와 같으므로, 내가 좋아하는 그대로 남에게 해 주어야 한다는 말이다. 이는 "자기가 싫어하는 바를 남에게 하지 말라."는 공자의 교훈과도 일치하고, "네 이웃을 네 몸같이 사랑하라."는 예수의 말씀과도 같다.

최근 서양의 심리치료자들이 마음챙김 명상이나 자비명상을 치료적으로 활용하는 데 관심을 가지게 되면서 명상에 관한 다양한 경험적인 연구들이 쏟아져 나오고 있다. 그중 영국의 인지행동치료자이자 자비중심치료를 개발한 Gilbert만큼, 자비를 증거기반이론으로 정교하게 설명하는 학자는 없는 것 같다. Gilbert는 고통에 대해, 우리의 뇌가 진화의 산물로 각기 다른 하위 기능들을 가지고 있기 때문에 갈등이 일어나는 것은 당연하다는 인식에서 출발한다. 특히 경쟁시대를 사는 우리들이 세상을 너무 위협적으로 지각하면, 위협보호 정서 조절 시스템이 과잉 활성화되어 방어적인 행동을 하게 되므로, 뇌의 흥분을 가라앉히는 진정안전 정서 조절 시스템을 촉진하는 것이 정신건강을 회복하는 길이라고 주장하고 있다. 뇌의 진정안전 정서 조절 시스템은 신생아가 생존을 위해 어머니의 품에서 사랑과 포근함을 추구하도록 동기화된 진화의 산물이다. 이 시스템이 자비의 본거지이며, 이 시스템의 활성화를 통해 옥시토신 호르몬이 분비된다는 것이다. 불교에서 자비를 인간에게 내재된 덕성으로 보았듯이, Gilbert도 자비를 내재된 진화의 산물로 보았다. 다만 불교는 자비를 해탈에 이르는 방편으로 보았다면, Gilbert는 자비를 안전을 회복하는 치료적 수단으로 보았다. 자비중심치료는 자비를 받아들이지 못하는 자기비난과 수치심이 많은 내담자들에게 자비로운 부분 자기를 자기 전체로 확대하고 통합하도록 안내하고 있다. 최근 뇌 연구에 따르면 자신을 위로하고 안정화하는 훈련이 연민과 공감을 표현하는 뇌 영역과 관련 있는 것으로 보고되는 것처럼 자비훈련은 공감반응 증진과 밀접하게 관련되어 있다. 그래서 자비중심치료는 수치심과 자기비난이 높은 내담자들에게 도움이 될 뿐만 아니라 공격적인 사람들이 타인의 아픔에 공감하고 타인의 고통을 덜어 주고자 배려하는 마음을 증진하는 데도 도움이 되리라 생각한다. 자비중심치료는 마음의 상처로 아파하는 많은 사람들뿐만 아니라 치료자 자신에게도 크게 도움이 될 수 있는 방법이다.

심리적 고통을 겪고 있는 사람들을 위해 수백 가지의 심리치료방법이 사용되고 있지만 이 모든 것을 배우고 익힌다는 것은 쉬운 일이 아니다. 자비중심치료는 이런 다양한 심리과학적 지식을 하나에 통합한 다중 모형에 근거한 치료로 수치심과 자기 비하가 가득 찬 사람들이 삶의 본질을 점검하고 '자비로운 자기'로 나아가게 해 준다. 친절하고 정리가 잘된 흐름을 따라가다 보면 무엇보다 치료자 자신이 보다 지혜롭고 따뜻해지며 수용적이 되는 신비한 경험을 하게 될 것이다.

　특히 이 책의 부록에는 역자인 조현주 교수가 개발한 마음챙김-자비 프로그램이 제공되어 있다. 전반적인 소개와 호흡, 감정에 대한 마음챙김, 안전공간 만들기, 자기 자비와 타인 자비로 이어지는 녹음된 안내에 따라 스스로를 훈련해 간다면 자비가 넘치는 사람이 될 수 있을 것이다. 이런 자비로움이 자신을 넘어 내담자와 남에게 전해지고 전 사회로 퍼져나가 비록 험한 세상이지만 자비로운 우리로 인해서 그래도 세상은 살 만한 곳이라는 마음을 가지게 될 것을 기대한다.

채정호

가톨릭대학교 의과대학 정신과학교실 교수,

한국인지행동치료학회장

—
역자 서문

 판단하거나 평가하는 마음을 내려놓고 지금 여기에서 일어나는 호흡, 신체감각, 생각, 감정, 욕구, 소리와 같은 내·외적 경험에 주의를 집중하고 있는 그대로 알아차리는 연습을 하다 보면, 마음의 동요가 서서히 가라앉는 것을 느끼게 된다. 어느 순간 마음이 안정되고 깊어지면서, 점차 나와 타인, 자연과의 경계가 사라지고 모두가 하나 되는 접점을 경험하게 된다. 이즈음에 따뜻하고 너그럽고 부드러운 자비심이 저절로 일어난다. 자비명상에 집중하다 보면, 너그러움이 넘실대면서 모든 존재에 감사하는 마음이 일어나고 즐거움과 기쁨의 긍정 정서가 온 마음을 넘어 주변 세계로 퍼져 나가는 것을 느끼게 된다. 이는 역자가 명상을 하면서 경험한 내적 변화다. 투쟁하는 마음을 내려놓고 명상에 집중하면 알아차림이 증가하면서 자비심이 일어나고, 자비명상이 깊어지면 어느 순간 긍정 정서가 일어난다.

Gilbert의 자비중심치료는 역자의 경험을 학문적으로 또한 치료기법으로 명쾌하게 설명해 주는 유일한 책이었다. Gilbert는 진화 · 신경 · 심리 연구를 토대로, 뇌 속에 적어도 세 가지의 정서 조절 시스템이 존재한다고 가정한다. 위협–보호 시스템은 위협을 빠르게 탐지하여 싸우거나 도망가거나 굴복하는 행동을 하는데, 뇌의 편도체와 시상하부–뇌하수체–부신 축이 작동하고, 세레토닌이 활성화된다. 추동–활력 시스템은 좋은 것을 추구하고 성취하도록 동기화하여 즐거움과 긍정 정서를 유발하는 것으로, 뇌의 도파민이 활성화된다. 진정–안전 시스템은 진정과 휴식, 평온과 안전감을 느끼게 하는 것으로, 뇌의 엔도르핀과 옥시토신이 활성화되며, 자비와 연결되는 시스템이다. 세 가지 정서 조절 시스템은 상호 연결되어 있으며, 서로의 균형이 중요하다. 예를 들어, 성취 욕구의 좌절을 반추하거나 혹은 실패를 걱정하거나 자신의 실수를 비난하는 것은 위협–보호 시스템을 과잉 활성화하므로, 진정–안전 시스템으로 전환할 수 있도록 자비 훈련을 해야 한다. 따라서 역자의 명상체험을 Gilbert의 정서 조절 시스템으로 보면, 위협–보호 시스템이 꺼지고(판단하거나 평가하는 마음을 내려놓고; 마음챙김) 진정–안전 시스템이 활성화되어(자비 명상) 평온해지면서, 추동–활력 시스템까지 활성화하여 긍정 정서가 방사되는 것으로 이해할 수 있다.

인지행동치료자인 Gilbert는 인지행동치료를 적용하는 과정에서 종종 환자들이 "대안적 사고를 논리적으로 이해할 수는 있지만 전혀 그렇게 느껴지지 않아요."라고 말하는 것에 주목하고 '대안적인 사고'가 도움이 되지 않는 이유를 조사하였다. 연구결과, 대안적 사고가 따뜻함이나 격려의 목소리가 아니라 냉정하거나 심지어 공격적인 지시로 들린다는 것을 알게 되면서, 따뜻하고 친절한 자비심을 계발하는 것이 필요하다고 여기게 되었다. 따라서 자비중심치료는 자비로운 치료자의 태도에서 시작한다. 치료자의 돌봄과 공감적 태도는 환자에게 안정감을 제공하여 진정-안전 시스템에 접촉할 수 있게 해 준다. 치료 과정은 대안적인 생각을 하거나 글을 쓸 때 따뜻하고 위안이 되는 감정에 집중하도록 하거나 혹은 마음의 내용을 한 발짝 물러나 있는 그대로 관찰하거나 자비의 심상화를 통해 진정-안전 시스템을 활성화하는 데 주력한다. 자비는 뇌의 안전감을 구축하여, 마음의 이질적인 요소들을 탐색하고 통합하도록 도우며, 나아가 자신과 타인의 마음을 이해하고 성찰할 수 있는 정신화 능력을 촉진함으로써 사회적 관계에 긍정적인 영향을 줄 수 있다. 따라서 비록 자비중심치료가 자기비난과 수치심이 많은 환자들을 중심으로 개발되었지만, 다양한 심리적 문제를 지닌 환자들에게도 널리 이로움을 줄 수 있으리라 생각한다.

역자들이 Gilbert의 *Compassion Focused Therapy*를 『자비중심치료』로 번역한 이유는 'compassion'이 불교의 자비(慈悲) 명상에서 비롯되었기 때문이다. 자비명상은 고통받는 이를 사랑하고 불쌍히 여긴다는 '慈(metta)'와 '悲(karuna)'가 결합된 말로, 자신과 타인이 괴로움에서 벗어나 행복해지고 평안해지기를 바라는 마음훈련이다. Gilbert는 'compassion'이 진정-안전 정서 조절 시스템과 연결되며, 진화론적으로 애착, 이타심에 근거하는 본능적 동기라고 설명한다. 'compassion'은 모든 사람에게 있는 동기이므로, 훈련을 통해 친절하고 따뜻한 자비 마음이 계발될 수 있다고 보는 것이다. 그동안 자비 연구는 Neff의 'self-compassion 척도'를 비롯하여 Germer의 'the mindful path to self-compassion'과 Shapiro의 'lovingkindness 훈련'이 소개되고 임상에 적용되어 왔지만, Gilbert만큼 자비를 과학적으로 설명하는 연구자도 드문 것 같다.

이 책은 자비명상에 관심을 가진 독자뿐 아니라 심리치료를 공부하는 대학원생 및 치료사에게 자비명상의 과학적 근거와 개입방법에 대한 풍부한 정보를 제공해 줄 수 있을 것이다. 또한, '자비중심치료'는 뇌의 정서 조절 시스템의 균형과 회복 및 통합을 강조하고 있기 때문에, 최근 관심을 끌고 있는 명상과 뇌의 관련성에 관한 연구들에 이론적 기초를 제공해 줄 수 있을 것이라 기대한다. 자비의 마음이 심리치료 영역을 넘어 사회적으로 확산된다면 갈등과 분열이 만연한 우리 사회에 용서와 평화의 길을 제공할 것이라 소망하면서 이 책을 소개하게 된 것을 기쁘게 생각한다.

끝으로, 함께 번역하면서 고민하고 논의해 주신 박성현 교수님께 감사드린다. 또한 원고를 읽고 어색한 문장을 다듬어 준 영남대학교 심리학과 대학원 상담방 노승혜, 이현예에게 감사드린다. 아울러, 이 책이 출판되기까지 인내와 지원을 아끼지 않은 학지사 김진환 사장님과 편집과정을 꼼꼼하게 챙겨 주신 김선영 선생님께도 깊이 감사드린다.

2014년 9월

역자대표

서 문

   저를 초대하여 오랜 준비 기간을 기다려 주시고 훌륭한 심리치료 시리즈를 만들어 주신 Windy Dryden에게 감사드린다. 아직까지 '자비중심치료(Compassion Focused Therapy: CFT)'에 대한 문헌들이 많이 나와 있지 않기 때문에 자비를 중심으로 한 치료적 접근의 가치에 대한 배경과 근거가 필요했다. 그렇기 때문에 이 시리즈는 다른 때와 달리, 분량은 길지 않으나 참고문헌이 더 많다. 협조해 주신 Routledge의 Windy, Joanne Forshaw, Jane Harris께 감사드린다.

   비록 다른 이론적 접근들로부터 많은 도움을 받았지만, 이 책은 자비중심치료의 독특한 특징들을 기술하려고 노력하였다. 자비중심치료에 도움을 주신 분들, 특히 현재 연구팀인 Corinne Gale, Kirsten McEwan, Jean Gilbert와 자비마음재단의 임원들인 Chris Gillespie, Chris Irons, Ken Goss, Mary Welford, Ian

Lowens, Deborah Lee, Thomas Schroder, Jean Gilbert, 그리고 이 접근을 연구하고 CFT에 대한 이해를 풍요롭게 할 수 있도록 지식과 통찰력, 배움을 함께 나눈 임상 동료인 Michelle Cree와 Sharon Pallant, Andrew Rayner에게 깊이 감사드린다. 또한 저에게 정신화(mentalizing)의 중요성과 그것이 사회적 정신화(social mentalities)와 어떻게 관련되는지에 대해 알려 준 Giovanni Liotti와 정신병 분야에서 지지와 관심을 보여 주고 이끌어 준 Andrew Gumley, 그리고 정신병 환자들에게 훌륭한 자비중심치료를 진행하고 있는 Sophie Mayhew와 Christine Braehler에게 큰 감사의 마음을 전한다. 자비중심치료는 자비마음재단(Compassionate Mind Foundation)의 지원을 받고 있다. 자비마음재단은 다른 종류의 자비 중심 접근들을 소개하고 있는 웹 사이트들과 연계하여 새로운 정보들을 업데이트하고 있으며, CFT 훈련을 위한 자료들을 다운로드할 수 있다(www. compassionatemind.co.uk). 또한 자비마음재단의 토론 리스트를 만드는 데 기여해 준 모든 분들께 감사드린다(명단은 웹 사이트에서 볼 수 있다). 자비마음재단을 훌륭하게 이끌고 있는 Diane Woollands에게 감사드리며, 결코 작은 일이 아닌 참고문헌을 검토하고 열정적으로 도와준 비서 Kelly Sims에게도 감사드린다.

이 책을 수년 동안 나와 슬픔과 기쁨을 함께 나누면서 CFT의 강점과 약점 모두에 대한 솔직한 이야기를 통해 치료 발전에 도움을 주신 환자들에게 바친다. 이 모든 분들께 나는 큰 빚을 지고 있다.

차 례

1부

이론: 모델 이해

2부

자비 훈련

1부

이론: 모델 이해

01

이론적 토대

모든 심리치료들은 치료가 사람을 존중하고, 지지하고, 친절한 자비로운 방식으로 진행되어야 한다고 여기고 있다(Gilbert, 2007a; Glasser, 2005). Rogers(1957)가 언급한 치료적 관계의 핵심 요소인 긍정적 관심, 진솔성 그리고 공감은 '자비로운' 것이라고 볼 수 있다. 최근 들어 자기자비(self-compassion)를 계발하도록 돕는 연구(Gilbert & Procter, 2006; Leary, Tate, Adams, Allen, & Hancock, 2007; Neff, 2003a, 2003b)와 자기도움(self-help)에 관한 연구(Germer, 2009; Gilbert, 2009a, 2009b; Rubin, 1975/1998; Salzberg, 1995)가 주목을 받고 있다. 자신과 타인을 향한 자비의 계발은 안녕감을 증진하는 한 방법이며, 수천 년 동안 심리적 안녕을 위해 행해진 불교 수행의 중심이 되어 왔다(Dalai Lama, 1995; Leighton, 2003; Vessantara, 1993).

먼저 자비중심치료(Compassion Focused Therapy: CFT)의 개발을 위한 배경 원리를 살펴본 후, 제16장에서는 자비의 특징들에 대해 상세하게 소개한다. 자비의 여러 모델들은 서로 다른 이론과 전통 그리고 연구들에 근거하고 있다는 것을 밝힌다(Fehr, Sprecher, & Underwood, 2009). '자비(compassion)'란 단어는 '함께 고통을 나누는'이라는 뜻을 지닌 라틴어 'compati'에서 유래되었다. 아마도 자비에 대해 널리 알려진 정의는 달라이 라마(Dalai Lama)의 정의일 것이다. 자비란 '자신과 타인의 고통에 민감하고, 그 고통을 줄이기 위해 깊게 헌신하는 것'으로, 민감한 주의 자각과 동기가 결합된 것이다. 불교에서 진정한 자비는 자기를 분리하고 자기의 경계들을 유지하기 위해 잡고 있는 허상의 본질을 통찰하는 데서 일어난다고 보는데, 이것을 깨우친 마음 혹은 깨어 있는 마음이라고 부른다. 자기자비 연구의 개척자인 Kristin Neff(2003a, 2003b; www.self-compassion.org 참조)는 테라바다 불교에 기초하여 자신의 모델과 자기보고식 척도를 만들었다. 자기자비에 대한 그녀의 접근은 다음의 세 가지 주요한 요소들로 구성되어 있다.

1. 자기 자신의 고통에 대해 개방하고 마음을 챙기는 것
2. 친절하고 자기를 비하하지 않는 것
3. 수치심과 외로움에 빠지지 않고 모든 사람은 고통을 공유한다는 것을 인식하기-보편적 인간성에 대해 개방하는 것

이와 비교하여, CFT는 종종 무관심하고 학대하는 가족에 의해 만성적이고 복잡한 정신문제(예: 수치심, 자기비난)를 가진 사

람을 위해 개발되었다. 자비에 대한 CFT의 접근은 불교사상(특히 고통 완화에 대한 민감성과 동기)에서 많이 가져왔지만, 진화심리, 신경과학, 사회심리학, 그리고 돌봄(주고받는 것)에 대한 심리학과 신경심리에 기반을 두고 있다(Gilbert, 1989, 2000a, 2005a, 2009a). 돌봄을 받고 수용받는다는 느낌과 소속감, 다른 사람과 친밀감을 갖는 것은 생리적 성숙과 안녕감의 토대가 된다(Cozolino, 2007; Siegel, 2001, 2007). 이러한 느낌들은 긍정 정서와 연결되어 안녕감을 갖게 되고(Depue & Morrone-Strupinsky, 2005; Mikulincer & Shaver, 2007; Panksepp, 1998), 신경호르몬인 엔도르핀과 옥시토신을 증가시키는 것으로 알려져 있다(Carter, 1998; Panksepp, 1998). 고요하고 평화로운 긍정 정서는 성취나 흥분, 자원 추구 등의 정신운동을 활성화하는 정서와는 다른 것이다(Depue & Morrone-Strupinsky, 2005). 오늘날 자기보고 연구를 통해, 성취나 흥분에서 비롯한 정서와 안녕감, 만족감 그리고 안전감에서 비롯하는 긍정 정서를 구분할 수 있게 되었다(Gilbert et al., 2008). Gilbert의 연구에서는, 만족감과 안전감 등의 정서가 흥분이나 활기찬 정서에 비해 낮은 우울과 불안 및 스트레스와 강하게 관련되는 것으로 나타났다.

긍정 정서에 여러 가지 종류가 있다면(그리고 이 정서들이 서로 다른 부분의 뇌와 관련이 있다면), 심리치료사가 평온과 안녕감과 관련한 긍정적 정서를 확장하는 데 주의를 기울이는 것은 당연하다. 이제 우리는 환자가 자기 자신과 타인에 대해 자비를 계발하고, 타인으로부터의 자비에 민감해지는 능력을 계발하도록 돕는 과정을 살펴볼 것이다. 우리는 고통스러운 경험이나 두려운 감정 혹은 정신적 외상 기억들을 대할 때 자비로운 태도를 취할 수 있고 그렇지 않을 수도 있다. CFT는 고통을 회피하거나 진정시키려고 애쓰는 것이 아니라 오히려 고통을 끌어안는 것이다. 제29장에서는 많은 내담자들이 자신과 타인에게 자비로워지는 것을 두려워한다는 것에 대해 설명한다. 이 두려움을 극복해 내는 것이 CFT의 목적이다.

진화적 접근을 취하는 CFT에서 자기평가 시스템은 우리가 사회적·대인관계적 과정을 평가할 때 사용하는 것과 동일한 과정을 통해 작동된다고 본다(Gilbert, 1989, 2000a). 예를 들어, 행동주의 심리학자들이 오랫동안 주목해 왔던 것처럼, 우리가 성적인 어떤 것을 실제로 보든 성적인 어떤 것에 대한 환상을 보든, 성적 각성 시스템은 동일하다 ─내적 자극과 외적 자극에 대해 다르게 작동되는 시스템은 없다. 비슷한 맥락에서, 자기를 비난하는 것과 자기에게 자비를 베푸는 것도 다른 사람에게서 비난을 들었을 때도 자비로움을 받았을 때와 똑같은 과정으로 뇌가 작동할 수 있다. 이러한 관점에 대한 증거들이 공감과 거울 뉴런 연구(Decety & Jackson, 2004)와 자기비난과 자기자비에 대한 fMRI(기능성 뇌자극영상) 연구(Longe et al., 2010)를 통해 확인되고 있다.

개입들

CFT는 인지행동치료와 다른 몇 가지의 치료들에 근거한 다중 모델치료(multimodal therapy)다. 따라서 CFT는 주의, 추론과 반추, 행동, 정서, 동기 그리고 심상을 강조한다. CFT는 다음과 같은 기법들을 활용한다. 즉, 치료적 관계; 소크라스테식 대화법, 안내를 통한 발견, CFT에 대한 심리 교육; 구조화된 사례개념화; 사고, 감정, 행동과 '신체'를 모니터링하기, 연쇄적 추론; 기능 분석; 행동 실험, 노출, 점진적 과제; 자비 심상화; 의자 작업; 다른 자기들(different selves)의 역할을 실행하기; 마음챙김; 정서 감내 학습, 정서적 갈등과 복잡성을 이해하고 대처하기 위한 학습, 노력과 연습에 참여하기, 안전 전략(safety strategies) 밝히기; 정신화(mentalizing) 훈련; 표현적 글쓰기, 용서, 자기 교정적 자비와 수치심-비난을 구분하기, 치료 회기 밖의 작업, 연습 안내하기 등이 있다.

느낌 변화시키기

CFT는 전통적인 인지행동치료 접근에 더해 자비 중심의 독특한 요소들과 자비 이미지를 활용한다. 최근 심리치료가 발달함에 따라, 치료자와 내담자 모두에 대해 마음챙김이 갖는 치료적 의미에 특별히 주목하였다(Siegel, 2010). 제6장에 기술하였듯이, CFT는 정서 조절 모델에 초점을 두고 있다. CFT의 개입들은 변화의 과정을 이끄는 특정한 정서 조절 패턴, 뇌 상태 그리고 자기 경험을 계발하기 위해 사용된다. 이러한 개입들은 특히 가혹한 환경에서 자란 사람들의 자기비난과 수치심을 치료할 때 매우 중요하다. 그들은 다른 사람의 도움이나 친밀한 행동을 받아

보지 못했기 때문에, (진정시키는) 정서 조절 시스템에 쉽게 도달하지 못할 수 있다. 그래서 그들은 "인지행동치료의 논리는 이해하지만, 어떤 차이를 느낄 수가 없다."고 말하기도 한다. 어떤 차이를 느끼려면 위안과 안전을 느낄 수 있는 정서 조절 시스템(특정한 신경생리)에 진입할 수 있는 능력이 있어야 한다. 이것은 실제로 인지행동치료에서 잘 알려진 문제다(Leahy, 2001; Stott, 2007; Wills, 2009, p. 57).

나는 20여 년 전 '대안적 사고들'이 도움이 되는 방식으로 '경험되지' 않는 이유를 조사했다. 연구 결과, 환자들이 머릿속에서 대안적 사고들을 듣는 방식이나 정서적 어조가 종종 분석적이고, 냉정하거나, 거리를 두거나, 심지어 공격적이란 사실을 알게 되었다. 실패한 느낌에 대한 대안적인 사고, 예컨대 "자, 이런 부정적인 생각을 뒷받침해 주는 근거는 없잖아. 지난주에 얼마나 많은 것을 성취했는지 생각해 봐."라는 말을, 공격적이거나 짜증을 내는 어투로 말하는 것과 친절하고 따뜻한 어조로 천천히 말하는 것을 경험하는 것은 분명히 다르다. 노출이나 숙제 작업에서도 마찬가지다. 즉, 그들이 자신에게 행하는 방식(자신을 괴롭히고 겁을 주는 것 대 자신에게 관대하고 격려하는 것)은 그 결과 못지않게 중요하다. 그러므로 사실 사고의 내용을 지나치게 강조하는 것은 도움이 되지 않기 때문에 사고의 내용이 아닌 대안적 느낌을 더욱 강조해야 한다는 것이 분명해졌다. 따라서 CFT의 첫 단계는 대안 사고를 따뜻하고 관대한 목소리로 제공하는 것을 상상해 보도록 하고, 행동 과제도 그렇게 작업하는 것이다. 이런 이유로 나는 『우울증 상담(Counselling for Depression)』 (Gilbert, 2000b)의 제2판까지 모든 관심을 '내적 따뜻함을 계발'하는 데 집중하였다(또한 Gilbert, 2000a 참조). CFT는 인지행동치료에서 시작하여 자비(친절함)에 초점을 둔 정서 작업으로 발전하였으며, 도움이 되는 것으로 입증된 훈련들과 모델의 이론적 토대에 대한 증거들을 확보하면서 현재에 이르고 있다.

치료적 관계

CFT에서 치료적 관계는 매우 중요하다(Gilbert, 2007c; Gilbert & Leahy, 2007). 특히 CFT는 치료적 관여에서의 섬세한 기술(Ivey & Ivey, 2003), 전이와 역전이의 문제(Miranda & Andersen, 2007), 정서의 표현, 증폭, 억제나 두려움(Elliott, Watson, Goldman, & Greenberg, 2003; Leahy, 2001), 수치심(Gilbert, 2007c), 심리적 타당화(validation; Leahy, 2005) 그리고 치료자의 마음챙김에 관심을 기울인다. 우리는 다른 접근의 치료자들, 특히 인지행동치료자를 가르칠 때, 그들에게 조금 천천히 진행하는 방법을 알려 주어야 한다고 느낀다. 계속되는 소크라테스식 질문이나 '목표 설정'보다는 심리적 공간을 허용하고, 숙고를 위해 침묵하고, 치료 안에서 경험할 수 있도록 해야 한다. 우리는 자신의 목소리 속도와 어조, 비언어적 의사소통, 치료 속도 그리고 마음챙김을 어떻게 활용하는지를 가르친다(Katzow & Safran, 2007; Siegel, 2010). 또한 탐색하고 발견하고 실험하고 계발하는 과정에서 필요한 '안전감(safeness)'을 창조하기 위해 숙고하도록 가르친다. 중요한 것은 환자가 치료자를 '자신과 함께 하는 자비로운 사람'으로 경험하는 정서적 장을 제공하는 것이다. 이것은 제10장에서 논의하겠지만, 결코 쉬운 일이 아니다. 종종 환자들은 자신이 오해를 받는다거나 잘못 받아들여지고 있다고 느낄 때 혹은 다른 사람이 자신에게 원하는 것을 강요한다고 느끼거나 심하게 외로움을 경험할 때(전이), 수치심을 느낀다. 치료에서 정서적 색채는 부분적으로 치료자의 전체적인 태도나 속도에 의해 만들어지는데, 이것은 '함께함'을 경험하는 과정에서 중요하다. CFT 치료자는 환자들이 실제로 '함께함'이나 '돌봄을 받는 것'을 경험하는 것 그리고 자신을 숨기고 안전하게 포장하여 '함께함과 연결감'으로부터 멀어지는 것이 얼마나 힘든 것인지에 민감해야 한다(이 책의 제29장; Gilbert, 1997, 2007a, 2007c의 특히 제5, 6장 참조).

CBT는 치료자와 환자가 한 팀으로서, 문제에 대해 함께 생각해 보는 공동 작업을 강조한다. 이에 더해, CFT는 마음을 나누는 것(공유하기)을 중요하게 여긴다. 사람은 누군가와 공유하기를 강하게 원하는데, 대상뿐만 아니라 자신의 생각, 아이디어, 감정을 공유하도록 진화된 것(그리고 공유하고자 하는 동기)은 인간의 가장 중요한 적응 중 하나다. 사람은 사회적 동물로서, 물질적인 것과 지식, 가치, 정서 등을 공유하고 싶어 하고, 알리고 싶어 하며, 이해하고 확인하고 싶어 하는 욕구를 가지고 있다. 그래서 공유하는 것 대 공유하기를 두려워하는(수치심) 동기, 공감과 마음이론의 문제들은 중요한 진화적 동기이며 심리적 능력인 것이다. 이러한 '마음의 흐름'이 막힌다면 문제가 될 수 있으므로, 마음의 흐름을 막는 장애물을 푸는 것이 치료적이 될 수 있다.

변증법적 행동치료(Dialectical Behavioral Therapy: DBT; Linehan, 1993)는 치료에서 방해가 되는 행동들의 문제를 다루고 있다. 다른 치료와 마찬가지로, CFT는 분명한 경계 설정과 보호과정으로서 권위를 사용한다. 예를 들어, 어떤 환자는 정서적으로 괴롭히거나 요구적이어서(예: 소송이나 자살), 치료자를 위협할 수 있다. 이에 겁먹은 치료자가 굴복하거나 뒤로 물러설 수 있는데, 이때 환자는 자신이 다른 사람을 밀쳐 낼 수 있다는 것에 놀라워하기도 한다. 다른 경우에, 환자들이 고통에 빠져 있을 때 치료자들은 침묵하기보다는 환자를 구원하려고 애쓸 것이다. 그러므로 치료적 관계의 명료성은 매우 중요하다. 이것이 DBT가 이러한 유형의 환자를 치료하는 치료자에게 현명하게 지원 집단을 권장하는 이유인 것이다.

연구에 따르면, 자비는 진정한 자기 정체성의 일부분이 되기도 하지만 다른 사람으로부터 자비로운 사람으로 호감을 받기 위해 목표된 자기 이미지와도 연결될 수 있다(Crocker & Canevello, 2008). 그러나 자기 이미지에 목표를 둔 자비는 많은 문제점을 가지고 있다. 연구자들이 애착 유형과 치료적 관계에 대해 연구를 한 결과, 안정 애착 유형의 치료자가 불안정 애착 유형의 치료자보다 치료적 동맹을 더 쉽게 맺고 치료적 관계에서 문제가 덜 있는 것으로 밝혀졌다(Black, Hardy, Turpin, & Parry, 2005; 또한 Liotti, 2007 참조). 또한 Leahy(2008)는 치료자의 성격과 스키마 구조가 치료적 관계(예: 독재적 치료자와 의존적 환자 혹은 의존적 치료자와 독재적 환자)에 얼마나 큰 역할을 하는지에 대해 설명하였다. 그래서 자비는 순종적인 친절함이 아니라, 때로는 엄격하고, 경계선을 잘 설정하며, 정직하여 환자가 원하는 것이 아닌 필요한 것을 주는 것을 의미한다. 알코올 중독자가 술을 원한다고 해서 필요한 것은 아니다. 많은 사람들이 어떤 방식으로든 고통을 피하고자 애쓸 것이다. 그러나 진정으로 변화와 성장을 촉진하는 것은 (친절한) 명료성, 노출, 그리고 수용이다(Siegel, 2010).

자비의 이점에 관한 증거

CFT는 진화적-신경-심리적 과학 모델(evolutionary, neuro- and psychological science model)로부터 유래하였지만, 불교의 영향 또한 많이 받았다. 약 2,500년 동안 불교는 깨달음과 마음의 치유를 위해 자비와 마음챙김에 주목해 왔다. 특히 테라바다 불교는 마음챙김(mindfulness)과 자애(loving-kindness)를 강조한 반면, 대승불교 수련에서는 연민(compassion)에 주안점을 두었다(Leighton, 2003; Vessantara, 1993). 붓다는 말년에 자신의 주요한 가르침은 자신과 남에게 해를 입히지 않는 마음챙김과 자비라고 말하였다. 붓다는 마음의 해악을 피하고 자비를 증진하기 위한 수련의 방법을 팔정도(eight-fold path)로 요약하였다. 팔정도는 정견(바른 견해), 정사(바른 생각), 정어(바른 언어), 정업(바른 행동), 정명(바른 생활), 정정진(바른 정진), 정념(바른 알아차림), 정정(바른 집중)으로 이루어졌고, 이는 모두 자비심으로 이끄는 요소들이다. 여러 연구에서 자비를 키우는 수련들이 건강을 증진하고 뇌의 활성화, 특히 정서 조절에 효과가 있다고 밝혀졌다(Begley, 2007; Davidson et al., 2003).

지난 10년 동안 자비를 기르는 것의 이점을 조사하는 연구들이 급증하였다(Fehr et al., 2009). Rein, Atkinson 및 McCraty(1995)가 진행한 초기 연구에서, 사람들이 자비를 심상화할 때 면역기능(S-IgA)에 긍정적인 영향을 미치는 반면 분노를 심상화할 때에는 면역기능에 부정적인 영향을 미치는 것으로 나타났다. 그리고 타인을 위한 자비 심상화 훈련이 전두피질, 면역기능 그리고 안녕감에 변화를 유발한다고 밝혀졌다(Lutz, Brefczynski-Lewis, Johnstone, & Davidson, 2008). Hutcherson, Seppala 및 Gross(2008)의 연구에서는 짧은 자애명상 후 사회적 연결감이 증가하고 낯선 사람에게 더 호의적인 것으로 나타났다. Fredrickson, Cohn, Coffey, Pek 및 Finkel(2008)은 Compuware(소프트웨어 회사) 고용인 67명을 자애명상 집단에 그리고 72명은 통제 대기집단에 무선할당하였다. 그 결과, 집에서 매주 60분씩 6주간 CD로 자애명상(자신, 상대방 그리고 낯선 사람들을 향한 자비)을 연습한 집단은 긍정적 감정, 마음챙김, 삶의 목표, 사회적 지지가 증가하였고, 질병의 증상이 감소한 것으로 나타났다. Pace, Negi 및 Adame(2008)은 6주간의 자비명상이 면역기능, 신경 내분비 그리고 스트레스 대처 행동을 개선하는 것을 확인하였다. Rockliff, Gilbert, McEwan, Lightman 및 Glover(2008)는 자비 심상화가 자기비난자의 심박 변이율을 증가시키고, 코르티솔 수준을 감소시킨다는 것을 밝혀냈다. 최근 우리가 진행한 fMRI 실험에서는 위협적인 사건을 심상화한 상 태(예: 취업 실패)에서 자기비난(self-criticism)과 자기진정(self-reassurance)을 할 경우 서로 다른 부분의 뇌가 활성화된다는 것을 알아냈다. 자기진정은 자기비난과 달리 공감과 관련이 있는 뇌도(insula)를 자극하는 것으로 밝혀졌다(Longe et al., 2010). 중 립적이든 자비로운 태도이든 슬픈 얼굴을 보는 것은 신경생리 적 반응에 영향을 끼치는 것으로 보고되었다(Ji-Woong et al., 2009).

소수의 만성 정신 질환 환자들을 대상으로 한 비통제 연구에 서도 자비 마음 훈련(compassionate mind training)은 수치심, 자 기비난, 우울증과 불안증을 크게 감소시킨다는 것이 밝혀졌다 (Gilbert & Procter, 2006). 또한 자비 마음 훈련은 환청을 듣는 환 자에게도 증상 개선에 도움을 주는 것으로 나타났다(Mayhew & Gilbert, 2008). Laithwaite 등(2009)은 정신병동에서 집단 CFT를 받은 19명의 환자들을 대상으로 한 연구에서, "환자들의 자존감 과 우울증상이 크게 변화했고, ……사회적 비교와 일반적인 정 신 질환 척도에서 중간 정도로 변화하였으며, 수치심은 작은 변 화가 일어났다. ……이런 변화들은 6개월 후 추적 조사에서도 유지되었다."(p. 521)고 밝혔다.

관계성과 안녕감 분야의 연구에서는 타인에 대한 배려, 감사, 공 감과 정신화 기술은 긍정적 관계성을 만들어, 안녕감과 정신 · 신 체 건강에 통계적으로 유의하게 영향을 주는 것으로 나타났다

(Cacioppo, Berston, Sheridan, & McClintock, 2000; Cozolino, 2007, 2008). 자기중심적인 자기 정체성보다 친절한 '자기'가 안녕감, 사회적 관계, 자비심에 영향을 주어, 보다 긍정적인 결과와 관련된다는 연구 결과들도 증가하고 있다(Crocker & Canevello, 2008). 이러한 연구 결과들은 CFT의 발전과 계속 진행되고 있는 연구들의 좋은 토대가 되고 있다.

Neff(2003a, 2003b)는 '자기자비(*self-compassion*)'에 대한 연구의 개척자다(pp. 3-4 참조). 그녀는 자기자비와 자존감(self-esteem)을 구별하고, 자기자비가 자존감보다 여러 측면에서 안녕감을 더 잘 예측하며(Neff & Vonk, 2009), 자기자비는 학업 실패에 대처하는 데도 도움을 준다고 주장하였다(Neff, Hsieh, & Dejitterat, 2005; Neely, Schallert, Mohammed, Roberts, & Chen, 2009). 자신에게 자비로운 편지 쓰기는 여러 가지 생활 사건에 대처하는 능력을 키워 주고 우울을 감소시킨다(Leary et al., 2007). 그러나 Neff의 자기자비에 대한 개념은 앞에서 설명한 진화론과 애착에서 유래된 모델과는 다르다. 아직 연구자들 간에 자비에 대한 정의는 일치하지 않고 있다. 사실, 자비라는 단어는 다른 언어들 사이에서 약간씩 의미가 다를 수 있지만, 중요한 개념이다. 그러므로 이 책에서는 자비를 기본적인 정신 구조인 '마음 태도(mind set)'로 정의하며, 이는 제16장에서 더욱 자세하게 살펴볼 것이다.

02

개인적 여정

나는 다음과 같은 이슈들에 영향을 받아 사람들이 자비와 자기자비의 능력을 계발하는 문제에 관심을 갖게 되었다.

첫째, 나는 인간의 행동과 고통, 성장에 대한 진화론적 접근법에 대해 오랫동안 관심을 가지고 있었다(Gilbert, 1984, 1989, 1995, 2001a, 2001b, 2005a, 2005b, 2007a, 2007b, 2009a). 인지 시스템이 잠재되어 있는 동기와 정서 기제들을 촉발한다는 생각은 Beck의 인지적 접근의 핵심 이론이었으며(Beck, 1987, 1996; Beck, Emery, & Greenberg, 1985), 나 또한 진화와 인지 간의 접점을 특별판에서 저술하였다(Gilbert, 2002, 2004).

둘째, 진화심리학은 이타주의와 돌봄의 주제에 상당한 관심을 기울여 왔다(Gilbert, 2005a). 이것들이 인간의 진화에서 차지하는 중요성에 대한 인식이 증가하고 있으며(Bowlby, 1969; Hrdy, 2009), 신체적·심리적 발달과(Cozolino, 2007), 안녕감에 미치는 영향(Cozolino, 2008; Gilbert, 2009a; Siegel, 2007)에 대한 연구들이 늘어나고 있다.

셋째, 만성 정신 질환을 가지고 있는 사람들은 종종 스트레스가 많은 환경 혹은 이타주의와 돌봄이 적은 환경에서 성장한다(Bifulco & Moran, 1998). 이러한 환경들은 신체 및 심리 발달에 큰 영향을 끼친다(Cozolino, 2007; Gerhardt, 2004; Teicher, 2002).

넷째, 앞에서 언급한 이러한 인생 경험에 의해, 일부 만성적이거나 심한 문제를 가진 사람들은 특히 수치심, 자기비난과 자기혐오에 문제가 있어서 타인의 친절에 어떻게 대할지 모르거나 돌봄을 받는 것을 어려워하는 경우가 많다는 것을 알게 되었다(Gilbert, 1992, 2000a, 2007a, 2007c; Gilbert & Procter, 2006).

다섯째, 앞서 서술하였듯이 치료자로서 CBT를 활용할 때 환자가 "대안적 사고의 논리는 이해할 수 있지만, 나는 여전히 X 혹은 Y라고 느낍니다."라고 말한다는 것이다. 즉, 환자는 "학대를 받은 것이 내 잘못이 아니라는 것은 알지만, 여전히 제 잘못인 것 같습니다."라고 말하거나, "여전히 내가 나쁘다고 생각해요."라고 말하는 경우가 많았다.

여섯째, 환자가 자신의 마음의 내용물에 대해 생각하고 반성할 수 있는 능력(예: 감정표현 불능 상태와 대비하여 정신화하는 능력)이 치료 과정과 치료의 중심이 되고 있다는 인식이 증가하고 있다(Bateman & Fonagy, 2006; Choi-Kain & Gunderson, 2008; Liotti & Gilbert, in press; Liotti & Prunetti, 2010).

마지막으로, 나는 불교도는 아니지만 오래전부터 개인적으로 불교 철학과 수행에 대해 관심을 가지고 있었다. 자비로운 자기가 되는 자비 훈련(2부 참조)은 마음챙김과 정신화 능력의 계발에 도움이 되는 안전감(safeness)을 제공할 것이다. 불교 심리학에서 자비는 마음을 '변형'시킨다고 본다.

논리와 감정

논리적 사고와 감정 간에 갈등이 생길 수 있다는 것은 오래전부터 잘 알려져 있는 사실이다. 실제로 1980년대 이후 연구들은 마음에는 상당히 다른 처리 시스템이 있다고 보고해 왔다. 내현적(자동적) 처리[implicit(automatic) processing]는 무의식적이고, 빠르고, 감정적이고, 적은 노력을 요구하며, 고전적 조건형성과 자기 정체성 기능들에 의해 영향을 받고, 의식적 욕구와 대립하는 감정이나 공상을 만들어 내기도 한다. 이것은 한마디로 '무언가를 느끼게 하는' 시스템이다. 반대로, 외현적(통제된) 처리[explicit(controlled) processing]는 내현적 처리보다 느리고, 의식적이고, 반성적이고, 언어적이며, 노력이 요구되는 시스템이다(Haidt, 2001; Hassin, Uleman, & Bargh, 2005). 이러한 발견들은 Teasdale과 Barnard(1993)에 의해 좀 더 복잡한 모델로 발전하였고, 임상장면(예: Power & Dalgleish, 1997)에서 유용하게 활용되어 왔다. 하지만 여기서 중요한 점은 인지와 감정이 단순하게 연결되어 있는 것이 아니라, 인지와 감정이 각기 다른 신경생리적 시스템에 기반을 두고 있다는 것이다(Panksepp, 1998). 따라서 각기 다른 처리전략과 결론에 이르는 내현적 시스템과 외현적

시스템의 차이가 생각과 감정 간의 연결의 문제점("머리로는 알
겠지만 그것을 느끼질 못하겠어요.")을 낳을 수 있다. 인지치료자를
포함한 다른 많은 심리학자들이 이 문제들을 다루지 못하는 것
은 그들이 인지와 정보처리를 상호 교환 가능한 동일한 개념으
로 취급하기 때문이다. 그러나 인지와 정보처리 과정은 다르다.
당신의 컴퓨터(뇌)와 DNA(당신 몸 안에 있는 모든 세포들)는 정보
처리 기제이지만, 사실 나는 뇌와 몸속 세포 속에 '인지'가 있다
고 보지 않는다. 동기나 감정에 비해, 무엇이 '인지' 또는 '인지적
인'것이고 아닌지를 정의하는 데에서의 실패가 이 분야의 연구
를 어렵게 만들었다.

감정이 인지나 논리적 추론을 따르지 않는다는 문제점을 다루
기 위해 다양한 해결책이 제공되어 왔다. 즉, 더 많은 연습이 필
요하고, 대부분의 변화는 느리고 노력이 많이 든다는 것, 문제가
되는 정서에 더 많이 노출하기, '방어벽'과 방어벽의 기능을 확인
하기(Leahy, 2001), 특별한 치료적 관계의 필요성(Wallin, 2007),
마음챙김과 수용 계발 등이 그것이다(Hayes, Follette, & Linehan,
2004; Liotti & Prunetti, 2010). 여기서 CFT는 한 가지를 더 제안하
고 있다. CFT는 위안과, 안전 그리고 연결감을 일으키는 포유류
와 인간의 돌봄 시스템으로부터 진화된 내현적 정서 시스템에 근본
적인 문제가 있을 수 있다고 본다(제6장 참조). 이러한 정서 시스
템에 접근하지 못하는 것이 문제의 근원이 되는 것이다. 앞서 서
술하였듯이, 실제로 어떤 사람은 인지적(논리적) 대안적 사고를
만들어 내지만, 머릿속에서 대안적 사고는 차갑고, 냉정하며, 공

격적으로 들린다. 대안적 사고가 따뜻함이나 격려의 목소리가
아니고 냉정한 지시와 같은 정서적 어조로 들리는 것이다. 이들
은 대안적 사고를 만들 때 친절하고 지지적(내적) 감정을 느끼는
것에 대해 어려워한다. 그래서 그들은 대안적 사고나 심상을 '느
낄' 수 없는 것이다.

　이러한 환자는 어떠한 문제가 생기면 자신에 대해 비난하는 것
이 내재되어 있어, 근본적으로 자신이 결함이 있거나 문제가 있
다고 여기기 때문에 자비심과 자기수용이 일어나지 않는다. 따
라서 이들에게 자신의 생각, 감정과 문제점을 한 걸음 물러서서
볼 수 있는 능력을 계발하도록 하고, 통찰력과 논리, 문제해결
능력을 사용하는 것 외에 자신을 좀 더 사랑하고 자신에게 좀 더
친절할 수 있는 '마음 수련'이 필요하다는 것이 더욱 분명해진다.

사 례

나는 20여 년 전 만성적인 우울장애와 함께 경계선 성격
특징과 자살 경향성을 가진 Jane을 만났습니다. 그녀는 아
주 어렸을 때 입양되었고, 오랫동안 자신은 어디에도 적합
하지 않다는 느낌을 가지고 살았습니다. 그녀는 자신은 실
패자이고 버림받았다는 생각에 대해 합리적이고 대안적인
사고를 갖도록 상당한 훈련을 받았지만, 그럼에도 불구하
고 이런 생각이 그녀의 기분까지 변화시키지는 못했습니
다. 내가 그녀에게 대안적 사고를 할 때 위안이 되고 도움
이 되며 친절한 느낌을 경험하는가를 물었을 때, 그녀는 어

리둥절해하며 "당연히 아니죠. 저는 그저 논리적으로 생각하는 것뿐이에요. 왜 저 자신에게 친절해야 하죠? 자신에게 친절하다는 것은 약한 모습이고, 자신을 통제하지 못하는 거예요. 그냥 전 똑바로 정신을 차리고 있어야 해요."라고 대답하였습니다. 그녀는 기혼녀로 자녀들과 함께 단란한 가정을 꾸리고 살고 있습니다. 나는 그녀에게 "대안적 사고를 탐색하는 것이 당신이 사랑받고 있고, 누군가에게 소중하다는 느낌, 그리고 당신이 찾던 소속감이나 지지받고, 친절하며, 수용받고 있다는 그런 느낌을 갖는 데 도움을 주지 않던가요?"라고 물었습니다. 한참 후에 그녀는 "그렇죠. 하지만 나 자신에게 자비로워지고 싶지 않아요. 나에게는 내가 싫어하는 모습이 너무나 많거든요!"라고 대답했습니다. 그녀가 ① 자기 자신을 싫어하였기 때문에, 다른 사람의 친절함에 대해 마음의 문을 닫았고, ② 그것이 자신의 생각을 이야기하고 표현하는 것을 방해하였으며, ③ 수동적인 원망과 무력감을 유발하였고, 그리고 ④ 자신의 감춰진 내적 분노와 증오가 자기 자신을 더 싫어하게 만들고 있다는 것을 알아차리기까지는, 정말 많은 시간이 걸렸습니다.

그래서 나는 Jane과 치료를 하면서, 어떻게 하면 그녀가 대안적 사고를 할 때, '수용'과 '친절함'과 같은 따뜻한 정서를 일으킬 수 있을까에 대해 고민하였습니다. 이에 대한 아이디어는 그녀가 대안적 생각(우울한 생각을 대신하는)을 하거나 글로 쓸 때, 따뜻하고 위안이 되는 감정에 집중하도록 하는 것이었습니다. 처음에 Jane은 자신에게 따뜻하게 대하는 것을 경멸하고 두려워하였는데, 이 과정에서 중요한 다른 요소가 드러났습니다. 사실 그녀는 다른 사람들의 진정한 관심, 돌봄, 정서적 친밀감을 두려워했던 것입니다. 그녀는 다른 사람들과 너무 가까워지게 되면, 나중에 수치심을 느끼거나 거절로 끝날 것이라고 믿고 있었습니다. 또한 상대방과 너무 가까워지면, 자신의 마음속에서 일어나고 있는 감정들(예: 자신을 싫어하는 감정)을 상대방이 알게 되어 자신을 싫어하게 되거나 혹은 반대로 자신이 상대방에게 의존하게 될 것에 대해 두려워하고 있었습니다(예: 만일 내가 누군가와 가까워지게 되면 그를 필요로 할 텐데, 그건 의존적이고 요구적이며 취약하다는 의미다). 따라서 나는 Jane을 긍정적 감정(친절하고 친화적인)에 노출하고, 긍정적 감정에 대한 두려움에 대해 다루는 것이 그녀에게 도움이 될 것이라고 생각했습니다. Jane은 나의 치료 과정에서 이상적인 자비 이미지를 심상화하는 연습을 사용한 첫 번째 환자입니다(제26장 참조). 그녀의 이상적인 자비 이미지는 붓다가 여신의 모습을 하고 있는 것이었습니다! 이러한 연습은 매우 힘들었지만, 그녀는 지난 15년간 우울증이 재발하지 않았습니다. Jane과의 치료 경험은 나에게 다음과 같은 새로운 생각을 열어 주었습니다. 어떤 사람은 긍정적 감정을 느끼는 것이 부정적 감정과 그로 인한 결과들과 밀접하게 연관되어

있기 때문에, 긍정적 감정을 상당히 두려워한다는 것이다. 그러
므로 긍정적이고 친밀한 감정을 활성화시키는 것은, 위협적 감정
을 둔감화하는 작업만큼 많은 노력이 필요하다(제29장 참조).

　그래서 단순하게 보면, 수치심과 자기비난이 심한 사람은 자신
에게 따뜻함, 자비심 그리고 위안을 주는 느낌을 갖는 것을 어려
워하는 것 같다. 이것은 중요한 정서 조절 시스템(affect-regulation
system)이 '꺼져 있기' 때문이다. 이를 비유하자면, 성적으로 흥분
시키는 모든 요소는 있으나(예: 성적 환상을 일으키는 사진이나 모
습) 성 호르몬을 분비하는 뇌하수체가 제대로 작동하지 않아서 신
체에 영향을 주지 못하고, 결과적으로 성적으로 흥분을 '느끼지'
못하는 것과 같은 것이다. 그러므로 원래 CFT는 수치심과 자기
비난이 심해서 자신을 쉽게 진정시키지 못하거나 혹은 내적으로
따뜻함을 일으키거나 자기위안을 어려워하는 사람을 위해 개발
된 것이다(Gilbert, 2000a, 2000b, 2007a; Gilbert & Irons, 2005).

　CFT는 장애의 진단과 치료보다는 적응적으로 대응하는 과정
에 초점을 둔다. 왜냐하면 수치심과 자기비난은 다양한 심리장
애들과 관련되어 있어 진단으로는 판별하기 어려운 심리적 문
제이기 때문이다(Gilbert & Irons, 2005; Zuroff, Santor, & Mongrain,
2005). 그러므로 CFT는 사람이 힘든 상황에 대해 적응적으로 대
응(표현형의 다양성)하도록 돕는 것에 초점을 둔 탈병리적(de-
pathologizing) 접근이다. 예를 들어, 우리 모두는 애착 시스템을
갖고 있지만, 그것은 신뢰와 개방 그리고 친화적 형태로 표현될

수도 있고, 아니면 불신, 회피 그리고 착취의 형태로 표현될 수도 있다. 이것은 어린 시절 사랑과 돌봄을 받았는지 혹은 방치와 적대감이나 학대 속에 자랐는지에 따라 달라지며, 또한 현재의 사회적 맥락에 따라서도 영향을 받는다. 친화적 행동의 표현형은 발달 맥락에 따라 다양한 형태로 나타난다.

03

진화된 마음과 자비중심치료

붓다와 초기 그리스 철학자들은 우리의 마음이 혼란스럽고, 갈등에 영향을 받고, 강렬한 감정에 휩싸일 수 있으며, 이것이 곧 불안, 우울, 피해망상, 폭력 등으로 이어질 수 있다는 것을 잘 이해하고 있었다. 그러나 그들은 '왜' 그런지는 알지 못했다. 1859년 마음과 뇌는 자연선택(natural selection)의 결과라는 다윈(Darwin)의 『종의 기원(*Origin of Species*)』이 발행되면서부터, '왜' 에 대한 문제가 풀리기 시작했다. 다윈에 따르면, 종(species)은 변화하는 환경에 적응하기 위해 서서히 진화한다. 환경은 새로운 환경에 적응한 종을 선택하고, 선택받은 종만이 살아남는다. 중요한 점은, 진화는 최초의 원형으로 돌아가지 않으며, 기본 설계를 토대로 다양한 변이를 형성한다. 이것이 동물이 기본 유전자의 구성(네 개의 다리, 심장 기관, 소화 기관, 감각 기관 등)에 있어 동일한 이유다. 뇌 또한 여러 종들에 걸쳐 기본적 기능들을 공유하고 있다. 이것은 우리의 마음이 어떻게 설계되고, 왜 그렇게 작용하게 되는지를 이해하는 데 큰 도움을 준다(Buss, 2003, 2009; Gilbert, 1989, 2002, 2009a; Panksepp, 1988).

다윈의 깊은 통찰은 심리학과 심리치료에 큰 영향을 끼쳤다(Ellenberger, 1970). 프로이트(Sigmund Freud, 1856~1939)는, 예컨대 마음은 여러 기본적인 본능과 동기들(예: 성, 공격성, 힘)로 구성되어 있는데, 이것이 하나의 전체로 작용하기 위해서는 조절될 필요가 있다(우리 모두가 본능대로만 행동하지 않도록)는 것을 인식하였다. 그래서 우리는 갈망과 열정, 파괴적 추동을 부인(denial), 투사(projection), 해리(dissociation)와 승화(sublimation)와 같은 방어기제들로 통제하는 것이다. 프로이트는 마음을 1차적 사고(내재적 욕망에 지배되는 원본능적 사고)와 2차적 사고(자아에 기반을 둔, 현실에 기반을 둔 사고)로 나누었다. 이 모델에서 마음은 선천적으로 욕망과 통제 간의 갈등으로 이루어져 있다. 프로이트는 이러한 갈등이 자아 의식에 큰 부담을 주면, 그것이 무의식 상태가 되어 결과적으로 정신장애의 근간이 된다고 설명하였다. 따라서 치료자의 역할은 이러한 갈등을 의식화하고 무의식적 갈등을 풀 수 있도록 도와주는 것이다.

실제로, 뇌는 열정과 동기(예: 암묵적 대 명시적; Quirin, Kazen, & Kuhl, 2009)를 관장하는 변연계와 같은 구뇌 시스템(MacLean, 1985)과 일차적으로 동기와 정서를 조절하는 전두 피질 시스템(Panksepp, 1998) 등의 서로 다른 시스템으로 이루어져 있다. 만약 전두 피질이나 변연계에 손상이 생기면, 주로 충동성과 공격성을 일으킨다. 최근 잠재의식 처리에 관한 많은 연구들은 무의식이 정서나 행동에 많은 영향을 끼친다고 밝히고 있다(예: Baldwin, 2005). 사실, 의식은 정보처리 과정의 거의 마지막 단계에서 나타난다(Hassin et al., 2005). 우리는 또한 마음이 모순된 동기와 감정으로 가득 차 있다는 것을 잘 알고 있다(제4장 참조). 최근에는 억압, 투사, 해리와 같은 방어기제의 본질과 이들이 심리적 기능과 자기 구조(self-constructions), 사회적 관계와 치료에 어떤 영향을 미치는가에 대한 과학적인 연구들이 이루어지고 있다(Miranda & Andersen, 2007).

원형, 동기 및 의미

요즈음 인간 심리가 백지 상태(tabula rosa)에서 시작된다고 보는 학자들은 거의 없다. 이보다는 인간 영아는 인간 종 고유의 실현 가능성을 갖춘 상태로 태어난다는 관점이 지지받고 있다 (Knox, 2003; Schore, 1994). 모든 것이 잘 이루어진다면, 아이는 부모나 보호자와 애착을 형성할 것이고, 언어를 배울 것이며, 인지적으로 유능하게 발달하고, 사람과 관계하고 성 관계를 형성하는 등의 많은 것을 해낼 것이다. 다른 말로, 인간은 선천적으로 특정한 방향성을 가진 동기와 의미 부여를 타고 난다는 것이다. 이러한 관점이 나타난 기원은 플라톤(Plato)과 칸트(Kant)까지 거슬러 올라간다. 심리치료에서 다양한 형태의 의미를 창조하는 인간의 타고난 능력을 조명하고자 시도했던 사람은 융 (Jung, 1875~1961)이었다.

융은 우리의 선천적 유도 시스템(예: 부모/양육자와의 초기 애착

관계를 형성하고 추구하는 것, 집단에 소속하려고 하는 것, 사회적 지
위나 신분을 추구하는 것, 배우자를 찾는 것 등)을 원형(archetype)이
라고 불렀다. 원형은 발달의 전개(예: 돌봄을 받고자 하는 것, 집단
의 구성원이 되고자 하는 것, 배우자를 찾고 부모가 되고자 하는 것, 죽
음을 받아들이는 것 등; Stevens, 1999)에 영향을 끼친다. 융은 인간
은 진화된 종으로서, 생각, 감정, 행동에 대해 특정한 성향을 타
고난다고 가정하였다. 이런 성향은 집단 무의식 안에서 핵심으
로 존재하여 행동, 사고 및 감정을 이끈다.

　융은 수천 년 전부터 모든 문화와 문학, 이야기에서 부모와 자
식 간의 돌봄, 가족과 집단에 대한 충성과 배신, 사랑을 찾는 것,
신분과 사회적 지위를 찾기 위한 영웅들의 노력, 자기희생 등에
관한 주제들을 다루어 왔다는 것에 주목하였다. 이러한 주제들
은 우리의 원형들의 일부분이기 때문에 시간을 초월한 주제이고
또 정신건강에도 영향을 미친다.

　융은 원형이 다른 원형들과 함께 성숙해지고, 효과적으로 기
능하고 조화되는 과정은 유전적인 성격과 경험에 의해 영향을
받는다고 주장하였다. 예를 들어, 우리는 신생아일 때 어머니의
품에서 사랑과 포근함을 추구하고 유도하는 원형을 가지고 있지
만, 이 관계가 부정적이라면 성장을 저해하는 어머니 원형을 가
질 수 있다. Stevens(1999)는 이것을 원형 의지의 좌절(thwarted
archetypal intent)이라고 불렀다. 이러한 경우에, 어른이 되어서
도 부모처럼 사랑해 주고 돌봐 줄 어머니나 아버지와 같은 인물
을 찾는 데 많은 시간을 투자하거나, 반대로 돌봄을 받거나 사랑

받고 싶은 욕구를 완전히 차단해 버릴 수 있다. 소위 애착 행동이라 부르는 초기 관계를 연구하는 연구자들은 실제로 아동 그리고 성인이 그런 방식으로 행동할 수 있다는 것을 밝혀냈다. 즉, 어떤 사람은 사랑과 보호에 개방적이고 또 어떤 사람은 사랑과 보호를 잃을까 봐 불안해하고 지속적인 위안을 필요로 하지만, 또 다른 사람은 친밀감이 두려워 친밀한 관계를 회피하거나 혹은 친밀감을 경멸하거나 무시한다(Mikulincer & Shaver, 2007).

융은 우리의 타고난 원형들이 서로 다른 목표를 추구하도록 설계되어 있기 때문에 갈등이 일어날 수 있고, 이런 갈등이 종종 정신건강에 문제를 일으킬 수 있다고 말하였다. 융은 이 원형들이 성숙하고, 발달하며, 통합되는 과정을 밟을 수도 있지만, 원형이 좌절되거나 자기 안에 갈등이 있을 때 정신건강의 문제가 된다고 본 것이다.

사회적 정신화

Gilbert(1989, 1995, 2005b, 2009a)는 원형 이론을 현대 진화론, 사회 및 발달 심리학과 연결하여, 인간은 어떤 관계 유형(예: 성적 관계, 부족 관계, 지배-복종 관계, 돌보는 자와 돌봄을 받는 관계)을 찾고 형성할 수 있도록 하는 많은 사회적 정신화(social mentalities)를 가지고 있다고 주장하였다. 기본적으로 좋은 생물사회적인 목표와 동기를 추구하도록—성적 파트너를 찾는 것, 성관계를 형성하는 것, 자녀를 돌보는 것, 우정을 맺는 것, 집단에 대한 소속감을 발전시키는 것, 집단의 구성원이 되는 것, 신

분을 위해 경쟁하는 것 등 — 진화되었다는 것이다. 이들 각각
에 대한 뇌의 패턴은 서로 다른 특정한 방식으로 조직된다. 사
회적 정신화란 '다양한 심리적 능력과 단위들(예: 주의력, 생각하
는 방식, 행동 경향 등)의 조직체'로서, 특정 형태의 사회적 관계를
안정화하도록 동기화된다. 예를 들어, 돌보는 정신화일 때, 우리
는 다른 사람의 고통이나 욕구에 주의를 기울이고, 걱정하며, 그
들이 필요로 하는 것을 어떻게 제공해 줄지 생각하여 그렇게 해
주고, 상대방이 회복되거나 풍요로워지면 보상받는 느낌을 받
게 된다. 예를 들어, 이것은 "난 다정다감한 사람이 되고 싶다."
는 자기 정체감과 연결된다. 또한 돌봄을 받는 정신화일 때에는
고통을 완화시켜 주거나 성장과 발달에 도움을 줄 수 있는 상대
방을 찾게 될 것이다. 우리는 도움을 줄 수 있는 상대방에게 주
의를 기울이고, 필요한 욕구를 제공해 줄 수 있는 상대방에게 접
근하여 욕구나 괴로움을 알리는 행동을 한다. 만일 그런 욕구들
이 성취되면 좋은 감정을 느끼지만, 그렇지 않으면 분노를 느끼
고 불안하거나 우울해진다. 이렇게 되면 타인을 자신에게 필요
한 것을 갖고 있지 않거나 거절하는 존재로 느낄 것이다.

이와 달리, 우리가 다른 사람과 경쟁을 하게 되면, 자기 자신의
강점과 약점을 상대방과 사회적으로 비교하면서 더욱 노력을 기울
일지 아니면 포기할 것인지를 결정하게 된다. 우리는 상대방을 향
한 공격적 감정이나 행동을 더 하게 되고, 상대방의 괴로움에 대
해 전혀 관심을 기울이지 않을 수 있다. 이러한 정신화를 가질 때
우리는 자기 자신에 대해 열등자-우등자 혹은 우승자-패배자로

나누어 생각하게 된다. 우리는 이기게 되면 좋은 감정을 느끼지만, 지거나 상대방보다 열등하다고 판단하면 우울해진다(Gilbert, 1984, 1992, 2007a). 자기 정체감과 관련하여 경쟁적인 사회적 정신화는 타인보다 더 높은 지위를 추구하려는 성취 지향의 욕구를 증폭시킬 수 있으며, 혹은 자신의 능력 부족과 열등함에 대한 우울감을 증가시킬 수도 있다. 성취 동기에는 여러 가지 다른 종류가 있다(제14장 참조). 우리는 다른 사람들이 잘되는 것을 보면 질투를 하거나 마음이 안 좋아질 수 있고, 다른 사람이 실패하는 것을 보면 기분이 좋아지기도 한다. 물론 이것은 돌봐 주는 정신화와는 상당히 다른 것이다!

반대로, 협동적 정신화를 가지고 있을 때, 우리는 자신과 맞고, 협력하거나 지지해 줄 수 있고, 같은 목표를 추구하는 사람(예: 오케스트라에서 함께 연주할 수 있거나 같은 팀으로서 일할 수 있는 사람)을 찾으며, 그 사람들과 연결되는 데 관심을 기울이게 된다. 이것은 진화적으로 강렬한 공유 본능과 연결되어 있다. 이러한 경우, 우리는 다른 사람들과 함께 지낼 때는 좋은 감정을 느끼지만, 거절당하거나 혼자 남게 되면 안 좋은 감정을 느끼고 심지어 기만당한다고 느끼게 된다. 오래전부터 '함께 어울리는 것'과 '남들보다 앞서는 것'은 매우 다른 심리를 포함하고 있다고 인식되어 왔다(Wolfe, Lennox, & Cutler, 1986). Lanzetta와 Englis(1989)는 협동적 관계와 경쟁적 관계 속에 있을 때의 인간 행동의 차이를 연구한 결과, 협동은 공감을 촉진하지만 경쟁은 공감에 반하는(counter-empathy) 것으로 피부전도, 심장박동 및 근전도에서 차이가 나타나는 것을 확인하였다. 이러한 결과는 서로 다른 사회적 정신화는 완전히 다른 심리적·생리적 과정을 통해 처리된다는 것을 보여 주고 있으며, 따라서 어떤 정신화는 활성화하고(예: 돌봄, 공감, 공격성), 동시에 다른 부분들은 비활성화할 수 있다는 것을 말해 준다.

[그림 1]은 경쟁적 정신화와 돌보는 정신화를 간단히 도표로 비교하여 보여 준다.

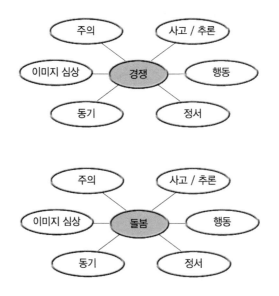

[그림 1] 경쟁적 정신화와 돌보는 정신화의 비교

CFT 접근에 따르면, 우리의 마음은 다양한 목표를 추구하며, 추구하는 생물사회적 목표에 따라 서로 다른 사회적 정신화를 만들어 내도록 동기화되고 조직된다. 분명히 정신화들은 서로 겹치기도 하고, 어떤 것은 다른 것보다 의식적이거나, 보상적이 며(예: 애정을 위해 지위에 대해 경쟁할 수 있다. 제14장 참조), 다른 정신화로 바뀌기도 한다. 실제로, 상황에 맞게 정신화를 바꾸는 능력은 건강의 지표가 될 수 있다(Gilbert, 1989). 예를 들어, 직장 에서는 경쟁적이지만 가정에서는 다정다감한 남성이, 아내의 사 랑을 얻기 위해 자녀와 경쟁하는 남성보다 훨씬 건강하다고 볼 수 있다. 늘 경쟁적이거나 복종적인 혹은 협력적이거나 돌보는 정신화를 가지고 있는 사람들처럼, 어떠한 한 정신화의 틀에 갇 혀 있는 사람들은 문제점이 많다. 예를 들어, 편집증 환자는 기 본적으로 불신을 가지고 있기 때문에 돌봄을 받는 것을 매우 두 려워한다. 반사회적 성격장애를 가진 사람들은 상대방을 돌봐 주거나 공감하는 것을 어려워하지만, 누군가와 경쟁하는 상황에 서는 매우 유능할 수 있다. 우리는 특정한 사회적 전략, 역할 그 리고 관계를 추구하며, 그것을 추구하기 위해 다양한 정신화들 을 활성화(혹은 비활성화)할 수 있는 진화된 뇌를 가지고 있다. 만 일 우리가 배타적 정신화를 가지고 있어서 다른 집단을 적으로 보게 된다면, 확실히 공감적 관심과 배려하는 마음은 비활성화 되고(이것이 고통을 일으키므로) 아무런 죄책감 없이 공격적으로 행동할 수 있게 된다. 우리는 환자를 심리치료 할 때 어떤 정신 화는 줄이고 다른 정신화를 활성화시키려고 노력하는 경우가 많 다. Beck, Freeman 및 Davis(2003)는 성격장애에 대한 접근에서 비슷한 진화론적 관점을 취하였다.

사회적 정신화들이 발달하고, 성숙해지며, 조화를 이루고, 활성화되는 방식은 유전, 성장 배경, 그리고 현재의 사회적 요구와 연결되어 있다. CFT는 마음이 조직되는 방식을 상호작용과 보상 적 관점에서 보기 때문에 이것이 매우 중요하다. 예를 들어, 학 대나 방치된 아이는 다른 사람에게 보살핌을 끌어내거나 도움을 받고 위로받는 것을 믿기 어려운 일이고 도움이 되지 않거나 심 지어 위협적이고 위험한 일이라고 생각한다. 이들은 자신을 위 해하거나 수치심을 줄 수 있는 상황이나 힘을 가진 사람에게 신 경을 곤두세워야 하는 환경에서 성장해 왔다. 이것은 이들이 위 협에 기초한 경쟁적인 사회적 정신화를 발달시키도록 자극하며, 따라서 이들은 공격과 거절의 단서에 매우 민감하게 될 것이다. Liotti(2000, 2002, 2007)는 보호자가 동시에 안전과 위협의 대상 으로 지각될 경우 자녀의 애착 행동이 와해될 수 있다고 강조하 였다. 이들은 사회적 정신화의 일관성이 와해되어 순종과 공격 성, 위축 행동과 친밀감 추구 사이를 왔다 갔다 하므로, 그들 자 신뿐만 아니라 주위 사람도 그들을 이해하기 어려워한다.

CFT는 돌봄을 유발하거나 돌봄을 제공하는 것(자비를 통해) 과 같은 하나의 사회적 정신화는 다른 정신화를 조직화하는 데 큰 영향을 미칠 수 있다는 상호작용 관점을 가지고 있다(Gilbert, 1989). 우리의 관점이 새로운 것은 아니다. 오래전부터 불교에서 는 자비가 마음을 변화시키고 재조직한다고 했고, 융은 개성화 (individuation)의 과정이 원형들의 조직과 재조직 과정이라고 주 장하였다.

여기서 우리가 반드시 이해해야 할 점은 뇌는 특정한 방식으

로 기능하도록 설계되었고 다양한 맥락과 목표에 따라서 패턴을
바꿀 수 있도록 진화된 기관이라는 것이다. 뇌는 특정한 입력을
추구하고(예: 타인과의 친화적 관계) 그 입력에 대해 반응하는데,
만일 추구하는 입력이 일어나지 않으면 방어적이거나 발달적 일
탈을 보이게 된다. 일부 심리치료와 대부분의 정신과적 분류는
이것들에 대해 언급하지 않고 밖으로 드러나는 증상에만 의존하
고 있다. 그러나 CFT는 진화적 관점과 생물심리사회적 목표와
욕구들—애정, 돌봄, 보호, 소속감과 같은—그리고 인간의 역
량—정신화, 마음이론, 공감, 상상과 심상화 능력과 같은—의
측면에서 마음을 이해하려는 전통을 따르고 있다.

04

다중 마음

동기, 정서 그리고 인지 능력과 같은 서로 다른 심리들은 각기 다른 시기에 진화되어 왔다. 예를 들어, 성이나 전쟁, 사냥 그리고 영역을 차지하고 방어하는 역량들은 500만 년 전으로 거슬러 올라가 파충류에서부터 시작되었다. 포유류로 진화되면서(약 120만 년), 신생아를 돌보는 것, 동맹 형성, 놀이, 신분 위계와 같은 심리들(정서와 동기 시스템에 의해 지원되는)이 세상에 나타났다. 복잡한 사고, 반성, 마음이론, 자기 개념과 자기 정체성은 약 2만 년 전부터 나타나기 시작했다. 이처럼 뇌는 단계적으로 진화되어 왔고, 우리의 마음은 서로 다른 시대에 기원하는 서로 다른 여러 동기들과 정서들로 가득 차 있기 때문에 갈등이 많을 수밖에 없는 것이다.

구뇌와 신뇌
앞의 설명에 대해 환자들에게 이야기해 주거나 생각해 볼 수 있게 하는 하나의 방법은, 인간은 다른 동물과 마찬가지로 다양한 정서와 동기를 지닌 구뇌를 가지고 있지만, 동시에 생각하고, 반성하고, 관찰하고, 자기 정체성을 형성할 수 있는 능력을 가지고 있다는 것이다(Gilbert, 2009a). 구뇌와 신뇌는 상호작용을 하는 방식에서 문제가 일어날 수 있다. 예를 들어, 신체적 감각이 생각하고, 추론하고, 설명할 수 있는 신뇌와 연결되면 "심장박동수가 증가했으니 심장마비로 죽게 될 것이다."라고 결론 내려서, 공황장애를 유발할 수 있다. 그리고 "이런 실수는 실패자라는 것을 의미하므로 미래가 없다."고 반추하면, 우울증을 유발할 수 있다. 그러나 동물은 빚을 갚거나, 새끼가 공부를 하지 않는다고 걱정하거나, 미래가 어둡다거나, 몸에 생긴 혹이 암일 것이라고 생각하며 스트레스를 받는 일은 없다. 이러한 걱정들은 인간이 특정한 상위 방식으로 생각할 수 있는 능력(상위 인지) 때문에 생겨난 것들이다.

다양한 정신 상태

이미 심리학 교과서에서도 소개된 것처럼, 서로 다른 여러 동기들, 원형의 잠재력들이 수백만 년에 걸쳐서 진화되어 왔다는 것은 잘 알려진 사실이다. 예를 들어, Coon(1992)은 심리학 교과서 서문을 다음의 글로 시작했다.

당신은 세계 안에 존재하는 여러 세계들의 집합체이며, 하나의 우주다. 아마도 당신의 뇌는 이 세상에 존재하는 가장 정교하고 놀라운 기

구일 것이다. 당신의 뇌가 음악, 미술, 과학을 만들고, 심지어 전쟁을 일으킬 수 있다. 사랑과 자비의 잠재력은 공격성과 증오 그리고 아마도 살인에 대한 잠재력과 공존한다(p. 1).

Coon과 그 밖의 연구자들이 말하고자 하는 것은 우리는 경험과는 달리 통일된 자기가 아니라는 것이다. 오히려 우리는 의미를 형성하고, 다양한 뇌의 패턴과 마음의 상태를 만들어 낼 수 있는 잠재력들로 구성되어 있다. 이것을 20년 전 Ornstein(1986)은 다음과 같이 설명하였다.

자기이해에 관한 오랜 역사는 마음을 단순하고 일반적인 '지능'의 관점에서 이해했던 시대로부터 마음은 복합적 구조로서 그 안에 복잡한 '재능들' '하부 단위들' 그리고 '방책들'을 포함한다는 관점으로 발전해 왔다. ……이러한 마음의 요소들은 서로 독립적으로 작용할 수 있고, 우선순위도 다를 수 있다.

복합성과 분화에 대한 발견은 뇌의 기능과 국소화(localization) 연구, 지능의 개념, 성격 검사, 마음의 일반적인 특징에 관한 연구 등 다양한 영역의 연구에서 나타났다(p. 9).

실제로, 마음에는 복잡한 하위 체계와 프로그램들이 존재하고 이들이 상호작용한다는 생각은 인지행동치료(CBT)를 이론화하는 데 중심이 되었다. 예를 들어, Beck(1996)은 마음에는 서로 다른 다양한 모드(modes)가 존재하고 각 모드는 동기, 정서 그리고 인지 시스템들을 통합하는 방식으로 표현된다고 주장하였다. 이러한 관점은 원형이나 사회적 정신화(social mentalities, 역자주: 사회적 관계에 대한 표상)에 대한 생각과 유사하다. 이처럼, Teasdale과 Barnard(1993)도 인지, 정서 그리고 동기를 처리하는 하위 체계들이 존재하고 이들이 상호작용한다고 주장하였다.

Coon과 Ornstein은 자기가 전체이고 통합된 개인이라는 생각은 착각이라고 지적한 융의 사상을 반영하여 마음의 원형적 본질에 대한 현대적 설명을 내놓았다. 실제로, 융은 통합성과 전체성은 심리적 위업이며 성숙한 달성을 의미한다고 말하였다. 즉, 우리는 많은 서로 다른 종류의 재능과 능력, 사회적 동기와 정서 등으로 이루어져 있고, 이들의 수많은 밀고 당김에 대처하는 것은 결코 쉬운 일이 아니다.

다양한 동기와 의미를 형성하는 모듈들(원형들)이 혼합되어 있는 마음은 하나의 자기가 아니고 여러 개의 자기들로 경험될 수 있다(예: Rowan, 1990). 이러한 가능한 자기들(possible selves)과 하위 성격들(subpersonalities)은 마음의 상태가 다를 때, 서로 다르게 느끼고 다르게 움직일 수 있는 것이다. 치료 과정에서, 우리는 다른 자기들에게 이름을 붙이고 서로 이야기 나누는 것을 배울 수 있다. 그래서 우리는 약자를 괴롭히는 자기, 완벽주의적인 자기, 복수심이 가득 찬 가학적 자기, 성적 자기, 용서하는 자기 등을 인식할 수 있다. 이러한 가능한 자기들은 사회적 역할을 실행하기 위해 다른 사회적 정신화를 필요로 한다(그리고 뇌의 패턴 또한 다르다. Gilbert, 1989, 1992; Gilbert & Irons, 2005; Gilbert &

McGuire, 1998).

정신화와 자기감

CBT는 원래 사람이 자신의 생각과 감정을 인식하여 그것들을 올바르게 표현할 수 있도록 돕기 위해 개발되었다. 이러한 생각과 감정은 다양한 평가 척도에 의해 쉽게 포착될 수 있다(예: Safran & Segal, 1990). 치료자는 이런 기술들을 환자가 자신의 사고방식 혹은 핵심 신념과 스키마에 주의를 기울일 수 있도록 안내하는 데 사용한다. 앞서 말했던 것과 같이, 우리는 동기, 정서 및 생각을 인식하는 능력, 그리고 그것들을 표현하고 성찰하는 능력은 매우 복잡하며, 발달 과정에 따라 다르다는 것을 잘 알고 있다. 진화론자들은 오랫동안 동기적 과정을 의식으로 불러오는 것은 거의 불가능하다고 지적해 왔다. 이것이 다중 마음(multi-mind)의 복잡한 측면이다.

지난 10년 동안 내적 정서와 사고에 대한 주의와 추론이 어떻게 자기이해나 자기 정체성과 연관되는가에 대한 관심이 급증하였다. 예를 들어, 뇌는 복잡하고 상충하는 정서들과 (가끔씩 이상하고 불쾌한) 생각이나 환상이 뒤섞인 엄청난 정신 현상들을 일으킬 수 있는데, 일관된 자기감을 유지하기 위해서는 이것들이 개인에게 일관된 방식으로 조직되어야 한다(Gilbert, 2005a; McGregor & Marigold, 2003). 사람은 마음의 어떠한 내용들에 의해 몹시 괴롭거나 압도될 수 있다. 자기감(sense of self)이나 자기 정체성을 위협하는 새로운 정보들(감정, 환상, 생각)은 설사 그것이 긍정적인 변화를 일으키더라도 적극적 저항을 불러일으킬 수 있다. Swann, Rentfrow 및 Guinn(2003)은 사람은 자기를 개선하는 것보다는 자기 정체성과 일치하고 익숙하며 예측 가능한 것들을 추구한다고 주장하였다. 그러므로 순종적이거나 공격적인 자기 정체성은 이와 다른 변화에 저항적일 수 있다(이에 대한 자세한 논의는 Leary & Tangney, 2003; 이 책의 제29장 참조).

자기 일치성을 달성할 수 있는 한 가지 방법은 자신과 타인의 마음의 내용을 이해하고 성찰할 수 있는 능력과 이러한 정보들을 이용하여 다양한 사회적 역할과 사회적 관계에 맞게 다루어 나가는 능력이다. 정신화(mentalizing) 능력은 분명히 사회적 정신화의 이용과 조직화를 도와준다(Allen, Fonagy, & Bateman, 2008). 이것은 추론 능력과 자기 정체성을 형성하는 능력을 지닌 진화된 신뇌가 정서와 동기를 지닌 구뇌와 어떻게 상호작용하는지를 나타내준다. 이러한 상호작용은 오랫동안 진화해 온 생존과 재생산의 기본 전략이다(Gilbert, 1989, 2009a).

아쉽게도(많은 심리치료 연구와 마찬가지로), 이 분야의 연구(즉, 마음 상태를 성찰하기 위한 역량)의 문제점은 이 주제가 명확한 규명 없이 서로 다른 접근들과 개념들, 이론들과 상당히 중첩되어 있다는 것이다. 예를 들어, 다양한 감정에 대해 집중하고, 생각하고, 성찰하고 느낄 수 있는 능력은, 우리가 우리 자신과 다른 사람의 마음 상태에 대한 다양한 원인과 의미를 어떻게 귀인하느냐에 따라 다음과 같은 개념들, 즉 정서적 스키마, 감정표현 불능증, 정신화, 마음이론, 공감과 동정, 정서 지능, 경험 회피,

마음챙김, 투사적 방어의 사용, 아스퍼거 증후군 등과 관련된다
(예: Choi-Kain & Gunderson, 2008). 이것들은 단지 몇 가지 예에
불과하다!

감정표현 불능증의 예를 들어 보자. 감정표현 불능증이란 감
정을 주관적으로 인식하거나 알아채지 못하고, 감정을 반영하거
나 설명하기 힘들어하며, 특히 양가감정과 갈등의 느낌 차이를
구별하기 힘들어하고, 내적 사건보다는 외적 사건에 집중하는
것을 의미한다(예: Meins, Harris-Waller, & Lloyd, 2008). 연구자들
은 어떤 감정표현 불능증은 불안정 애착과 관련된다고 밝혀냈
다. 감정표현 불능증 같은 심리적 어려움은 모든 정신 질환에서
흔하며, 특히 외상과 관련이 많다(Liotti & Prunetti, 2010). 그러나
사업적으로나 정치적으로 성공한 사람들 중 상당 부분의 사람들
이 정신 질환 수준까지는 아니지만, 감정표현 불능증의 특성을
보인다. 비록 그들의 무감정이 다른 사람들에게 정신 질환을 일
으키더라도 말이다. 어떤 사람은 모든 방법을 동원하여 자신의
입장, 생각 그리고 행동을 정당화한다. 이들은 개방적이고 성찰
적이며 책임을 받아들이는 진실한 대화를 하기 어렵기 때문에,
돕기가 어렵다. 그러나 자기 정당화와 책임을 외부로 돌리는 것
이 습관화된 사람은 치료를 시도하는 경우가 드물다. 이들 대부
분은 자신은 전혀 문제가 없다고 생각하며, 극도로 수치심을 회
피한다. 이들은 단순히 모든 종류의 성찰 없는 행동을 반복할 뿐
이다.

Meins 등(2008)은 감정표현 불능증의 특징인 외부 지향적 사

고는 자신의 마음 내용(동기, 생각과 감정)을 탐색하지 않으려 는 의식적 결정에서 일어날 수 있으므로, 이것을 그렇게 하 지 못하는 불능과는 구별해야 한다고 주장했다. Karen-Karie, Oppenheim, Dolev, Sher 및 Etzion-Carasso(2002)는 어머니들 중 아이의 입장에서 생각할 수 있는 사람이 있는가 하면, 아이의 입장을 생각하기 힘들어하거나 적극적으로 회피하는(분리된) 사 람이 있다는 것을 알아냈다. 후자 어머니들의 아이들은 불안정 애착의 경향을 보였다.

이러한 복잡한 과정에서 사람들은 자신과 다른 사람의 마음 을 이해하기 위해(종교적 사고와 환상을 창조하는 것을 포함하여; Bering, 2002) 투사와 투사적 동일시(Miranda & Andersen, 2007)를 사용하기도 한다. 이러한 사실들을 통해 당신은 '신뇌'가 '구뇌'로 부터 발생하는 동기나 정서와 어떻게 얽혀 있는가를 볼 수 있을 것이다.

심리적 역량의 발달

CFT에서 공감이나 정신화와 같은 역량들은 사회적 정신화가 좀 더 복잡한 수준에서 기능할 수 있도록 해 준다. 이러한 역량 들은 시간이 지남에 따라 성숙해지고 발달해 간다. 그러므로 마 음 상태에 관해 생각하는 방식에 영향을 주는 감정표현 불능증 이나 정신화와 같은 능력들은 고정적 기술이 아니라 발달적 과 정으로 보아야 한다. CBT 치료자는 피아제(Piaget)의 인지발달 단계에 따라, 환자들이 서로 다른 인지 능력을 가지고 있다는 사실에 주의를 기울였다(Rosen, 1993). 예를 들어, 어떤 사람은 다른 사람보다 전조작기에 해당하는 인지(추상적 생각을 못하고 지각적 속성으로 판단)를 가지고 있다. 따라서 내적 감정과 다른 사람의 감정을 성찰하는 능력은 분명히 인지 능력과 상관이 있다(또한 이 중요한 논의에 대해서는 Kegan, 1982 참조). 사람의 마음이론에 대한 역량은 시간에 따라 발달하고 다른 인지 능력과 연결될 수 있다. 더 나아가 우리는 사람의 도덕적 생각과 추론 능력은 시간의 흐름에 따라 어른들의 체벌이나 보상에 따른 단순한 옳고 그름의 개념에서 추상적이지만, 사회적 맥락에 맞게 생각할 수 있는 능력으로 발달한다는 것도 잘 알고 있다(Gilbert, 1989).

피아제는 동화(assimilation)란 새로운 정보를 현재의 신념에 맞추는 것이고 조절(accommodation)은 새로운 정보가 기존의 지식구조와 통찰에 변화를 주는 것이라고 그 차이를 구분하였다. 여기에서 또 다른 측면은 동기나 '변화를 위한 준비도' 등의 개념들과 여러 면에서 중첩되는 새로운 가능성과 변화에 대한 '개방성'이다.

CFT와 관련이 있는 또 다른 중요한 영역은 정서적 성숙이다. 예를 들어, Lane과 Schwartz(1987)는 정서의 복잡성(affect complexity)은 다양한 정서들과 경험들을 구분하는 능력과 관련 있다고 말했다. 그들은 피아제의 인지발달 단계에 상응하는 일련의 단계들을 제시하였다. 단계는 다음과 같다.

1. 신체적 감각

2. 행동하는 신체

3. 개인적인 감정

4. 감정의 혼합

5. 혼합된 감정의 혼합

가장 낮은 단계에 있는 유아들은 신체 감각으로만 경험을 인식하며, 이들은 쾌락과 고통 차원에서 투박한 구분을 할 수 있을 뿐이다. 그 후에는 행동에서 비롯된 감정을 인식하게 되고, 점차 슬픔, 분노, 불안, 즐거움 등 여러 종류의 감정을 구분하게 된다. 나중에는 혼합된 감정을 경험하게 되고, 그러한 양가감정에 대응할 수 있는 능력을 갖게 된다. 그 후에는 혼합된 감정의 혼합이 일어난다. 이러한 정서적 성숙이 일어나는 방식에 대해 아직 정확하게 밝혀진 것은 없지만, 부모의 정신화 능력과 애정이 매우 중요한 역할을 하는 것으로 알려져 있다. 자신의 감정을 잘 알지 못하고 정서적 인식 수준이 낮은 단계에 정체되어 있는 환자는 자비를 계발하기 어려우며, 심지어 자비가 어떠한 느낌인지조차도 이해하지 못할 수 있다. 이것은 이들이 보편적으로 정서를 느끼고 인식하는 데 문제가 있기 때문이다(제29장 참조).

치료자의 역할 중 하나는 심한 정신질환 환자를 포함하여 환자의 마음챙김과 정신화 역량을 증진시켜 덜 회피적이고 덜 판단적이고 덜 자기비판적이 되도록 하고, 자신의 감정을 성찰하고 혼합된 감정 간의 갈등과 조건화된 정서(정서적 기억), 그리고 감정에 대한 긍정적 혹은 부정적 신념에 대해 보다 잘 이해할 수 있도록 도와주는 것이다(또한 Gilbert, 1992의 제4장 참조). 마음챙김과 정신화의 장점은 환자가 자신의 감정에 대해 회피하거나 맞서 싸우기보다는, 이를 인내하고 수용하며 타인의 마음을 이해하려는 진솔한 노력을 통해 관계에서의 개방성을 증진할 수 있다는 것이다.

사회적 정신화와 정신화

마음챙김과 같은 인식 방식과 정신화와 같은 정신 역량과의 관계 그리고 이들이 어떻게 사회적 역할이나 사회적 정신화 그리고 자기 정체성 추구와 연관되는가는 매우 복잡한 문제다. Liotti와 Prunetti(2010)는 정신화가 사회적 정신화와 연관되어 있다고 주장하였다. 예를 들어, 치료자와 협력적인 대화를 하는 것처럼 특정한 역할에서 편안하게 느끼는 환자는 정신화 작업을 하는 데 별 어려움이 없을 것이다. 그러나 만일 돌봄을 유발하는 정신화가 활성화된다면(따라서 애착 시스템이 작동되면), 환자의 정신화 능력을 압도하여 위협적이 될 수 있다. Liotti(2009. 12, 개인적 교신)는 정신화 역량은 이분론적(all or nothing)인 현상이 아니라 개인이 느끼는 안전감과 같은 다양한 조건에 따라 좌우될 수 있는 것으로 봐야 한다고 이야기하였다. 위협 시스템이 활성화되면 정신화 역량은 제대로 기능하기 어렵다. 이는 위협 시스템은 위협적 상황에서 신속한 대응 행동을 하기 위한 주의와 반응 시스템인 데 비해, 정신화는 매우 고차적 수준에서 기능하는 능력이기 때문이다(Liotti & Gilbert, 출판 중). 따라서 치료자는 환자에 따라서 어떤 정신화나 동기 혹은 욕구들은 다른 것들보다 더욱 위협적일 수 있으므로, 정신화에 개인차가 있을 수 있다는 것을 이해해야 한다.

나는 자비 연습이 정신화를 촉진하는 안전감을 만들어 낼 수 있다고 생각한다. 정신화는 우리가 환자에게 자신을 진정하고 안심하도록 가르치는 '자기자비' 연습에서 특히 중요하다(제21장 참조). 우리는 여전히 정신화를 탐구하기 위한 연구 방법을 개발 중에 있지만, 앞에서 살펴본 자비의 가치에 대한 간접적인 증거들(pp. 32-35)은 이러한 연구가 유용하다는 것을 시사한다. 치료자는 환자가 (우리가 다중 마음이라고 부르는) 자기 안에 다양한 생각과 감정을 가진 매우 다양한 부분들이 존재한다는 것을 서서히 인식하도록 도움으로써 정신화에 대한 이해를 증진할 수 있을 것이다.

나는 여기에서 단지 정신화 영역이 복잡하다는 것만을 다루었지만, CFT 치료자는 환자가 자신의 마음 안에서 일어나는 어떤 것을 생각하고 성찰하는 발달 능력이 서로 다르다는 것을 인식해야 한다. 자비 작업의 핵심은 환자들에게 자기 자신의 마음을 자비의 눈으로 볼 수 있도록 가르치는 것이다. 이는 마음의 내용은 많은 부분이 원형적이고 우리 자신이 아니라 진화와 개인적 인생 경험에 의해 설계되었기 때문이다(이것은 우리의 잘못이 아니다).

우리가 다중 마음을 가졌다는 의미는 자기는 통합적이고 일관성을 가진 통일된 구조가 아니라, 다양한 동기들과 역량들이

복잡하게 연결되고 상호작용하는 방식으로 이루어졌다는 것이
다. 우리가 자기를 단일한 존재로 착각하는 이유는 단일한 자
기 정체감을 갖고 있어서가 아니라, 수많은 욕망들 그리고 가능
한 자기들과 역할들이, 일관성 없는 생각들과 행동들이 상충하
는 가운데, 과도한 유연성을 만들어 내기 때문이다(McGregor &
Marigold, 2003). 최근 들어, 많은 심리학자들은 응집성 있는 자기
감을 만들어 내기 위해 기억, 정서 및 신념을 재조정하여 조직화
하는 과정이 '자기'와 '자기 정체성'이라고 여긴다. 이러한 자기
감은 일관성 있고 지속적인 감정과 사회적 관계를 가능하게 한
다. 따라서 우리가 우리의 기본적 사고방식을 재조직하거나 발
달시키려고 하면(예: 더 주장적이고 경쟁적으로 되는 것, 분노를 인
식하고 처리하는 것, 보다 자비롭게 되는 것 등), 이것이 자기 정체성
과 응집성을 위협할 수 있다.

따라서 자기감은 조직화의 위업이다. 만일 우리 안의 잠재된
조직이 무너지게 되면(예: 우리가 불안이나 분노, 외상 기억의 침투,
외로움이나 수동적 철수에 압도되면) 정신건강의 문제를 갖게 될
수 있다(예: 이에 대한 리뷰는 Leary & Tangney, 2003 참조). 실제로,
환자들은 종종 자신의 일부분이 떨어져 나간다거나 흩어져 나가
통제력을 잃어버렸다고 말하곤 한다.

이것은 다중 마음에 의해 일어날 수 있는 (도움이 되기도 하고
파괴적일 수도 있는) 생각, 감정, 행동 그리고 변덕스러운 마음 상
태에 대해 우리가 어떻게 대처해야 하는가라는 질문을 던진다.
또한 융이 '개인화 과정'이라고 칭한, 우리 안의 새로운 잠재력들

에 대해 탐색을 가능하게 하고 그것들을 자기로 통합할 수 있도록 하는 것이 무엇인가에 대한 의문을 제기한다. 나는 이러한 의문들에 대한 한 가지 답이 바로 '자비'라고 생각한다. 왜냐하면 자비는 개방성과 돌봄, 안전과 통합을 촉진하는 조건을 만들기 때문이다(Gilbert, 2005a, 2005c). 타인으로부터 자비를 경험하는 것 그리고 자기에 대해 자비로워지는 것은 수용과 인내를 촉진하여 보다 쉽게 마음의 이질적인 요소들을 탐색하고 통합하도록 만드는 뇌의 패턴을 창조한다.

05

애착과 애정의 중요성

애정의 중요성

CFT는 뇌의 특성과 진화된 기능 및 구조를 중시하는 생리학에 기반을 둔 치료라는 점에서 다른 치료법들과 뚜렷이 구분된다. CFT에서는 자비가 이타주의와 돌볼 수 있는 능력을 뒷받침하는 진화되고 사회적으로 형성된 동기와 정신 역량으로부터 비롯된다고 본다. Gilbert(1989, 2005a)는 자비의 토대가 되는 (동기를 일으키고 처리하는 시스템을 가진) 이타주의의 두 가지 근원을 제시하였다. 하나는 친족에 대한 이타주의로 돌봄에 관한 애착 시스템이고, 다른 하나는 상호적 이타주의로 도덕적이고 공정한 사회적 관계에 대한 욕구이다. 보다 복잡한 모델들이 현재 개발 중에 있다(예: Hrdy, 2009).

진화론적 관점에서 보면, 포유류의 가장 핵심적인 중요한 특징은 성이나 싸움, 지위 추구보다는 돌봄이다. 돌봄의 진화는 중추신경계와 말초신경계의 중요한 변화와 함께 일어났다. 이들의 중요한 적응 중 하나는 친밀해지기 위해 투쟁 혹은 도피를 조절할 수 있어야 하고, 신체적 친밀감을 위해 부드러운 속성을 가지고 있어야 한다. 예를 들어, 뇌의 엔도르핀과 옥시토신 호르몬은 위협 과정을 조절하고(투쟁/도피 억제), 사회적 관심과 돌봄을 증진하도록 진화되었다(Bell, 2001; Wang, 2005). Porges(2003, 2007)는 심장으로 향하는 유수 미주신경(the myelinated vagus nerve)의 진화가 어떻게 사회적 친화성이나 돌봄 그리고 공유를 가능하게 하는 대인관계적 접근 행동에 영향을 주는지 설명하였다. 유수 미주신경은 부모의 돌보는 행동에 의해 유아가 안정될 수 있는 애착 능력으로 진화되었다(Carter, 1998; Depue & Morrone-Strupinsky, 2005). 자율신경계는 교감신경계의 작동에 의해 일어나는 위협적-보호적 행동(예: 투쟁/도피)과 시상하부-뇌하수체부신(Hypothalamic-Pituitary Adrenal: HPA) 축의 활동을 억제하고, 생리적 안정을 촉진하여 대인관계의 친밀감과 사회적 친화를 유도한다. 일반적으로, 사람은 안정감을 느끼면 환경에 더 개방적으로 되고 융통성이 증가한다(Porges, 2003, 2007). 이것은 심박변이도(variability in heart rate: HRV)를 일으키는 교감신경계와 부교감신경계의 역동적 균형으로 드러난다(Porge, 2007). 이런 이유로 대인관계적 안정감은 HRV와 연관되는데, HRV가 높을수록 스트레스를 받을 때 자신을 진정시킬 수 있는 능력이 더 커진다(위협 시스템의 작동을 신속히 진정시킬 수 있다. Porges, 2007).

돌봄에 관한 신경생리적 관점을 제외하고, 지난 40년간 가장 중요한 진화론 모델은 John Bowlby(1907~1990)의 애착이론이다(Mikulincer & Shaver, 2007). 애착이론이 수용-거절의 관점을 가진다는 점에서 돌봄의 신경생리학적 관점과 유사하다(Rohner, 1986, 2004). (또한 인간 진화에서 다수의 보호자가 중요한 이유는 Hrdy, 2009 참조). 이런 중요한 이론들은 아이와 부모 간의 상호 작용 방식과 그런 상호작용이 아이의 뇌와 심리적 역량에 미치는 연구들의 발판이 되었다(Cozolino, 2007; Siegel, 2001). 대부분의 포유류에게 있어 애정은 동기와 정서를 조절하는 핵심으로 진화되어 왔다. 방치되거나 거절되지 않고 돌봄을 받고 있다는 느낌이 정신과 신체 상태에 매우 큰 영향을 미친다는 증거들이 많이 나오고 있다(Cozolino, 2007; Gerhardt, 2004; Porges, 2007). 앞으로 살펴보겠지만, CFT는 진화론적 관점에서 애정과 친화성의 진화가 갖는 엄청난 의미에 대한 이해를 바탕으로 하고 있다.

거북이처럼 애착 시스템이 발달하지 않은 종들(species)의 기대 수명은 짧다. 거북이는 어미가 알을 많이 낳지만 이들 중 오직 1~2%만이 살아남는다. 이와 달리, 포유류의 어미는 외부의 위협으로부터 안전한 기지를 제공하며, 새끼의 고통스러운 호소에 반응을 보인다(MacLean, 1985)는 것이 Bowlby의 애착이론(1969, 1973, 1980)의 핵심이며, 애착은 기본적으로 일종의 위협-보호 조절 시스템이다(MacDonald, 1992). Bowlby(1969, 1973, 1980)는 유아에게 안전을 제공해야 한다는 것과 그것이 아이들의 발달, 정서 조절, 자기와 타인에 대한 내재화된 작동 모델에 영향을 준다고 생각한 최초의 인물이다.

돌봄의 여러 영역들

포유류의 양육 방법은 시간이 지날수록 진화하고 정교해져서 다음과 같은 다양한 측면을 갖게 되었다. 즉, 보호(아이들을 위험에서 멀리 떨어뜨려 놓고 위험이 생기면 구하러 옴), 제공(예: 발달에 필요한 항체가 함유된 우유, 음식, 따뜻함과 기타 재료들), 진정(아이의 불편함을 달래 주고 보호막이 되어 줌), 정서 조절 시스템 자극하기(얼굴 표정을 짓고 놀이 기회 제공), 연결(아이를 세상에 노출시킴), 교육과 사회화(세상과 사회적 관계 규칙, 경계 설정 등을 가르치는 것), 인정과 '마음 공유'(정서 코칭과 정신화; Hrdy, 2009) 등이다. 이 모든 것들이 뇌 발달 과정과 심리적 역량에 영향을 준다(Cozolino, 2007; Gerhadt, 2004; Gilbert, 1989, 2005a; Siegel, 2001, 2007; Wallin, 2007). (인간의 경우) 시간이 지나면서 다른 친족(형제나 이모 등)들이 아기를 돌봐 주는 역할을 할 수 있는 능력이 진화하였다. 실제로 사람들은 돌봄에 매우 적응되어 있어, 아기는 자신을 돌봐 주는 여러 사람들과 상호작용을 할 줄 안다. 이러한 점이 돌봐 주는 사람을 찾는 심리적 동기와 돌봐 주는 사람의 의도를 읽을 수 있는 역량을 촉진하게 했을 것이다(Hrdy, 2009). 뿐만 아니라, 사람은 삶을 살면서 사랑받고, 갈망하며, 가치 있고, 인정받는 것에 강하게 동기화되었다(Barkow, 1989; Gilbert, 1992, 1997의 특히 제7장, 2007a, 2007c의 특히 제5장 참조).

애정 어린 돌봄과 사랑받고 가치를 인정받기 원하는 것은 아기의 신체적 성숙에도 영향을 준다(Cozolino, 2007; Hofer, 1994). 영장류, 특히 인간에게 여러 사람들(부모, 친구, 사랑하는 사람)과

의 보살피는 관계가 삶의 전반에 걸쳐 미치는 생리적 영향은 엄
청나다(Cacioppo et al., 2000; Cozolino, 2008; Schore, 1994). 자비
에 대한 CFT의 개념은 이러한 점을 바탕으로 두고 있기 때문에
자비와 CFT를 생각할 때에는 돌보는 관계의 복잡성을 항상 염두
에 두어야 한다(제16장 참조). 이와 같이 CFT는 불교보다는 진화
론적이고 생리학적인 접근에 기초를 두고 있는 치료법이다.

06

정서 조절:
세 가지 정서 조절 시스템, 돌봄과 CFT

성, 지위, 애착, 성취를 위한 생물사회적 목표들과 동기들은 정서를 유발한다. 우리는 생물사회적 목표와 동기가 달성되면 긍정적 감정을 갖게 되지만, 방해가 되거나 위협을 받게 되면 위협에 기초한 감정을 느끼게 된다. 정서처리에 관한 연구는 뇌 안에서 동기를 조절하는 다양한 정서를 통합하는 회로들이 많다는 것을 밝혀냈다(Panksepp, 1998).

최근 연구를 통해 개발된 한 정서 조절 모델(Depue & Morrone-Strupinsky, 2005; LeDoux, 1998; Panksepp, 1998)에 따르면, 뇌 속에는 최소 세 가지 유형의 정서 조절 시스템이 존재한다. 이 시스템들은 각기 다른 일을 하도록 설계되어 있다. [그림 2]는 세 가지 유형의 상호작용 시스템을 보여 주고 있다.

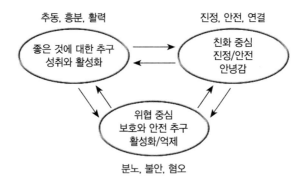

추동, 흥분, 활력　　　　진정, 안전, 연결

좋은 것에 대한 추구
성취와 활성화

친화 중심
진정/안전
안녕감

위협 중심
보호와 안전 추구
활성화/억제

분노, 불안, 혐오

[그림 2] 세 가지 주요 정서 조절 시스템의 상호작용

출처: Gilbert, P. (2009a). The Compassionate Mind. London: Constable & Robinson and Oaklands, CA: New Harbinger.에서 최초로 출판됨. 허락하에 게재함

1. 위협과 자기보호 시스템

　위협과 자기보호 시스템(threat and self-protection system)은 싸우거나 도망가거나 혹은 동작을 멈추는 반응처럼, 위협을 빠르게 탐지하고 대처하는 반응을 선택하는 기능이 있다. 이 시스템은 우리에게 불안이나 증오, 혐오감 같은 폭발적 감정을 일으키고, 이런 감정들이 몸으로 전파되어 우리에게 경계심을 갖게 하며 위협에 대처할 수 있는 행동을 취하도록 한다. 또한 이 시스템은 우리가 사랑하는 사람이나 친구 또는 구성원에게 위협이 가해졌을 때도 활성화된다. 물론 불안이나 분노, 혐오감 같은 감정은 부정적이고 고통스러운 것이지만, 이것은 보호 시스템으로서 진화되었다. 실제로, 우리의 뇌는 좋은 것보다는 위협에 대처하는 것을 우선으로 한다(Baumeister, Bratslavsky, Finkenauer, &

Vohs, 2001). 위협 시스템은 편도체와 시상하부-뇌하수체-부신 (HPA) 축과 같은 특정한 뇌의 부분에서 작동한다(LeDoux, 1998). 위협 시스템이 작동하면, 우리 마음의 모든 기능들은 안전과 보호라는 목적을 달성하기 위해 주의, 생각, 추론, 행동, 정서, 동기, 심상 및 환상은 모두 위협에 초점을 맞추게 된다. 마음의 각기 다른 역량들이 특정한 방식으로 조직화되기 때문에, 우리는 이것을 '위협 마음(threat mind)'이라고 부른다(제4장 참조). 동물이나 사람은 특정한 위협에 대한 대처 전략을 갖고 있어서, 편안함을 느낄 때는 위협 단서가 존재하더라도 거의 각성이 되지 않지만 안전 전략이 막혀 버리면 '위협 마음'은 재활성화된다. 안전행동과 전략은 단시간 동안에는 정서적 각성을 줄일 수 있지만, 장기간이 되면 의도하지 않은 부정적인 결과들이 나타나기도 한다(Gilbert, 1993; Salkovskis, 1996; Thwaites & Freeston, 2005).

즉, 위협 시스템은 위험을 재빠르게 탐지하고(초점화되고 편향된 주의), 불안, 분노, 혐오감 등의 감정을 불러일으킨다. 이러한 감정들이 우리의 몸으로 전달되어, 위험에서 자기보호적인 반응을 하도록 경고하게 된다. 우리는 싸우거나 도망가거나 굴복하는 등의 반응 행동을 한다(Gilbert, 2001a, 2001b; Marks, 1987). 이 시스템은 "나중에 후회하는 것보다 조심하는 것이 낫다." (Gilbert, 1998)라는 방향으로 움직이기 때문에 쉽게 조건화된다 (Rosen & Schulkin, 1998). 세로토닌의 유전적 요인이나 시냅스 간 조절이 위협-보호 시스템의 기능에 중요한 역할을 한다(Caspi & Moffitt, 2006). 다음은 위협 시스템과 관련된 문제들이다.

1. 위협-보호 시스템을 활성화하는 촉발 요인들의 유형, 이것
   은 위협자극의 특성, 조건화된 정서 반응 그리고 위협자극
   에 대한 개인적 의미와 관련된다.

2. 위협-보호 반응의 유형과 형태, 예컨대, 분노/불안, 투쟁/
   도피, 심장 박동, 구토, 식은땀, 발한, 얼굴 홍조, 빠른 생각
   과 주의의 초점화 등

3. 위협-보호 반응의 속도와 강도

4. 위협-보호 반응의 지속성과 혐오적 위협 각성을 진정시키
   는 수단과 방법

5. 위협-보호 시스템의 활성화 빈도는 외부의 맥락적 단서(예:
   폭력적인 가정에서 사는 것)와 내적 단서(예: 자기비난, 걱정,
   반추)와 관련된다.

6. 다양한 대처 방법(예: 경험 회피, 도움이 되지 않는 안전 전략)
   혹은 정신화 능력의 붕괴는 위협에 대한 지각을 증폭함으
   로써 앞의 1~5의 요소들을 더욱 활성화한다.

다른 곳(Gilbert, 1989, 1993)에서 언급한 바와 같이, 위협-보호
시스템의 복잡성에 대한 관점은 다소 다르더라도 대부분의 심리
치료들이 이 시스템의 문제를 해결하기 위한 다양한 방법과 이
론들을 갖고 있다.

우리는 위협 처리와 반응이 복잡하다는 것을 잘 알고 있다. 예
를 들어, 위협적 기억이 포함된 정서 기억들은 감각 시스템(편도
체)이나 사건 기억 시스템(해마)처럼 각기 다른 시스템에 저장되

기 때문에 갈등을 일으킬 수 있다. 마치 플래시백 경험을 두려
워하는 사람이 외상을 재경험하는 것과 같다(Brewin, 2006; Lee,
2005). 특정한 유형의 공포는 정신화 능력을 방해한다(Liotti &
Prunetti, 2010). 또한 다양한 방어적 정서와 행동 경향성들이 갈
등을 일으킬 수 있다. 예를 들어, 어떤 사람이 사회적 갈등이 생
겼을 때 불안과 분노를 동시에 느낄 수는 있지만, 투쟁과 도피를
동시에 할 수는 없다(Dixon, 1998). 서로 다른 정서와 '어떻게 해
야 하지?'라는 생각 사이의 갈등이 스트레스를 증가시킨다. 우
리는 분노에 대한 통제를 잃을까 봐 불안해지거나 혹은 분노가
억제되어 불안해질 수 있다. 스트레스는 싫어도 생계를 위해 어
쩔 수 없이 일을 할 때 마치 함정에 빠진 기분이 드는 것처럼,
접근-회피 갈등을 통해 증가하기도 한다(Gilbert, 2001a, 2001b,
2007a).

정서의 복잡성

심리적으로 괴로울 때 다양한 감정과 갈등이 일어날 수 있다
는 것을 환자에게 알려 주는 것은 유용하다. 예를 들어, 우울증
과 불안증을 앓고 있는 Kim의 경우를 보자. 그녀는 남편과 싸
운 후 감정에 압도된다. 우리는 이것이 다양한 감정 간의 갈등인
지 아니면 관계에 대한 갈등 때문인지 궁금했다. 우리는 동그라
미를 그려 가운데에 '끔찍한 기분'이라고 쓰고, 그 주위에 끔찍
한 기분을 만들어 내는 여러 가지 느낌들을 생각나는 대로 적게
했다. 거기에는 분노, 불안, 절망감, 외로움, 오해받는 느낌, 머

물고 싶은 마음과 떠나고 싶은 마음, 남편을 향한 비난과 자신에 대한 비난, 무력감, 의심, 슬픔 등이 포함되었다. 치료자는 환자가 다른 감정들을(예: 무력감이나 슬픔) 회피하거나 차단(혹은 처리하지 못하거나)하기 위해 하나의 감정(예: 분노)에만 몰두하고 있는 것은 아닌지 탐색하도록 도울 수 있다. 이후 치료자는 환자가 복잡하고 상충되는 감정에 압도되지 않고 고통스러운 마음 안에 포함되어 있는 각각의 감정들을 스스로 살피고 성찰해 볼 수 있도록 도울 수 있다. 따라서 치료자는 위협 처리 과정의 복잡성과 뇌의 작동 방식, 위협 상태에 빠지는 이유와 위협 시스템이 작동할 때 생기는 문제들에 대해 환자들이 정확하게 이해하도록 도와야 한다.

2. 유인가와 자원-추구, 추동-활력 시스템

이 시스템(the incentive and resource-seeking, drive-excitement system)의 기능은 우리(그리고 우리가 사랑하고 돌보는 사람들)의 생존과 번영을 위해 필요한 자원을 찾도록 안내하고 동기를 부여하고 장려하는 긍정적 감정을 제공해 준다(Depue & Morrone-Strupinsky, 2005). 우리는 좋은 것(예: 음식, 섹스, 안락, 우정, 지위, 인정)을 추구하고, 소비하고, 성취하도록 동기화되어있고, 이것들에 의해 즐거움을 느낀다. 만약 경쟁에서 이긴다거나 시험을 통과한다거나 갈망하던 사람과 데이트를 한다면, 흥분되고 즐거움을 느낄 것이다. 만일 당신이 복권에 당첨되어 백만장자가 된다면, 추동-활력 시스템은 균형에서 벗어나 잠을 못 이룰 정도로 활기차지고 매일 파티를 하고 싶어 할 정도로 흥분되는 등의 경미한 경조증 상태에 이르게 될 수도 있다. 양극성 장애를 가진 사람은 이 시스템의 활성화 간극이 지나치게 크기 때문에 문제가 된다. 이 시스템은 다른 두 시스템들과 균형을 이룰 때, 중요한 인생 목표로 향하도록 우리를 안내해 준다. 그러나 욕구와 목표가 차단되어 '위협'이 되면, 위협 시스템은 불안 혹은 좌절과 분노를 일으킨다.

추동-활력 시스템은 한번 활성화되면 '점점 더 확산되는' 시스템이다. 우리의 뇌에 있는 도파민이라는 물질은 추동에 중요한 역할을 한다. 암페타민이나 코카인을 사용하는 사람은 도파민을 활성화시켜 과도하게 좋은 감정을 느끼려고 한다. 하지만 도파민이 떨어지면 정반대의 상황이 일어난다. 추동-활력 시스템은 단기간 동안에는 마음이 활성화된 긍정적 감정과 동기들에 초점을 맞추도록 돕는다. 그러나 나중에 더 자세하게 설명하겠지만, 성취에 초점을 둔 추동들은 방어적일 수 있다(제14장 참조).

유인가와 목표를 방해하는 것

앞서 이야기한 것처럼, 방해물을 극복하거나 목표를 포기하지 않는 한, 우리의 추동과 목표 그리고 유인가가 방해되거나 막히면 위협 시스템(예: 불안, 좌절, 분노)이 활성화된다(Klinger, 1977). 목표나 포부로부터 벗어나거나 포기하는 것은 슬픈 감정에 빠지게 할 수 있는데, 그것이 자기와 많이 관련되고 다른 목표들의 포기와 연결될수록 더 깊은 우울한 감정에 빠지게 된다. 어떤 우울은 (갈망하지만) 성취할 수 없는 목표를 계속 추구하거나 (성취 가능한) 목표를 재조정하지 못하는 것과 관련된다(Gilbert, 1984; Klinger, 1977). 즉, 헤어진 관계를 정리하지 못하고 상처를 잡고 있는 사람들이 그러한 경우다. Klinger의 유인가 이탈 접근(incentive disengagement approach)은 수용-전념치료와 잘 들어맞는다(Hayes et al., 2004). CFT에서는 목표 추구(특히, 다양한 형태의 성취와 관련된 목표 추구)가 갖는 기능들을 탐색한다.

3. 진정, 만족 및 안전 시스템

이 시스템(the soothing, contentment and the safeness system)은 진정과 휴식 그리고 평화로운 느낌을 일으켜 균형을 회복하도록 도와준다. 동물이 위협이나 문제에 대해 자기 자신을 보호하거나, 무언가를 성취하거나 해야 할 필요가 없다면(그들은 이미 충분하므로), 그들은 만족감을 느낄 수 있다(Depue & Morrone-Strupinsky, 2005). 만족감이란 현재 상태에 행복해하고 안전하다고 느끼는 것이다. 즉, 뭔가를 갈망하거나 원하지 않고 내적으로 평온한 상태로, 이것은 추동-활력 시스템에서 일어나는 고조되고 흥분되거나 성취감을 느끼는 것과는 상당히 다른 긍정적 감정이다. 또한 만족감은 지루함이나 공허감을 유도하는 낮은 위

협 상태와도 다르다. 사람은 명상을 하거나 '천천히 가는 법'을
연습할때, 더 원하거나 추구하지 않게 되고, 내적으로 평온하고
다른 사람들과 연결성을 느낀다고 보고한다.

　이 시스템은 우리가 탐색하고 있는 자비와 매우 밀접하게 관
련되어 있을 뿐 아니라 애정과 친절과도 연관된다. 예를 들어,
아기가 불편해할 때, 부모의 사랑이 아기를 달래고 안정시켜 준
다. 성인이 괴로워할 때 다른 사람으로부터의 애정과 친절은 마
음을 진정시켜 주고 일상생활에 안전감을 가져다준다. 이러한
진정과 안전감은 뇌를 통해서 작동되는데, 이는 엔도르핀이 유
발하는 충만감과 만족감과 같은 평온한 느낌과 유사하다. 옥시
토신은 엔도르핀과 함께 사회적 관계에서 안전한 느낌을 받을
때 방출되는 호르몬으로, 타인으로부터 사랑받고 소중하게 여겨
지며 보호받는 느낌으로부터 오는 안녕감을 가져다준다(Carter,
1998; Wang, 2005). 이 시스템은 우리가 안녕감을 느끼는 데 필
수적이기 때문에, 자비 훈련의 핵심이 된다. 따라서 나는 이것을
진정과 안전 시스템이라고 부를 것이다.

　Depue와 Morrone-Strupinsky(2005)는 두 가지의 긍정적 정
서 조절 시스템이 서로 다른 사회적 행동과 관련된다고 보았다.
그들은 친밀감과 사교성을 구분하였다. 사회적 사교성은 통제
와 성취 추구, 그리고 사회적 권위 추구와 거부와 고립에 대한
(위협에 초점을 둔) 회피와 연결되어 있다. 이와 달리, 따뜻하고
친밀한 상호작용은 타인의 현존과 지지로부터 오는 사회적 연결
감이나 안전감과 연결되어 있다. 친밀한 사회적 관계는 옥시토

신-아편제 시스템의 작용을 통해, 사람들을 안정시키고 고통의 역치와 면역 및 소화 시스템을 변화시킨다(Depue & Morrone-Strupinsky, 2005). 옥시토신이 사회적 지지와 연결되어 스트레스를 완충하는 역할을 한다는 증거들이 많아지고 있다(Heinrichs, Baumgartner, Kirschbaum, & Ehlert, 2003). 또한 옥시토신은 편도체의 위협 처리에도 영향을 준다.

CFT에서는, 안전 추구(safety seeking)와 안전감(safeness)을 상당히 다르게 보고 있다. 안전 추구는 위협 시스템과 연결되어 위협을 막고 대처하는 것을 의미한다. 반면, 마음의 안전감은 자기 자신과 세상에 대해 만족스럽고 평온감을 갖게 하여, 느긋하게 집중하고 탐색할 수 있게 해 준다(Gilbert, 1993). 그렇다고 안전감이 활동성이 낮은 것은 아니고, 안전감을 느낄 때 오히려 적극적이고 열정적일 수 있다. 만일 다른 사람으로부터 고립하고 거리를 둠으로써 안전감을 느끼려고 한다면, 이것은 안전감이라기보다는 안전 추구 행동으로 보아야 한다. 안전 추구 행동의 문제점은 뇌가 고립이나 분리를 위협으로 받아들인다는 것이며, 이에 더하여 자연적인 위협 조절 장치인 엔도르핀-옥시토신 시스템의 활성화를 방해한다. 물론 안전 행동인 회피와 고립이 어느 정도 도움이 되기는 하지만, 안녕감에 영향을 주기는 어렵다. 여러 연구들이 사회적 무쾌감증, 즉 사회적 관계를 통해 즐거움을 찾는 능력의 부족이 다양한 심리적 문제와 관련된다고 보고하고 있다.

진화론적 기능 분석

우리는 그동안 정서의 본질과 기원, 정서가 어떤 목적을 위해 설계되었는지, 그리고 정서의 기능이 무엇인지에 대해 살펴보았다. 첫째, 불안, 분노, 혐오, 슬픔 등의 부정적 정서는 정서적 레퍼토리의 지극히 정상적인 부분이라는 것이다. 부정적 정서는 설사나 구토처럼 불쾌하지만, 기본적으로 방어적 기능들을 가지고 있다. 비록 부정적 정서가 해로운 효과를 가지고 있다고 하더라도 반드시 병적인 것은 아니다(Nesse & Ellsworth, 2009). 보호 정서들이 중요하기 때문에 이들은 뇌에서 중요한 위치를 차지하며 쉽게 긍정적 정서보다 우선시된다(Baumeister et al., 2001). 따라서 우리는 환자에게 뇌가 행복을 위해 진화된 것이 아니라 생존과 번식을 위해 진화되었다는 것을 설명하고, 부정적 정서와 기분 저하를 어떻게 수용하고 견뎌 낼지 배우도록 해야 한다.

둘째, 정서 조절 시스템이 완벽하게 정상적으로 작동하고 있을지라도 입력에서 문제가 있을 수 있다. 예를 들어, 누군가 실연으로 우울증에 빠질 수 있는데, 이때 우울증은 이러한 상황에서 정상적인 반응일 수 있지만 이 상황에 대한 주의나 신념 혹은 반추하는 방식에 따라 우울증이 악화될 수 있다. 고통을 받게 되면, '스트레스 코르티솔 방출'을 통제하기 매우 어려워진다. 어떤 사람들의 삶은 생활 자체가 스트레스로 가득 차 있거나, 혹은 비극이나 상실을 경험하여 슬픔과 비통함을 느낄 수 있다. 물론 위협에 기반을 둔 감정들은 생각하는 방식(Wills, 2009; Dryden, 2009)이나 다양한 회피 방법(Hayes et al., 2004)을 통해 증폭될 수 있다. 무엇보다도, 사람들에게 불쾌한 감정과 반응이 비정상적인 것이 아니라는 것을 인식시키고 정상화하여, 자비롭게 받아들이도록 도와주는 것이 중요하다.

셋째, 현대 사회는 다양한 형태의 위협(실직, 가난, 압류와 같은)과 사회적 비교에 집중하게 만들어 ('더 많은 것을 필요로 하는') 추동 시스템을 지나치게 자극하여 연결성에 대한 욕구를 파괴하고 있다는 것을 인식해야 한다(Gilbert, 2009a; Pani, 2000; Wilinson & Pickett, 2009). Twenge, Gentile, DeWall, Ma, Lacefield 및 Schurtz(2010)는 최근 정신 질환에 관한 문헌을 토대로, 특히 청소년의 정신 질환이 급격히 증가하고 있음을 경고하고 있다. 이러한 결과들의 가장 큰 이유는 문화가 협동, 공동체, 나눔과 같이 내적 목표를 지향하는 것에서 벗어나, 경쟁적이고 서열 중심적인 개인주의와 물질주의 같은 외적인 목표를 지향하는 것으로 이동하는 데서 비롯된다. 따라서 우리는 수치심과 정신건강 문제들을 사회적 맥락에서 살펴볼 필요가 있다.

07

친화, 온화함 및 애정

우리는 애착의 진화가 포유류의 마음에 가장 기본적 특성 중 하나라는 것을 알게 되었다. 애착의 진화는 정서 조절 시스템과 특히 엔도르핀과 옥시토신을 작동시키는 사회적 진정 시스템의 진화에 큰 영향을 미쳤다. 이 시스템과 이러한 신경호르몬은 위협과 위협 각성을 조절하는 데 특별한 역할을 한다.

다양한 종류의 돌봄은 서로 다른 방식으로 진정 시스템을 자극하고 영향을 준다. 예를 들어, 돌봄은 온화함이나 애정을 동반하기도 하고 안 하기도 하지만(MacDonald, 1992), 진정 체계 그리고 엔도르핀 방출과 가장 연관성이 깊은 것은 온화함이다(Wang, 2005). 온화함은 다정함, 상냥함, 친절함, 관심 그리고 장난기 같은 특성이 포함된다. 온화함은 보호를 제공하는 것과는 구별된다. 또한 우리는 온화함이나 애정 없이 애착을 가질 수도 있고, 애착(에 대한 욕구) 없이 애정 어린 돌봄을 줄 수도 있다(예: 죽어 가는 사람에 대해 돌봄). 영장류와 사람은 하급 동물들이 할 수 없는 방식으로 자신의 아기들을 위험이나 위협으로부터 보호할 수 있지만(Suomi, 1999), 그렇다고 온화함을 더 제공한다고 말할 수는 없다. 사람들은 보호받기 위해 '그다지 온화하지 않은 사람들에게' 순종하고 양보하는 애착을 형성할 수 있다(Gilbert, 2005a). 실제로, 불안 애착을 보이는 사람은 애착 혹은 안전을 위한 도구로 양보를 사용한다(Sloman, 2000). 온화함이 자비의 중요한 속성이라면, 우리가 말하는 '온화함'이란 무엇일까?

온화함

여러 모델에서 온화함(Warmth)을 중요한 성격 구조로 간주하고 있다. 온화함은 성격 5요인의 호의성과 관련이 있고, 성격의 대인관계 원형 모델의 사랑-증오 차원과도 관련이 있다(McCrae & Costa, 1989). 여러 연구들은 호의적 온화함이 친사회적 행동, 높은 학업능력, 안녕감과 관련된다고 밝혀 왔다(예: Laursen, Pulkkinen, & Adams, 2002). 따라서 치료적 연구와 작업에서 온화함에 관심을 갖는 것은 당연하다.

온화함은 적어도 세 가지의 속성을 가지고 있는 것으로 보인다. 첫째, 온화함은 언어적 · 비언어적인 신호로 관심과 돌봄 그리고 친절을 제공함으로써 정서를 진정시켜 준다. 둘째, 온화함은 사람들 간에 긍정적 정서를 공유하게 하여 호의, 애정 그리고 연결감을 자극한다(무관심, 철수 혹은 공격과 대비되는). 셋째, 온화함은 사람들이 서로 안전하다고 느끼고 신뢰할 때 더 커진다. 사람은 위협을 받게 되면, 방어적이 되어 온화함을 느끼거나 표현하기 어려워진다.

온화함은 진정이나 평온감과 같은 긍정적 정서의 토대가 되어, 방어적 감정들(불안, 슬픔, 분노)과 행동들(공격과 도피)을 조절하며 또한 추구하고 성취하려는 행동들을 감소시킨다. 긍정 정서의 하나인 진정은 부정적 정서의 조절이나 감소로부터 일어날 수 있다(예: 안도감; Gray, 1987). 그러나 사회적 신호의 교환을 통해 일어나는 사회적 안전감이 일으키는 진정은 타인의 마음에 영향을 주기 때문에 별도의 고려가 필요하다. 진정은 비언어적 의사소통, 얼굴 표정, 어조, 언어적 내용, 접촉과 같은 특정한 사회적 (안전감을 일으키는) 신호들(위협 신호의 제거가 아니라)과 관련되기 때문에 뇌의 조직화에 지대한 영향을 미친다.

Field(2000)는 발달 시기에 안아 주고, 만지고, 쓰다듬어 주는 애정 어린 돌봄의 상호작용이 미치는 이로운 효과에 관한 연구들을 살펴보았다. 실험쥐조차도 정기적으로 쓰다듬어 주면 더욱 안정적으로 자랐다. 이러한 신호들은 쥐들을 진정시키며, 엔도르핀 방출에 영향을 준다. Sapolsky(1994)의 관찰에 따르면 다음과 같다.

다양한 불쾌한 일들로 이루어진 스트레스 사건들이 유기체에게 일어날 수 있다. 때때로 어떤 스트레스는 유기체에게 아무런 영향을 주지 못할 수 있지만, 접촉의 부재는 발달 스트레스 중 가장 고통스러운 것이다(p. 92).

그러므로 생애 초기, 온화함을 통한 안전감은 단순히 위협의 부재를 통해서가 아니라 양육자의 달래기, 접촉, 쓰다듬고 안아 주기(field, 2000), 어조, 리듬감 있는 말투, 긍정적이고 애정적인 얼굴 표정, 그리고 수유할 때 일어나는 상호 보상적인 교감 등에 의해 제공되고 자극되며, 이는 애착 유대(attachment bond)의 토대가 된다(Trevarthen & Aitken, 2001). 이러한 신호들은 엔도르핀을 자극하여 안전감, 연결감 그리고 안녕감을 일으키며, 아기의 생리적 시스템은 이것들과 조율하며 발달한다(Carter, 1998; Wang, 2005). 출생하면서부터 아기는 대인 관계적 의사소통과 특정한 신호들에 매우 민감하며, 이것은 각성을 조절하고, 생리적 시스템의 조직과 발달 궤도에 맞는 전략을 설정하도록 돕는다.

자비로운 타인을 생각해 보면, 우리는 부정적 정서가 적고 온화하며, 친절한 얼굴 표정과 수용적이고 위로하는 목소리와 같이 진정시키는 신호들을 가진 사람들을 떠올리게 된다. 기본적으로 정서 조절의 협력 관계는 한 사람의 유전자와 생리가 다른 사람의 유전자와 생리가 소통하고, 한 사람의 마음이 다른 사람의 마음과 소통함으로써 나타난다. 자기감은 상호작용을 통해 형성되며, 자기감의 신체적 토대인 뇌는 자신을 사랑하고 돌봐 주는 타인을 필요로 한다.

따라서 '사회적으로 진정되고 안전감을 느끼기 위해서는' 특정한 사회적 신호를 필요로 하고, 반면 '진정을 시키기 위해서는' 이러한 신호를 다른 사람에게 보낼 필요가 있다(Gilbert, 1993, 2009a). Bowlby(1969, 1973)와 Porges(2003, 2007)가 말하였듯, 진정이 되면 사람은 편안해지고(수동적 안전감), 주의를 돌려 환경을 탐색할 수 있다(능동적 안전감). 이와 같은 사실들을 토대로 치료 사들은 사람들에게 진정시키는(자비로운) 이미지들, 느낌들 그리 고 생각들을 일으킬 수 있는 방법을 가르치기 위해 노력을 기울여 왔다(Gilbert, 2000a, 2009a; Gilbert & Irons, 2005). 흥미롭게도, 마 음을 진정시키는 외부 대상에 대한 내적 이미지를 계발하는 것 (예: 자비로운 부처의 이미지를 마음속으로 불러오는 것)은 불교 자 비 심상화의 핵심이다(Vessantara, 1993). 그러나 임상작업에서 주의해야 할 것은 수치심이 높은 환자는 마치 진정 시스템이 억 제되거나 꺼진 것처럼, 온화함과 진정하기를 어려워하고 심지어 는 이것을 두려워하고 저항한다는 점이다(제29장 참조).

심리적 타당화 추구하기

인생 (초기) 사건에 대한 정서와 개인적 반응에 대한 심리적 타 당화(psychological validation)는 치료에서 추구될 수도 있고 회피 될 수도 있다. Linehan과 Leahy(2005)는 아이들의 정서 수용과 정서에 대한 심리적 타당화의 중요성을 강조하였는데, 이것은 자비의 핵심 과정이다. Leahy는 정서의 타당화와 어린 시절의 정서 코칭이 다양한 정서 전략들이나 관계 양식들과 어떻게 연 관될 수 있는지를 묘사하는 유용한 모델을 제시하였다. 이것은 [그림 3]에서 볼 수 있다. 이러한 양식들은 치료에서 그리고 치료 적 관계에서 나타나게 될 것이다.

우리는 '자비로운 자기'를 계발하고 적용하기 시작하면서(제21,

22장 참조), 환자들이 자신의 감정과 감정 간의 갈등을 자비롭게 타당화할 수 있는 능력에 대해 상당한 주의를 기울였다. 대부분의 환자들은 이것을 배우는 데 시간이 많이 걸린다.

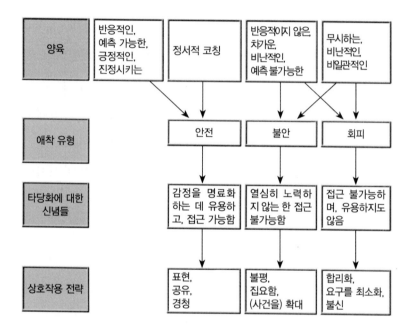

[그림 3] 양육, 애착 유형, 타당화에 대한 신뢰 그리고 상호작용 전략의 관계

출처: Gilbert, P. (ed.)(2005c). Compassion: Conceptualisation, Research and Use in Psychotherapy. London: Routledge. 허가하에 게재함

인지적 능력

사랑과 애정은 뇌에 비타민과 같다. 그러나 이것들이 미치는 영향력은 신체적 상호작용을 넘어선다. 어머니가 아기의 감정과 욕구를 이해하고 반응하는 것은 자녀가 자신의 마음을 이해하고 조절하는 능력에 중요하게 영향을 미친다는 연구들이 증가하

고 있다(Cozolino, 2007; Siegel, 2001; Wallin, 2007). 자신의 감정을 인정받을 때, 우리는 안전감을 느끼고 자신의 마음을 탐색할 수 있게 되며, 자신의 감정을 이해하고, 진정되고 침착해지며, 이러한 과정을 통해 타인의 마음을 이해할 수 있게 된다. 이런 인지적 능력들은 감정에 압도되지 않고, 한 발짝 물러나 자신의 감정을 성찰할 수 있는 상위 인지 능력에 꼭 필요한 것이다(Allen, Fonagy, & Bateman, 2008; Wallin, 2007; 제4장 참조).

08

CFT 접근에 대한 명료화

앞서도 언급하였듯이, CFT는 특정한 '치료 초점'에 근거하기보다는, 마음에 관한 과학과 기본적인 심리학적 연구를 바탕으로 개발되었다. 또한 어떤 문제의 표현인 증상이 문제의 근원이 아니라는 의미에서, 정신건강에 대해 물리치료적 접근(physiotherapt approach)을 취한다. 예를 들어, 나는 허리에 문제가 있었는데, 아픈 허리만 치료하는 것은 별로 도움이 되지 못했다. 그때 물리치료사는 내가 평발이고 무릎이 안으로 돌아가 엉덩이와 허리에 압박을 주고 있다는 것을 알아냈다. 허리가 아닌 평발을 치료하니까, 허리의 통증이 사라졌다. 종종 심리치료도 이와 비슷하다. 만약 우리가 위협 시스템만을 바꾸려고 그것에만 초점을 맞추게 되면, 다른 문제점들, 예컨대, 다른 정서 조절 시스템의 균형이나 진정 시스템의 비활성 문제 등을 놓칠 수가 있다. 이 시스템이 개발되어야 다른 시스템들도 제 기능을 발휘할 수 있다.

철학적 입장

CFT의 철학적 입장은 삶의 본질에 대한 다양한 관찰로부터 비롯된다. 우리는 이것을 '현실 점검(reality check)'이라 부르고, 삶의 문제들을 조사한다(Gilbert, 2009a). '현실 점검'은 삶의 문제들을 병리적으로 보는 관점의 한계를 상쇄하기 위해 사용되며 치료자 훈련의 핵심이다. 이러한 '현실 점검'은 다음과 같다.

진화한 마음

인간은 생명의 흐름 속에서 포유류와 영장류로부터 진화되어 등장한 종이다. 우리의 신체, 뇌와 마음은 특정한 정서들(예: 분노, 불안, 혐오, 기쁨, 욕망), 여러 가지 방어 방식들(예: 싸우고, 도망가고, 복종하는 것), 그리고 원형적인 동기 시스템들(예: 애착 형성, 지위 추구, 소속감, 배우자를 찾는 것)에 대해 특정한 방식으로 기능하도록 진화하였다. 이러한 것들은 구뇌의 동기와 역량들이다. 이것들은 우리가 행동하고 생각하도록 하는 힘의 원동력이다. '신뇌'의 역량과 재능들(복잡한 사고, 성찰, 자기-자각)은 구뇌의 동기와 열정과 상호작용하여, 자신에게 이로울 수도 있고 해로울 수도 있는 결과를 가져올 수 있다. 마음의 상태가 달라짐에 따라, 마음의 다양한 요소들이 활성화되기도 비활성화되기도 한다. 위협 혹은 복수에 초점을 둔 마음은 복수하고 싶은 상대에 대한 자비의 동기와 역량들을 소멸시킨다. 반대로, '자비로운 마음'은 위협에 초점을 둔 감정, 생각 그리고 행동을 누그러뜨린다.

따라서 CFT는 우리의 뇌는 실제로 다루기가 힘들다는 것을 인식하는 것으로부터 시작한다. 즉, 뇌는 잘 설계되어 있지 않아서 생각, 정서 그리고 행동은 원시적 정서, 동기 및 공포에 의해 사로잡힐 수 있다. 우리는 다른 마음 상태에 따라 상당히 다르게 생각하고 다르게 느낀다. 우리와 유사한 관점을 취하는 불교에서도, 마음은 혼란과 갈망으로 가득 차 있기 때문에 마음을 훈련해야만 내적 조화를 이룰 수 있고 우리 자신과 자신의 행동에 대해 책임질 수 있다고 이야기한다.

비극적 마음

두 번째 현실 점검은, 우리의 인생이 비교적 짧다는 것이다(운이 좋다면 25,000~30,000일 정도). 우리는 수명과 어떤 병을 앓을 것인지를 결정짓는 유전자에 매여 있다. 유방암 유전자 때문에 어린 딸, 아내와 어머니가 일찍 운명을 달리할 수 있다. 백혈병, 낭포성 섬유종 혹은 말라리아가 아이의 가족을 일찍 데려갈 수도 있다. 다양한 종류의 질병들이 우리를 불구로 만들 수 있고, 서서히 청각이나 시력을 빼앗아 가고 심지어 사망에 이르게 할 수 있다(예: 에이즈, 치매). 인간은 다방면에서 수많은 통증과 고통을 안고 비극적인 삶을 살아간다는 것을 오래전부터 알고 있었다. 실제로 인생이 왜 그렇게 고통스러운지에 대한 고찰은 철학과 종교의 근원이 되었다.

자비중심 치료자는 '비극적 마음'에 대한 자각을 갖고 작업한다. 우리의 삶이 진실로 비극적이라는 것에서 더욱 자비의 중요

성을 깨닫는다. 우리 모두는 비극적인 삶에 속박되어 있고, 이에
대해 투쟁하고 있다.

사회적 마음

세 번째 현실 점검은, 우리는 엄청나게 고통스럽고 불공정한
세계에서 살고 있다는 것이다. 우리는 우리가 살고 있는 사회적
환경이 뇌의 성숙, 가치, 동기, 그리고 자기 정체성에 매우 중요
한 역할을 하고 있다는 것을 알고 있다(Schore, 1994). 인지적 능
력과 정신화 능력 또한, 성장하는 환경과의 관계에 의해 도움을
받거나 방해받기도 한다(Allen et al., 2008; Cozolino, 2007). 만약
내가 멕시코 마약 범죄 조직에서 태어났다거나 혹은 태어났을
때 병원에서 바뀐 아이였다면, 이미 죽었을 수도 있고, 누군가를
죽였을 수 있으며, 아니면 마약에 중독되었거나, 남은 인생을 교
도소에서 보내고 있을 수도 있을 것이다. 어쨌거나 그러한 상황
이었다면, 심리학 교수이자 치료자인 지금의 나는 없었을 것이
다. 따라서 '지금의 삶' 속에 있는 '지금의 당신'은 당신이 태어난
날 일어났을 수 있는 수많은 가능성 중에서 단지 '하나의 형태'일
뿐이라는 점을 인식하고 성찰하는 것이 중요하다. 우리는 환자
를 볼 때 그들의 잠재력의 한 부분[자기(self)의 한 부분]만을 보는
경향이 있다―환자가 자신의 다른 부분들을 인식하고 계발하도
록 도울 수 있는 방법은 무엇인가?

'내 잘못이 아니다'에서부터 책임감을 갖기까지

인간의 마음과 뇌 그리고 삶의 곤경에 대한 고찰을 통해, 우리는 마음에서 진행되는 많은 것들이 우리가 설계한 것이 아니며 따라서 우리의 잘못이 아니라는 점을 이해하게 되었다. 이러한 측면에 대한 명확한 이해는 우울증이나 통제력 상실을 일으키는 무가치하고 쓸모없다는 느낌을 약화시키는 데 핵심적 역할을 할 수 있다. 나는 심한 경계선 성격장애 환자를 치료할 때, 환자에게 CFT 모델을 소개해 주고 그들의 뇌에서 무엇이 일어나고 왜 일어나는지를 설명하면서, 그것은 그들의 잘못이 아니라고 말한다. 몇천 년 동안 진화된 뇌, 유전, 사회적 상황에 따른 다양한 정서적 기억들과 자기감 등은 우리가 선택할 수 있는 사항이 아니고, 우린 그저 여기에 있는 자신을 발견할 뿐이다. 많은 환자들이 이전에 다양한 종류의 치료를 받아 보았지만, 어떤 치료도 이러한 이야기를 해 준 적은 없었다고 말한다. 또한 우리는 '자신이 현재의 모습을 갖게 된' 것은 여러 요인들의 결과라는 것에 대해 논의한다(Gilbert, 2006). 치료를 시작할 때, 이러한 설명은 환자의 수치심을 덜어 주고 환자를 안심시켰다. 왜냐하면 대부분의 환자들이 자신의 병이 자신이 나쁘거나, 미쳤거나, 이상한 뇌를 가졌기 때문이라고 여겼고, 그런 문제를 가진 자신에게 뭔가 상당히 잘못된 것이 있어서 이와 같은 진단을 받은 것이라고 생각하기 때문이다. 우리는 환자에게 "우리는 당신의 진단에 관심이 있는 것이 아니라 위협, 추동, 안전 시스템이 당신에게 어떠한 작용을 하고 있는지에 관심이 있습니다."라고 이야기한다. 우리는 우리의 마음이 우리의 잘못은 아니라는 것을 환자가 이해할 수 있도록 상당히 많은 시간을 할애한다. 이러한 설명은 환자가 자신의 문제들을 보다 객관적인(자비로운) 방식으로 보게 해 준다.

그러나 '인과 관계'와 '책임감'을 혼동하기 쉽기 때문에 이러한 설명은 시작에 불과하며, 이 둘을 구분하는 것이 매우 중요하다. 우리는 환자에게 다음과 같이 이야기한다. "당신의 마음이 움직이는 방식, 마음을 통해 일어나는 열정, 공포 그리고 분노는 당신 탓이 아니지만, 당신과 당신 주위 사람의 행복을 위해 마음을 훈련하는 것은 당신의 책임입니다. 마음은 마치 정원과도 같습니다. 당신이 아무것도 하지 않아도 풀과 잡초, 꽃이 자라지만, 아예 손을 놓고 있으면 엉망진창이 되듯이 마음도 마찬가지입니다. 그러므로 마음을 조절할 수 있는 열쇠는 마음의 요소들을 가꾸고, 연습하고, 주의를 기울이는 것입니다." 이것은 우리가 어떤 사람이 평발인 것, 시력이 안 좋은 것, 또는 다양한 증상으로 고통받는 것이 그 사람의 잘못은 아니지만, 그것을 해결하기 위해 어떠한 조치를 취하는 것은 그들의 몫이라고 말하는 것과 유사하다.

따라서 '변화에 책임을 지지 않을 때' 일어날 수 있는 의도하지 않은 결과들에 대해 안내해 주고 성찰할 수 있도록 격려하는 것이 매우 유용하다. 그러나 암에 대한 위협이 담배를 끊게 하지 못하는 것처럼, 위협만으로 사람에게 변화를 일으키기는 어렵기 때문에 이러한 격려 또한 하나의 단계에 불과하다는 점을 인식해야 한다. 오히려 치료자는 변화의 결과에 대한 현실적 이미지와 그림을 제공할 필요가 있다.

CFT의 핵심적인 또 다른 특징은 수치심을 감소시키고 특정 정서 조절 시스템을 활성화하는 개입을 하는 것이다. 따라서 환자가 변화에 대해 책임감을 갖도록 하고, 수치심 없이 좌절을 견디는 것을 배우며, 긍정적 대처 전략을 세우고 자비로운 자기 이미지를 창조하도록(제21장 참조) 작업하는 것이 중요하다.

신뇌와 구뇌의 상호작용

기존의 인지행동치료(CBT) 치료자들은 도움이 되지 않는 생각, 신념 및 스키마를 찾아내고 그것의 내용을 바꾸고자 노력하였다. 그러나 메타인지치료(Fisher & Wells, 2009; Wells, 2000), 마음챙김 기반 인지치료(MBCT; Segal, Williams, & Teasdale, 2002), 변증법적 행동치료(DBT; Linehan, 1993), 수용전념치료(ACT; Hayes et al., 2004)와 같은 최근 치료들은 모두 인지행동치료 접근의 타당성에 대해 의문을 제기했다. 이 치료들은 인지 내용보다는 반추, 걱정 그리고 회피의 본질에 주의를 기울였다. 그러나 CFT는 사례와 맥락에 따라 두 가지가 모두 중요하다고 본다. 예를 들어, 환자가 안전을 유지하기 위해 필요(불필요)하다고 믿는 자신의 신념의 내용을 인식하도록 돕는 것은 매우 유용하다. 그러나 정확한 대안적 사고를 발견하는 것뿐 아니라 대안적 사고를 정서적으로 어떻게 경험하는지 또한 치료의 핵심적 요소이기 때문에 우리는 우선 자비로운 마음을 불러일으키는 데 초점을 둔다(pp. 225-226 참조).

분명히, 반추, 걱정 및 자기비난과 관련되는 사고의 진행 과정에 주의를 기울이는 것은 매우 중요하다. CFT에서는 이러한 사고과정들이 3개의 (구뇌) 정서 조절 시스템을 자극하여 생리적 시스템을 활성화하고 특정한 정신화를 일으킨다고 본다. 예를 들어, 거절당하거나 무시당하는 느낌 그리고 분노와 복수에 가득 찬 반추는 위협 시스템과 경쟁적 정신화를 유지시키고, 애정이나 친밀감 없는 관계에 대해 반추하는 것은 위협 시스템과 돌봄 추구 정신화를 유지시킨다.

메타인지치료에서, Wells(2000; Fisher & Wells, 2009)는 반추는 뒤를 돌아보는 것이고 걱정은 앞일을 바라보는 것이라고 명료화하면서, 이들이 지속적으로 위협 시스템을 자극하고 정상 회복 과정을 방해한다고 설명했다. 이 치료에서는 주의가 자기와 자기에 대한 위협에 과도하게 집중되기 때문에 문제가 일어난다고 본다. 즉, 위협감은 반추와 걱정을 통해 유지되고, 자기 조절 전략들은 이러한 처리과정과 위협감을 일으키는 자기 경험(예: 열등감이나 취약한 신념)을 수정하는 데 실패한다. 여기에 덧붙여, CFT에서는 자기 조절 전략이 정서 조절 시스템과 적절하게 연결되지 않아서 실패한다고 본다. 인지 내용이 문제가 아니라 위협에 초점을 둔 생각을 반복하는 것이 더욱 해롭다. 따라서 주의의 재할당이 개입의 핵심 요소다. 또한 CFT에서는 자비의 재초점화, 심상화 그리고 주의를 이용하여 위협 보호 시스템의 조절자인 진정 안전 시스템을 자극하도록 노력하는 것이 유용하다고 본다(2부 참조).

Wells의 접근의 요점은 정서적 문제와 어려움이 유지되는 것은 자신의 생각의 내용과 위협 시스템 간에 내적 피드백 고리가 형성되기 때문이라는 것이다. 위협 시스템은 복잡한 생각이 아닌 재빠른 행동을 위해 설계되어 있다는 것을 명심해야 한다. 따라서 CFT는 새로운 처리를 촉진하기 위해 다른 정서 조절 시스템을 활성화하는 것이 필요하다고 본다.

이것은 [그림 4]처럼 단순히 묘사될 수 있다. [그림 4]에서 화살표는 양방향으로 표시되어 있는데, 우리가 위협감을 느끼면 느낄수록 주의와 생각이 위협 중심으로 돌아가고, 위협과 연결된

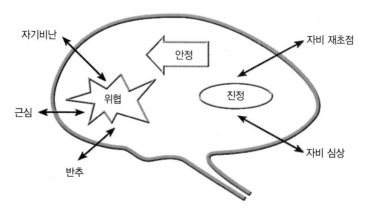

[그림 4] 다른 시스템 자극

침투사고를 더 많이 경험하게 되기 때문이다. [그림 4]의 요점은
지속적으로 마음속을 맴돌고 있는 자기비난과 걱정, 반추적 사
고가 계속해서 위협에 기초한 중추 뇌와 말초신경계(교감/부교감
신경)를 자극한다는 것이다. 시간이 지나면서 이러한 경로는 더
욱더 강해진다.

　이러한 맥락에서, CFT는 변화의 기제를 다음과 같이 본다.

1. 반추, 자기비난 혹은 분노와 같은 위협의 (내적) 자극제들로
   부터 벗어나(메타인지치료와 마음챙김 기반 치료와 공유되는),
   자비에 기초한 통찰과 느낌에 주의를 돌리는 것
2. 자비로운 마음으로 혼란스러운 내적 정서로부터 한 걸음 물
   러나 자신의 생각과 정서에 휩쓸리지 않고 '있는 그대로' 관
   찰하고 지켜볼 수 있는 능력(마음챙김과 수용에 기반을 둔 치
   료법들과 같이)
3. 자비 재초점화와 심상화를 통해 자연적인 위협 조절자인 진
   정 시스템(soothing system)을 활성화시키는 것
4. 외상 기억이나 회피 정서와 같은 혐오적인 내적 경험들에
   관여할 수 있는 능력. 이를 위해서는 우선 내적 자비를 계
   발하는 것이 필요함

반추와 목표

　반추는 보통 목표 그리고 좌절감과 연결되어 있으므로(Klinger,
1977), CFT에서는 종종 목표에 대해 기능적 분석을 한다. 예를

들어, 실수를 한 후 반추를 하는 것은 무능력과 거부에 대한 위협이나 두려움과 관련된다. 즉, 이러한 반추는 (성공을 원하는) 유인가와 자원-추구 시스템의 활동과 연결되어 있다. CFT는 사람이 자신의 삶을 변화시켜야 하고, 어떤 것들은 포기해야 하며, 상실을 받아들이고, 목표와 자기 정체감을 변경하고, 두려운 것과 맞서야 한다는 것을 인식하도록 돕는다. 이 모든 것들은 용기가 필요하다. CFT에서는 용기를 계발하는 것에 대해 많이 이야기를 한다. 우리가 우리의 마음속에 차갑고, 괴롭히고, 비판적이고 강압적인 목소리가 아니라 친절하고, 도움이 되고, 지지적인 목소리를 만들어 낼 수 있다면 용기의 계발은 보다 쉬워질 것이다.

CFT에서 사용하는 개입 방법들은 다양한 증거 기반 치료들로부터 가져온 것이기는 하지만, 자비의 맥락에서 개입이 이루어진다는 점에서 차이가 있다.

09

개념화

　사례 개념화(case formulation)는 환자 문제의 본질과 원인, 유지 요인과 완화 요인을 이해하기 위한 개별적인 과정이다(Eells, 2007; Tarrier, 2006). 많은 치료자들은 사례 개념화가 한 사람의 과거와 현재 맥락을 포함하고 있어야 하고, 그 사람의 정서, 행동 및 생각의 기능에 대한 이해에 기반을 두어야 한다는 것을 알고 있다(Cullen & Combes, 2006). 약물을 과다 복용한 두 사람이 있다고 가정해 보자. 한 사람은 우울했기 때문에 복용했고, 다른 사람은 술에 취해 숙취를 깨는 진통제의 수를 잘못 세었기 때문에 복용했을 수 있다. 적어도 표면적으로는, 행복한 결혼생활과 직업을 갖고 있는 것처럼 보이는 사람의 우울증은 가난과 가정 폭력에 시달리고 어린 시절 성적 학대를 받았던 사람의 우울증과는 상당히 다른 의미를 내포하고 있을 것이다. 우울한 상태에 있을 때 두 사람 모두 비슷한 증상과 '나는 약하고 실패자다.'와 같은 신념을 가지고 있을 수 있지만, 이러한 신념은 매우 다른 기원과 기능을 갖고 있을 수 있다.

대부분의 심리치료들은 정신 질환의 증상이 위협 사건 그리고 이에 대한 방어와 보호 기제의 작동을 통해 일어난다고 믿는다(Gilbert, 1993). 정신분석은 억압, 투사, 거부 및 승화와 같은 복잡한 내적 방어 개념들에 기초를 두고 있다. CBT 또한 행동주의적 틀을 사용하기는 하지만, 위협과 방어의 문제를 강조한다. 여기에서 회피는 일차적인 방어 행동이다. Salkovskis(예: 1996)는 많은 저작물에서 혐오적 결과에 대한 다양한 회피 행동들을 기술하였다(Thwaites & Freeston, 2005). 그는 (일반적으로 설명되는 바와 다르게) CBT는 사람에게 그들의 생각이 비합리적이고 오류가 있다는 것을 보여 주는 것이 아니라, 자신의 문제를 이해하고 안전을 얻기(혹은 유지하기) 위해 최선을 다해 시도해 왔던 (이해할 만하지만 도움이 되지 않는) 방식들이 왜 그리고 어떻게 난관에 빠졌는가를 조사하는 것이라고 주장했다. 그는 사람은 대개 자신이 추구하는 안전 행동에 대한 신념을 발달시키며, 이러한 행동은 그러한 신념을 시험해 보고 약화시키기보다는 오히려 강화시킨다고 지적하였다. 예를 들어, 공황장애 환자는 자신이 심장마비에 걸릴 것이라고 생각하여 자리에 앉을 수 있다. 그들은 심장마비가 일어나지 않으면, 그 이유를 잘못된 신념 때문이 아니라 자신이 앉았기 때문이라고 생각한다. 그러므로 안전 행동은 ① 단기간의 이득이나 강화물의 경험(예: 고통의 완화), 그리고 ② 이것을 유지시키는 신념을 통해 더욱 견고해진다. 안전 행동과 전략은 외적·내적 모두의 위협과 위해를 회피하기 위한 것이며, 따라서 핵심적인 위협-자기보호 (시스템) 조절자로서 기능한다. 예를 들어, 사회적으로 불안한 사람은 자신이 하는 말을 검열하고, 바보 같아 보이는 것을 피하기 위해 말을 적게 하며, 항상 다른 사람이 자신을 어떻게 생각할지 신경을 쓴다. 이것은 거부, 소외, 창피당하는 것과 같은 외적 위협을 피하기 위한 것이다. 그들은 술을 마심으로써 불안이나 나쁜 기분과 같은 내적 위협을 통제하려 할 수 있다.

CFT는 세 가지 기본 정서 조절 시스템을 가정하고 있으므로, 개념화는 위협과 안전 전략의 발달에 초점을 두고 이러한 시스템들이 어떻게 조직되는가를 분석한다. 또한 CFT는 선천적으로 진화된 많은 잠재적 안전 전략들이 활성화될 수 있으며, 이것이 자기평가 시스템에 영향을 준다고 주장한다(Gilbert, 2001a). 예를 들어, 주기적으로 부모에게 학대를 받은 Ann이라는 아이는 부모의 공격적 마음 상태를 예민하게 살피고, 위협적 단서가 보이면 재빨리 순종 또는 회피 전략을 쓸 것이다. 순종과 회피 전략은 선천적 사회적 방어기제들 중의 일부로서 정상적인 것이다. 아이가 성장해서, 자신과 타인 간의 관계를 인식하는 인지적 역량이 커지면, 안전 전략을 활성화시킨 경험들은 자기 경험과 정체성의 한 부분을 형성한다. 이에 따라 권위자를 만나게 되면 Ann은 자동적으로 그들의 마음 상태를 모니터링하게 되고, 혹시나 자신이 그들을 화나게 하는 행동을 하지 않는지 지속적으로 점검하게 될 것이다. 만약 권위자가 Ann에게 화를 낸다면, 자신이 무엇을 잘못했는지 알려고 할 것이고(자기비난), 위협을 최소화하기 위해 순종 전략을 쓸 것이다. 자동적 방어 전략은 인지 시스템과 연결되어 사람들은 빠르게 자기를 검열하고, 비난하며, 순종적으로 행동하게 된다. 이에 더하여, 이들은 안전 전략에 맞춘 자기에 대한 신념을 가지게 되어 자신을 약하고 비난받아 마땅하다고 여기게 될 것이다. CFT에서는 이러한 반응을 인지왜곡이라고 부르기보다는 안전 보호 전략이 발달한 것이라고 보고, 환자들이 안전 보호 전략의 기능과 변화에 대한 두려움을 이해하도록 돕는 데 시간을 많이 할애한다. CFT는 특정 증상들과 핵심 신념들 혹은 스키마를 확인하고자 시도하는 진단적 접근과 달리, 위협과 충족하지 못한 욕구에서 나온 안전 전략들의 독특한 양상들을 탐색하는 데 더 많은 노력을 기울인다.

CFT 개념화의 핵심 요소들

수치심과 자기비난이 높은 사람들에 대한 CFT의 개념화는 인지, 행동 및 애착 모델을 통합하고 있으며, 다음 네 가지 주요 영역에 초점을 맞추고 있다.

1. 문제를 일으키는 데 영향을 주는 선천적 · 역사적 요소
2. 문제를 일으키는 핵심적인 외적 · 내적 위협과 두려움
3. 문제를 일으키는 외적 · 내적 안전 전략들
4. 더 많은 고통과 안전 전략들 그리고 어려움들을 야기하는 의도하지 않은 결과들(자기비난과 같은)

의도하지 않은 문제나 결과는 증상과 관련되며, 다섯 번째 영역이라고 할 수 있는 공포와 분노 그리고 현재 겪고 있는 고통(예: 우울, 불안)에 대한 대처 방식과 관련한 다양한 상위 인지들을 일으킨다.

성장 배경과 역사적 영향

치료자들은 초기 관계와 애착 유형, 인생 사건들과 정서적 기억들을 조사하는데, 이것은 돌봄과 관심을 받았거나 혹은 무시당한 느낌, 충족되지 않은 욕구, 위협감을 느낀 경험 그리고 학대의 유형을 밝히기 위한 것이다. 부정적인 경험은 환자가 이야기하기에 충분히 편안하다고 느끼는 정도에 따라서 서서히 나타난다. 예를 들어, 환자가 치료에 오기는 하지만 수치심 때문에 중요한 문제들을 이야기하지 않을 수 있다(예: MacDonald & Morley, 2001; Swan & Andrews, 2003). 이런 이유로, 치료자가 '문제 목록'에만 의존하면 수치심과 관련된 문제들을 놓칠 수 있는 위험이 있다.

초기 인생 경험들은 다양한 신경생리적 시스템의 형성과 다양한 정서 조절 시스템의 협응 과정에 영향을 준다(Cozolino, 2007; Ogden, Minton, & Pain, 2006). 예를 들어, 어렸을 때의 돌봄(혹은 돌봄의 부족이나 학대)의 경험은 뇌의 성숙, 정서 조절(Gerhardt, 2004; Schore, 1994, 2001; Siegel, 2001), 인지 능력, 정신화 능력과 타인의 생각과 정서를 이해할 수 있는 능력에 영향을 미친다. 치료자는 자기 경험과 정체성의 핵심으로 작용하여 삶의 사건들에 의해 촉발될 수 있는 정서적 기억들을 탐색한다(Brewin, 2006).

그러나 어떤 사람은 부정적 사건을 잘 기억하지 못하거나 옛 기억을 떠올리기를 힘들어한다. 또 다른 사람은 "모든 것이 좋았어요."라고 말하였는데, 나중에 그렇지 않다는 것을 알게 되기도 한다. 자신의 배경에 대해 일관적으로 이야기하는 것의 중요성은 성인 애착 인터뷰를 이용한 애착 연구(Mikulincer & Shaver, 2007)에서 밝혀졌다. 그러므로 다음과 같은 구체적인 질문을 하는 것이 중요하다. "어머니나 아버지가 당신을 사랑했다고 느꼈다면, 부모님은 그것을 어떻게 표현하셨나요? 어떤 방식으로 당신을 편안하게 해 주셨나요? 당신의 감정을 부모님에게 어떻게 이야기하셨나요? 부모님은 어떻게 스킨십을 하셨나요? 당신이 힘들 때 부모님은 어떻게 도와주셨나요?" 일반적으로 수치심에 기반을 둔 문제를 가지고 있는 환자는 친밀감이나 심리적 타당화와 지지가 부족하고, 거리감이 있고 위협/위험을 경험한 경우가 많다.

과거의 탐색은 '사실 확인'이나 '중요한 사건들'(안전 전략과 개인적 의미를 형성하게 된 중요한 계기)만을 발견하는 것이 아니라, 환자의 인생 경험에 대해 타당화하고 따뜻하게 공감하는 중요한 기회가 되기 때문에 시간을 갖고 조심스럽게 다루어져야 한다(Leahy, 2005; Linehan, 1993). 이러한 방식으로 '안전감(safeness)'이 만들어지면, 사람들은 일관성 있게 말하는 능력이 개발되어 힘든 경험을 이야기할 수 있게 된다. 치료에서 환자는 다른 사람으로부터 따뜻한 관심과 비판단적이고, 공감적이고 배려받는 것을 처음으로 경험하게 되는 것일 수 있다. 공감적이고 배려받는 경험은 환자가 자신의 힘든 경험을 수치심 없이 일관성 있게 이야기할 수 있도록 도와주게 된다(Gilbert, 2007b). 또한 이러한 경험은 환자가 자신의 문제를 "나중에 후회하는 것보다는 조심하는 것이 낫다."와 '안전이 우선'이라는 삶의 전략을 지향하게 된 표현적 발달(phenotypic develoment) 측면에서 이해하기 시작하게 되고, 이것이 자기감의 바탕이 될 것이다.

자기에 대한 정서적 기억

자기감이 정서적 기억과 어떻게 연결되어 있는지를 알아보는 것은 중요하다. Gilbert는 다음과 같이 주장하였다.

어린 시절 아이들이 상호작용을 통해 다른 사람의 감정을 경험하는 것이 자기 신념의 바탕이 된다고 생각해 보자. '나는 사랑스럽고 유능한 사람이다.'라는 긍정적인 믿음은 곧 "기억 시스템에서 나는 관계에서 사랑받고 유능하게 대우받은 정서 경험이 많아서, 나는 사랑스럽다."라는 말과 똑같이 작용한다. 이와 달리, 어느 한 가정의 부모가 아이에게 자주 화를 낸다고 가정해 보자. 이 아이는 다른 사람이 자신을 좋게 보지 않는다는 믿음을 만들어 낼 것이고, 이것은 곧 "기억 시스템이 내가 다른 사람들을 화나게 한 경험과 그들이 나를 부정적으로 대한 경험들로 가득 차 있다. 그러므로 나는 나쁘다."라는 말과 같이 작용한다. 만약 부모가 자녀를 항상 경멸하고 사랑을 주지 않고 자녀에게 등을 돌렸다고 가정해 보자. 이러한 경우에는 화가 아닌 상실이나 경멸이 내면화된다. 아이는 자신이 사랑받지 못하고 다른 사람이 항상 돌아설 것이라는 믿음을 갖게 된다. 이것은 "기억 시스템 속의 나는 사람들을 멀어지게 하고 사람들이 날 원하지 않았던 기억으로 가득 차 있어서 다른 사람들이 원치 않는 아이다."라는 말이 저장되어 있는 것 같다. 성적으로 학대받은 아이를 생각해 보자. 그런 아이의 '기억 시스템은 두려움과 혐오감 같은 정서적 경험으로 가득 차 있다. 그러므로 나는 역겹고 나쁘다.'라는 생각을 하게 된다. Tomkins(1987)는 수치심과 다른 자의식과 관련된 정서들은 자신과 다른 사람과의 관계에 대한 기억들로 만들어진다고 주장하였다. 이러한 기억들은 주의, 생각, 정서 및 행동을 결정짓는 요인이 되고, 융이 말한 '콤플렉스'를 일으킨다(pp. 1221–1222).

정신역동 치료자들은 이러한 과정을 '자기 대상(self-objects)'이라고 부르고, 인지치료자들은 '자기 도식(self-schemas)'이라고 한다. 여기서 핵심은 자기 도식은 정서적 기억을 토대로 자신과 다른 사람과의 상호작용에서 비롯되는 것이며, 신체적 기억과 '자기감'에 영향을 줄 수 있다는 것이다(Brewin, 2006; Ogden et al., 2006). 따라서 CFT에서는 수치심을 치료할 때, 직접적으로 핵심적이고 위협적인 기억들을 다시 떠올린 다음, 자비롭고 안전한 정서적 경험으로 발달시킨다(Hackmann, 2005; Lee, 2005). 수치심에 대한 합리적인 대안을 발달시키는 것은 명시적 기억으로만 처리되므로, 방어적 성향을 유지시키는 잠재적 정서 기억들에게 영향을 주기에는 불충분할 것이다(Brewin, 2006).

핵심적 위협, 두려움 그리고 충족하지 못한 욕구

초기 인생 경험들은 우리에게 안전과 보호를 느끼도록 할 수도 있고, 위협과 불안전감을 느끼게 할 수도 있다(Mikulincer & Shaver, 2007). Gilbert(1989), Beck 등(2003) 그리고 그 밖의 치료자들이 강조했듯이, 어린 시절에 겪은 핵심적 위협은 장기간 동안 영향을 미치며, 때때로 버림, 분리, 거부, 수치심, 위험/학대와 같은 원형적이고 선천적인 주제들과 연결된다. CFT에서는 외적 위협과 내적 위협을 구분한다. 외적 위협이란 세상이나 다른 사람이 나에게 주는 위협이고, 내적 위협은 자신의 내면에서 일어나거나 재창조되는 위협을 말한다. 예를 들어, 사람은 다른 사람으로부터의 거부, 착취나 위해와 같은 외적 위협을 두려워할 수 있고, 또는 통제력 상실, 불안, 분노, 우울에 압도되는 내적 위협을 경험할 수도 있다. 실제로, (다시) 우울해질 것이라는 두려움이 반추와 회피, 미래에 대한 공포, 심지어 자살조차도 일으킬 수 있다(Gilbert, 2007a). 사람이 어릴적부터 가지고 있는 핵심적 두려움이나 걱정을 생각하고 표현하도록 돕고, 특히 자신을 보호하기 위해 어떤 방어 전략과 수단을 사용했는지 알아보는 것이 매우 유용하다. 실제로, 우리는 늘 환자가 힘들었던 경험을 이야기할 때, 그런 상황에서는 '안전 전략' '자기 보호를 위한 노력' '잘하기 위해서 필요했던 것들'을 개발할 필요가 있었으며, 그러한 행동들은 '그 당시, 할 수 있는 최선의 행동'이었다는 것을 이야기한다.

안전과 보상 전략들

우리의 뇌는 태어날 때부터 자동적으로 안전 추구, 자기 보호
와 진정을 추구하는 다양한 전략들을 발달시킨다. 유아의 성향
은 유전적 차이가 있으며, 아이들은 이에 따라 서로 다른 전략
들을 사용한다. 예를 들어, 어떤 아이는 다른 아이들보다 달래
기 쉽고 스킨십을 편안해한다. 수줍어하는 아이는 호기심이 많
은 아이보다 더 조심스럽고 회피적이다. 또 어떤 아이는 부모를
안전기지로 잘 이용할 수 있지만, 또 다른 아이는 부모가 위협적
인 근원이 되기도 한다(Liotti, 2000). 아이들이 위협에 어떻게 반
응하는가를 조사한 최근의 많은 연구들은 아이가 부모를 참조의
대상이나(시각-절벽 실험에서와 같이 안전한가, 그렇지 않은가?), 보
호와 위안의 대상으로(Mikulincer & Shaver, 2007) 사용한다는 것
을 보여 준다. 어떤 아이는 위협을 느끼면 위안을 기대하며 편안
하게 부모에게 가지만, 또 다른 아이는 오히려 부모를 회피하거
나 혹은 부모가 달래 주어도 쉽게 진정하지 못한다. 이 모든 반
응 유형들은 위협 시스템 조절에서의 차이를 말해 주고 있다.

부모는 자녀의 안전에 매우 중요하기 때문에, 아이는 부모의
마음에 영향을 주려고 노력할 것이다(Liotti, 2000, 2002; Wallin,
2007). 그들은 순종적인 아이가 될 수도 있고, 경쟁적이고 투쟁
적인 아이가 될 수도 있으며, 혹은 보살피고 돌보며 공손하고 예
의 바른 아이가 될 수도 있다. 이러한 안전 전략들은 다른 사람
이 그들을 도와주거나 가치 있게 보아 주기를 바라는 희망에서
비롯된다. 공격성이나 충동성 같이 외재화된 안전 전략을 사용

하는 사람은 자신의 독립성을 보호하기 위해 친밀한 관계 형성을 거절하며, 타인의 마음속에 자신이 위험한 존재라는 것을 각인시킴으로써 타인이 자신을 함부로 대하지 못하게 한다. 이와 같은 (갑자기 공격적으로 되는) 전략은 지배적인 원숭이가 하급의 원숭이들에게 두려움의 대상이 되기 위해 사용하는 전략이기도 하다(Gilbert & McGuire, 1998).

인간은 스트레스를 받을 때 돌봄, 관심 그리고 위로를 필요로 하도록 진화됐다. 이러한 발달적 궤도로부터의 이탈은 좋지 않은 결과를 가져온다. 인간은 특정한 공급 없이는 적절하게 발달할 수 없는 존재이므로, 충족되지 않은 욕구는 위협이 될 수 있다. 이것은 특정한 갈망, 추구 그리고 다양한 공포들을 야기함으로써 도움이 되는 유형의 관계를 형성하지 못하거나 유지할 수 없게 만들 수 있다(Knox, 2003). 이와 더불어, 복잡한 안전 전략과 보상 전략들이 일어난다. 예를 들어, 아버지와 좋지 않은 관계를 가지고 있거나 냉정한 어머니로부터 보호를 받기 위해 아버지에게 기대는 소녀가 있다고 가정해 보자. 그녀는 아버지와 같은 인물과 가까운 관계를 맺기를 갈망하여, 도움이 되든지 안 되든지 간에 나이가 많은 남자에게 끌리는 자신을 발견하게 될 것이다. 또한 그녀는 보호, 제공, 위로, 인정, 격려 그리고 '성취를 기뻐해 주는 것'과 같은 부모가 가지는 기능들을 치료적 관계나 다른 사람들에게서 찾으려고 할 수 있다. 그러나 그들이 원하는 것들을 얻을 수 없다는 것을 알게 되면, 다시 좌절과 위협 그리고 실망감을 느낄 것이다.

의도하지 않은 결과들

CBT에서 안전 전략들은 거의 항상 의도하지 않게 좋지 않은 결과들을 가져오는데, '증상'이 그중 하나다(Salkovskis, 1996; Stott, 2007; Thwaites & Freeston, 2005). 이러한 결과들은 문제를 유지시키거나 더 악화시킬 수 있다. 예를 들어, 자기의 감정(예: 어떤 정서들은 내적 위협을 촉발한다)을 두려워하는 사람은 경험 회피에 빠져들 수 있다. 경험 회피는 ACT와 마음챙김 같은 다양한 노출 치료의 핵심적 치료 대상이다(Hayes et al., 2004). 다른 사람에게 자신의 감정을 드러내거나 표현하는 것에 대한 두려움은 개방적이고 진실한 관계를 회피하게 만들 수 있다. 그 결과, 자기 교정적인 상호작용(예: 불만족을 서로 나누는 것)이 부족하게 되어서 계속해서 말하지 못한 분노에 대해 반추하게 된다. 이러한 반추에 의해 우울해지면, 이들은 대개 실제 문제를 확인하고 해결책을 찾기가 어려워질 뿐 아니라, 자신의 가치나 선호를 분간할 수 없게 된다. 순종적인 태도로 부정적 감정을 숨기면서 긍정적 관계를 유지하려고 노력하게 되면, 의도하지 않은 결과가 실제로 두려운 일을 만들어 낸다. 그러나 사람들은 자신의 안전 행동이 문제를 일으켰다고 생각하지 못하고, 자신의 어떠한 성격적 특징이 사랑스럽지 않기 때문이라고 결론을 짓는다.

위협, 안전 전략 그리고 의도하지 않은 결과 간의 연결성은 매우 복잡하다. David라는 환자는 동생의 죽음 때문에 정서적으로 결핍된 환경에서 자랐다. 그는 '곧 끔찍한 일이 일어난다.'는 분위기 속에서 자랐다. 그의 어머니는 자주 괴로워했고, 공격적이었다. 그는 "모든 것이 부질없기 때문에 자신에 대해 긍정적인 희망을 갖지 않는 것이 낫다."는 전략을 만들어 냈다. 그는 자신에 대해 긍정적으로 느낄 수 있는 기억들이 많이 있었지만, 어머니의 분노와 비난은 '두려움으로 가득 찬 가슴이 무너지는 느낌'을 그에게 주었고, 그것은 "긍정적 감정을 느끼는 것은 매우 잘못되었다."라는 의미를 갖게 했다. 따라서 그는 긍정적 정서 조절 시스템을 자극하는 것을 고의적으로 회피하였고, 단순히 남의 관심을 끄는 행동을 피하는 전략들을 발달시켜 왔다. 그가 긍정적 정서 조절 시스템을 자극하지 않는 이상, 우울증에서 벗어나지 못할 것이라는 것을 깨닫는 데는 많은 시간이 걸렸다. 그는 분명히 긍정적 정서와 자신에 대해 긍정적 느낌을 갖는 것을 두려워했고, 다른 사람에게 의지하지 못하는 모습을 보여 주었다. 그는 직장에서 믿음직스럽고 모든 일에 잘 나서는 사람이었다. 그러나 그는 자신의 성격이 진심으로 책임을 지고 싶어서가 아니라, 자신이 아닌 다른 사람이 일하는 것을 믿지 못하기 때문이라는 것을 인식하기 시작했다. 그는 자신이 거부를 당하거나 버려지는 것을 두려워하는 것이 아니라, 다른 사람이 자신보다 일을 잘하지 못해서 모든 것을 엉망으로 끝내는 것이 두려웠던 것이다. 당신은 이것이 심각한 전이 문제라는 것을 상상할 수 있을 것이다!

이렇게 짧은 책에서 이 모든 복잡한 연결을 자세하게 다 이야기할 수는 없다. 그러나 치료자가 소크라테스 질문을 이용한 안내적 발견에 초점을 두고 개개인의 독특한 위협과 자기보호적 유형들을 살펴보게 되면, 그러한 연결성이 나타나게 될 것이다. 이것이 CFT가 환자의 특정한 문제나 핵심 신념을 알아보려고 애쓰기보다는, 세 개의 원을 이용한(제6장) 복잡한 기능 분석과 성찰하는 이야기(reflective narratives)에 근거하여 개별적 개념화를 권장하는 이유다.

많은 치료자들이 환자들에게 '그럴 만한 이유가 있지만 도움이 되지 않는 일들'을 해 왔다는 것을 인식하도록 도와야 한다고 이야기한다. 하지만 더 중요한 것은, 특정 안전 전략과 초기 인생 경험 간의 관련성에 대해 분명히 정서적으로 연결된 이해를 하는 것이다. 사람은 정서적으로 연결될 때 변화가 일어나고, 가끔씩 이러한 연결성은 극적인 행동 변화를 이끌 수 있다. 다른 말로 하면, 그냥 말로만 하는 것이 아니라, 환자가 어린 시절 경험을 정서적으로 연결하도록 하는 것이다. 자기 자신에게 몹시 화가 난 Susan의 경우를 살펴보자.

Paul: 제가 이해하기론 당신의 어머니가 마약을 하고 술을 마실 때 당신은 몹시 두려워서 방으로 숨었고, 그래서 매우 외로워하신 것 같네요. [잠시 멈춤] 그러나 동시에 당신은 어머니와 더 가까워지고 싶어 했어요. 제가 보기에 당신은 다른 사람과 연결되고 싶어서 마약에 손을 대기 시작한 것 같아요. 그 때문에 오랫동안 절망스러운 외로움에서 조금이나마 벗어날 수 있었고요. [잠시 멈춤] 마약을 하게 된 것은 당신 잘못이 아니었어요. 그건 당신의 한 부분이 외로움을 떨쳐 내고, 기분을 좋게 하며, 사람들과 연결되고 싶어서 그랬던 겁니다. 그건 당신이 할 수 있는 최선이었어요.

Susan: 네, 하지만 전 알았어야 했어요. 마약이 엄마의 삶을 엉망으로 만들었다는 걸요. 전 너무 바보 같았어요. 정말 너무 바보 같았어요.

Paul: [매우 천천히 다정하게] 저를 보세요. 수잔, 그건 당신의 잘못이 아니었어요. 당신은 너무나 외로웠어요. 그렇죠? 그건 당신의 잘못이 아니에요. 당신이 다른 가정에서 태어났더라면 이러한 길을 가지 않았을 거예요. [오랜 침묵이 이어지자 다시 천천히 반복함] 그건 당신의 잘못이 아니에요.

Susan: [눈물이 맺힘] 혹 정말 그런가요? 한편의 나는 그런 길을 택하고 싶지 않았지만, 또 다른 나는 너무나 간절히 그걸 원했어요. 누구하고든 사람들과 어울리고 싶었어요. 내 주위에는 마약하는 사람들만 있었고, 그들만이 나 같은 사람을 좋아해 주고, 받아 주었고, 나 역시도 그들을 좋아했습니다.

Susan은 어머니를 사랑하기도 하지만 몹시 화나 있기도 했다. 우리는 치료 작업에서 먼저 그녀가 자신에 대한 분노를 내려놓고 변화하는 법을 배워 나가도록 했다. CFT에서 환자의 분노와 수치심을 발견할 때 변화를 위한 자비로운 작업을 할 수 있는 가능성이 훨씬 더 커진다. 물론 그 과정은 앞서거나 뒤서거나 할 것이다. 수치심을 치료하는 데 중요한 것은 비난과 자기혐오를 정서적으로 연결하는 것이고, 문제 행동에 대해 합당한 이유를 명료화하는 것이다.

네 가지 기본 요소들에 대한 개념화는 증상이 초기 경험과 안전 전략의 자연스러운 결과로 나타났다는 것에 대한 통찰을 이끌 수 있다. 우리는 병리나 진단의 틀에서 벗어나 환자 안에 무엇이, 왜 일어났는지를 이해하려 한다. 우리는 "그것은 당신의 잘못이 아니다."라는 점을 환자에게 인식시키고, 그들이 어떻게 의도하지 않은 특정 사고와 행동에 갇히게 되었는지에 대해 작업한다(Salkovkis, 1996). 진화 모델에 따른 이러한 관점이 분명하게 전달될 때, 수치심과 자기비난의 근원을 점차 약화시킬 수 있다.

개념화와 원들

개념화는 세 개의 원을 사용하여 설명될 수 있다(제6장 참조). 여기서 환자는 각 시스템/원에 대해 생각해 보고 그것들이 자신에게 어떻게 작용되는지 숙고해 보도록 한다. 어떤 원이 상대적으로 얼마나 큰가? 각각의 원들이 어떻게 작용하는가? 어떤 인생 사건이 그것들의 발달에 영향을 주었는가? 원들이 어떻게 서로를 조절하는가? 어떠한 것이 그 안에 들어가는가? 환자들은 공통적으로 위협 시스템이 추동-즐거움이나 만족/친밀과 위로 시스템보다 더욱 크다고 느낀다. 그들은 자신이 위협을 보상하기 위해 즉각적으로 성취와 투쟁을 사용하거나 혹은 타인의 친절에 개방적이지 못하고 자신에게도 친절하다기보다 비판적이라는 사실을 바로 알아차릴 것이다. 우리는 환자들에게 각각의 원들이 어느 정도 자신의 내부에서 작동하고 있는지, 그것들이 자신에게 어느 정도의 영향력을 발휘하고 있는지 혹은 그것들이 어느 정도 발달되었는지 등을 반영하여 세 개의 원을 그려 보게 한다. 이러한 그림 작업은 통찰력을 제공하고, 치료 개입과 개별적 훈련 계획을 수립하는 데 매우 유용하다. 또한 이것은 위협과 자기보호 시스템이 과도하게 발달하게 된 이해할 만한 이유를 탐색하고 숙고하는 데 도움을 준다.

개념화는 한 번의 과정이 아니다

CFT에서는 지속적이고 다양한 개념화 과정들이 연속적인 단계로 구성되어 있다. 이것들은 다음과 같다.

- 첫 번째 개념화
  - 현 문제와 증상들의 제시
  - 현 문제의 의미 구성과 타당화
  - 치료적 관계 구축: 잠재적 어려움을 주의하기
- 두 번째 개념화
  - 문화적 · 역사적 맥락 조사
  - 삶의 역사와 이야기 서술
  - 자신과 타인에 대한 핵심적인 정서적 기억에 대한 통찰

(자아-타인 스키마)

- 세 번째 개념화
  - 다음 네 가지 영역의 모델 맥락에서 개념화 구성: 배경;
    위협, 두려움, 염려와 충족되지 못한 욕구; 내적·외적 안
    전과 보상 전략; 그리고 의도하지 않은 결과들
  - 회피, 반추, 약물 남용, 자해와 같은 특히 문제가 되는 안
    전 전략과 정서 조절 전략 확인하기
- 네 번째 개념화
  - 진화된 마음 모델 설명하기
  - '당신의 잘못이 아닌 것'과 '책임져야 하는 것' 구별하기
  - '세 개의 원'에 대해 설명하고 세 개의 원을 이용하여 재개
    념화하기
  - '뇌 지도(p. 201 참조)'를 그려 보기
- 다섯 번째 개념화
  - 치료적 과제 구성하기, 예컨대 생각 관찰, 대안 생성, 행
    동적 실험, 점수 매기기 과제, '자기자비' 계발하기, 자비
    심상화와 편지 쓰기
  - 방해가 되는 요소와 문제점 조사하기
- 여섯 번째 개념화
  - 과제의 진전과 새로운 정보를 토대로 이전 개념화를 검토
    하기
  - 치료적 과제 개발과 조정하기
  - 치료 후 미래 작업에 대해 논의

- 삶 속에서 연습하기
- 치료 종결을 위해 준비하기

물론 이러한 것들은 일반 지침에 불과하다. 반드시 이 순서대로 하지 않아도 되고, 각 개념화 아래에 다른 하위 요소들이 있을 수 있다. 따라서 순차적으로 서술되어 있어도 그대로 하지 않을 수 있다. 사람에 따라 각각 다른 단계와 속도로 진행할 수 있고, 순서를 바꿔 진행할 수도 있다. 요점은 개념화란 치료 여정의 다양한 요소들을 조합해 가는 지속적 과정이라는 것이다 (Eells, 2007). 또한 이러한 모든 치료 과정에서, 환자는 정신화 능력과 한 발짝 물러서서 자신의 마음을 반성하는 능력에 있어서 각기 다르다는 것을 명심해야 한다. 정신화 역량의 편차는 치료에 영향을 주기 때문에, 정신화 역량에 대한 평가가 개념화와 치료적 계획에 매우 중요하다.

또한 개념화는 '치료 목적'과 결과를 포함하고 명료화해 줄 것이다. 환자의 자기 정체감과 연결된 목표와 목적(예: 자비로운 자기 계발)을 이해하고, 함께 작업하고, 공유하는 것은 치료적 개입의 핵심이다. 이러한 접근은 증상에만 초점을 맞추는 접근과는 다르다.

10

수치심

여러 심리치료에서 자기평가와 자기감정은 중요한 관심사다. 자기 의식적 감정에 관한 연구도 많이 알려져 있지만, 치료 영역에서 수치심(Shame)에 관한 문헌은 드물다(Tracy, Robins, & Tangney, 2007). CFT에서는 수치심의 복잡성을 이해하고 수치심을 다루는 것이 매우 중요하다. CFT에서 수치심([그림 5] 참조)은 사람이 다른 사람의 마음속에 자신에 관해 긍정적 감정이 일어나기를 원하는 방향으로 진화되었다고 보고(Gilbert, 2007c 참조), 다음과 같이 제안하였다.

1. 우리는 모두 다른 사람들의 마음과 연결하고자 하는 욕구와 돌봄을 받고자 하는 욕구를 가지고 태어났다. 이러한 욕구는 사회적 조직과 연결되고, 유익한 관계에서 수용되고 소속되는 것, 다른 사람들이 자신을 원하고 이해하며 가치있게 받아들였으면 하는 열망으로 피어난다(Gilbert, 1989;

Hrdy, 2009). 만약 우리가 가치를 인정받지 못한다거나 거부당하고 외롭게 투쟁하는 것과 달리, 오히려 우리의 욕구를 달성할 수 있다면 우리의 세계는 더욱 안전할 것이다(위협 시스템이 안정됨). 유익한 관계는 생리적으로 조절된다 (Baumeister & Leary, 1995).

2. 친밀한 관계를 경험하는 방식(돌봄 혹은 학대)과 또래 관계를 경험하는 방식(돌봄이나 수용 혹은 거절이나 학대를 당함)은 우리 자신이 다른 사람의 마음속에 생생하게 어떻게 경험되는지에 큰 영향을 미친다. 외적 수치심에 취약하다는 것은 다른 사람의 마음속의 우리 자신에 대한 부정적 생각이나 감정에 민감하다는 것이다. 그러므로 다른 사람에게 자신이 어떻게 존재하는지에 대한 이해는 우리가 세상 안에서 안전감을 느끼는 것에 토대가 된다. 따라서 외적 수치심은 우리 모델의 중심에 있다([그림 5] 참조).

3. 외적 수치심에 대한 두 가지 중요한 보호(안전 전략)가 있다. 하나는 순종적이고 종속적인 전략을 선택하고, 자기 점검과 자기비난과 연결된 내적 수치심이다. 다른 하나는 자기를 무시하거나 거부하는 사람에게 자신의 힘을 보여 주려고 더욱더 공격적 방법을 선택하는 외적 수치심이다. 이것들은 의식적으로 선택된 것은 아니지만, 표현형의 변이 (phenotypic variation)를 반영한 것으로 맥락에 따라서 달라질 수 있다.

4. 반성적 수치심은 당신과 관련 있는 다른 사람이 준 수치심,

그리고 당신이 다른 사람에게 준 수치심과 연관이 있다. 반
성적 수치심은 명예로운 죽음처럼, 일부 문화에서 특히 중
요하다(Gilbert, Gilbert, & Sanghera, 2004c).

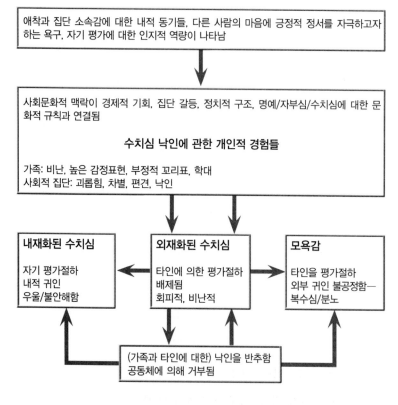

[그림 5] 수치심에 대한 진화, 생물심리사회적 모델

출처: Gilbert, P. (2002). Evolutionary approaches to psychopathology and cognitive therapy.
In P. Gilbert (ed.) Special Edition: Evolutionary Psychology and Cognitive Theray, *Cognitive
Psychotherapy: An International Quarterly*, 16: 263-294에서 인용함

다른 모델처럼, CFT에서도 외부 사회적 세계에 대한 두려움이
나 신념과 내부의 두려움이나 신념을 구분한다. 즉, 전자는 다른

사람이 어떻게 생각할지 그리고 자신에게 어떤 행동을 할지에 관한 것이고, 후자는 자신의 부적절함에 대한 두려움, 자신의 감정 조절의 실패, 상상과 생각에 관한 것이다. 물론 '외부'의 위협과 '내부'의 위협은 중첩되거나 상호작용한다. 그러나 CFT에서는 방어-안전 전략과 같은 대처 행동과 위협에 초점을 두는 개입들이 다양하기 때문에, 환자에게 반복해서 외부와 내부의 위협을 명백히 구분하도록 한다. 따라서 두 유형을 분명하게 구별하는 것이 유용하다. 예를 들어, 연인과 헤어지는 것은 큰 슬픔을 가져다주지만, 여기에 수치심이 포함되면 두 가지 다른 생각의 흐름으로 이어진다. 다음은 Tim의 예다.

외적 수치심	내적 수치심
대상(object)으로서, 자신에 관해 다른 사람이 어떻게 생각할지에 대해 집중된 주의와 추론	주체(subject)로서, 자기의 경험에 내적으로 집중된 주의와 추론
우리의 관계는 Sally가 떠났기 때문에 끝났다.	가끔 무엇을 말하고 무엇을 해야 할지 잘 모르겠고 불안하다. 혼란스럽고 연약해졌다. 불안해서 하고 싶은 것을 못할까 봐 걱정된다.
그녀는 나를 지루하고 불안하다고 본다. 그녀는 좋은 사람이었지만, 우리 관계를 어떻게 끝낼 것인가 생각하곤 했을 것이다.	이건 너무 한심하다. 난 한심한 인간이다.
내가 가장 두려워하는 것은:	**내가 가장 두려워하는 것은:**
다른 사람이 내가 재미없고, 딱딱한 사람이라고 생각하는 것; 그래서 사랑과 연애를 하지 못하고 평생 외로울 운명이라 여기는 것이다.	불안을 대처하거나 변화할 수 없게 되는 것과 바람직하지 못한 사람이 되는 것; 외로움과 비참한 감정에 사로잡혀 있는 것; 아무도 날 원하지 않는 것이다.
(이건, 어린 시절 다른 사람과의 경험에 대한 기억이 재활성화된 것이다.)	(이건, 어린 시절 자기의 내적 경험에 대한 기억이 재활성화된 것이다.)

보통 외적 수치심과 내적 수치심은 연관성이 있어서 이것을 분리해서 써 보면 알 수 있다. 즉, 종종 내가 생각하는 다른 사람이 나에 관해 생각하는 방식은 내가 자신을 생각하고 느끼는 방식과 같다. 이것은 투사와 관련이 있어서 위협받는다고 느낄 때 더욱 투사가 일어날 수 있다. 왜냐하면 '위험을 감수하기보단 안전을 선택한다.'는 생각이 악순환을 만들기 때문이다(Gilbert, 1998).

또한 우리는 위협 시스템과 직접적으로 연결하는 언어를 사용하고 싶기 때문에, CBT에서 자주 사용하는 '결론(그래서 무슨 의미이지요?)'이라는 용어보다는 핵심 두려움/위협이란 용어를 선호한다. 이것은 기본적이고 진화된 원형적 거부에 대한 두려움과 '다른 사람의 마음에 영향을 미칠 수 없는 존재가 되는 것'에 대한 두려움과 연결된다. 따라서 우리는 위협과 관련된 외부 초점이 내부 초점의 다른 기능을 가질 수 있기 때문에, 자기비난적 내적 대화에 대한 기능적 분석을 조사할 수 있다. 외적 두려움과 관련된 생각들의 기능은 보통 경고나 설명들이다. 예를 들어, "사람들은 당신을 싫어할 것이다. 왜냐하면……; 당신은……취약하다; 당신은 다른 사람들에게 좋은 인상을 주고 있지 못한다; 만약 변화하거나 중지하거나 통제하지 못한다면, ~할 것이다; 사람들이 당신을 싫어하기 때문에 당신은 비참한 존재임에 틀림없다" 등이다. 이러한 것들은 일반적이고 자기도 모르게 하는 부차적인 염려들이다.

보호-안전 행위는 외적/내적 수치심과 비슷하거나 상당히 다를 수 있다. 한 남성이 불안을 통제하기 위해서 여자 친구를 만나기 전에 술을 마시고 갈 수 있다. 한편으로는 그녀를 감동시키기 위해 금전적으로 여유가 없음에도 차를 살 수 있다. 그러므로 내적으로나 외적 세계로부터 흘러나오는 두려움을 대처하는 방식은 서로 다를 수 있다.

위협 시스템을 활성화할 수 있는 수치심과 연결된 외상에는 두 유형이 있다. 첫 번째는 뚜렷한 학대다. 이러한 다른 사람의 침범은 한 사람의 통제권과 경계선을 위반하여 매우 위협적이거나 고통적일 수 있다. 다른 유형의 외상은 다른 사람으로부터 멀어진 존재가 되는 것이다. 흔히 이들은 다른 사람이 자신을 선택하거나 원하지 않은 것에 대한 수치심이 있어서, 다른 사람으로부터 애정을 이끌어 내거나 그들을 즐겁게 하기 힘들다(수치심 개념과 측정 척도는 Dugnan, Trower, & Gilbert, 2002 참조).

배제에 대한 수치심

배제에 대한 수치심은 자신이 다른 사람으로부터 주목을 받지 못한다거나 원함을 받지 못한다는 느낌과 관련이 있다. 이것은 적극적 거부가 아닌 수동적 무시다. 한 환자는 "나는 엄마를 사랑했지만, 엄마는 일에 열심이셨고 늘 일이 우선이었어요. 엄마한테 저는 중요하지 않았던 것 같아요."라고 말한 적이 있다. 이들은 지속적으로 자신이 흥미롭거나 매력적이지 않다는 느낌을 받고, 다른 사람과 연결되기 위한 방법을 찾느라 고군분투하는 사람이다. 하지만 그런 노력이 성공한다 할지라도 다른 사람들을 완전히 만족시켜 주지는 못한다(제14장 참조). 앞서 제시한 Tim에 대한 예는 배제 유형의 수치심과 불안이라고 할 수 있다.

침범과 위반 수치심

다른 사람들의 침범에 고통받은 사람은 다른 사람이 자신에게 행동하는 것을 멈추게 하거나 방어할 힘이 없다고 느끼고, 자신은 작고, 힘이 없고, 겁먹은 사람이라고 생각한다. 그래서 그들은 자신을 다른 사람에게 '이용당하는' 대상이라고 느낄 수 있다. 언어적 학대와 수치는 부정적 의미/꼬리표를 자기경험에 주입(injecting)한다. 진화적 용어로 이러한 주입은 바이러스나 감염병처럼 사람과 관계 안에서 복제되는 밈(기본적인 사고와 믿음; meme)이라고 한다(Blackmore, 1996). 언어적 학대와 다른 사람에게 부정적으로 정의되는 것은 신체적 학대나 성적 학대 못지않게 매우 강력하고 발병의 원인이 될 수 있다(Teicher, Samson, Polcari, & McGreenery, 2006). 실제로, "엄마나 아빠가 나를 사랑한다는 것만 알면 난 폭력에 대처할 수 있어요. 엄마 아빠가 나를 '쓸모없는 녀석'이라고 부를 때마다 엄마 아빠가 나를 싫어한다고 느꼈고 나 혼자만 사랑한다고 느꼈고, 이런 느낌은 나를 매우 아프게 했어요. 만약 당신의 살과 피가 자기를 싫어한다고 하면 그 사람은 쓸모없는 사람이에요."라는 말을 들을 때가 있다. 또래 수치심(peer shaming)은 사회적 행위자가 자기감에 중요한 영향을 미칠 수 있어서 수치심과 자기비난에 취약하다(Gibb,

Abramson, & Alloy, 2004).

수치심에 관한 기억

수치심에 관한 기억들이 침범과 과각성, 수치심을 회피하려는 노력을 포함한 외상같이 작용할 수 있다는 연구 결과(Matos & Pinto-Gouveia, in press), 또는 수치심이 자기감 혹은 자기 정체성과 우리가 누구와 어떻게 사회적 관계를 맺는지에 큰 영향을 미친다는 연구 결과들(Gilbert, 2007c)이 증가하고 있다. 수치심과 외상 기억의 복잡성을 조사하기 위해 다음 사례를 살펴보도록 하자.

사 례

Sara는 가난한 가정에서 태어났다. 어머니는 여러 명의 동거인이 있었고, 알코올 중독이었다. 그녀의 어머니는 매우 예측 불가능했고, 언어적으로 신체적으로 공격적이었다. Sara는 많은 외상 기억을 가지고 있었지만, 그중 하나는 7~8세쯤 일어난 일이었다. 그녀와 그녀의 친구가 집 복도에서 재밌게 킥킥거리며 놀고 있었다. 그녀의 어머니가 술에 취해서 자고 있다 방에서 나와서 Sara의 머리를 때려 Sara는 코피가 나고 입술이 찢어졌다. 또 그녀는 자고 있는 엄마를 깨우는 이기적이고 바보 같은 딸이라고 소리를 질렀다. Sara의 친구는 겁에 질려 바로 그 자리를 떠났고, 그것은 Sara를 완전히 외톨이로 만들었다. 그녀는 두려움과 공포, 슬픔에 휩싸였고, 맞은 곳이 많이 아프기도 했다.

Sara는 자신이 쭈그리고 앉아 떨고 있었다고 기억했다.

이 사례에서 환경의 영향은 매우 명백하다. Tomkins(1987)는 수치심 기억들은 우리 마음속에 있는 장면들이고, 신체에 기반한 감정과 정서 조건 형성의 근원인 사건들이 서로 연결되어 있는 것이라고 주장했다. 이러한 복잡성을 관찰하는 것은 매우 중요하다.

Sara의 경우, 정서적 기억들은 다음과 같이 연결되어 있다.

1. 재미있게 놀고 있는 것의 내적 신호(내적 긍정적 정서)
2. 매우 격렬한 (외적) 공격
3. 자기를 정의하는 언어적 꼬리표(바보, 이기적)
4. 도망가는 친구와 철저히 혼자 남은 것
5. 맞은 것에 대한 고통과 충격
6. 복종, 두려움, 공포의 몸 흔들림 같은 신체 반응을 일으키는 자동적 방어 시스템

공격 이후 Sara는 혼자 그녀의 방으로 보내졌다. 그 나이 때의 아이는 괴로운 상황에 처하거나 두려움을 느끼면 보호와 보살핌이 필요하지만, Sara는 혼자였다. 그녀가 조건화된 정서적 기억 때문에 괴로워하고 외로움에 압도되어 있다는 것은 당연하다. 게다가 그녀는 어머니에게서 벗어나 살 수 있는 방법이 없었기 때문에 함정에 빠진 느낌이었다. 심지어 그녀에게는 그런 욕망

조차도 심적으로 두려울 수 있다. 그래서 우리는 CFT에서 이러한 정서적 기억의 복잡성을 잡아내려고 노력한다.

[그림 6]은 이러한 연결 과정을 보여 주고 있다.

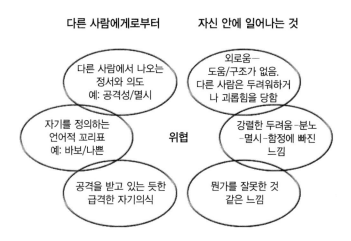

[그림 6] 다른 사람에게로부터 자신 안에서 일어나는 것

이 다이어그램은 치료 작업을 하면서 내담자에게 '다른 사람'의 정서들과 자기 안에서 일어나는 언어적 꼬리표, 두려움, 그리고 Sara의 경우 함정에 빠진 느낌, 외로움 같은 경험들을 인식할 수 있도록 도울 수 있다. 내담자는 학대받는 자신을 구하러 아무도 오지 않았을 뿐만 아니라(성적 학대 포함 가능), 학대 이후에도 외부의 보살핌 없이 혼자 남겨진 것이다.

여담이지만 나는 아프리카의 오지에서 자랐고, 이런 경험들이 없었다. 그러나 일반적으로 만약 부모가 자식에게 화가 나거나 때리면 아이들은 할머니나 고모에게로 달려갈 것이다. 아이들은 결코 혼자 남겨질 일이 없을 것이다!(Hrdy, 2009 참조). 그렇다면 누구나 Sara가 왜, 어떻게 자동적으로 처벌에 대한 두려움과 자신이 무언가를 잘못했다는 느낌, 두려운 세계에서 홀로 남겨지는 느낌을 감추기 위해, 자기 안의 특정한 감정(예: 재미)에만 집중하게 되는지를 이해할 수 있을 것이다. 여기서 고전적 조건화는 CFT가 참조하는 모델이다.

외로움의 경험, 괴로울 때 애정 어린 위로를 받지 못한 경험은 CFT에서 다룰 핵심 작업이다. 당신은 다른 세트의 원을 그려서 두려움 때문에 뇌에서 처리되지 않은 것이 무엇인지 써 볼 수 있다. 예를 들어, 어머니를 향한 분노, 어머니를 버리거나 치료해 주고 싶은 욕구, 어머니를 감옥으로 보내거나 혹은 배신감을 인정하는 것에 대한 두려움들이다(Gilbert & Irons, 2005). 실제로, Sara는 어머니가 경찰에 잡히기를 바랐지만 가끔씩 사랑을 주었기 때문에 그런 생각을 한다는 것조차도 몹시 두려워했다. 따라서 Sara의 어머니는 애착 시스템을 뒤죽박죽으로 만들고 Sara를 위협하였지만, 여전히 Sara로서는 위로받기 원하는 대상이었다. 이러한 문제들과 비조직화 애착 그리고 정신화의 어려움은 Liotti와 Prunetti(2010)가 연구하였다.

또한 CFT에서는 어머니나 부모를 몹시 원했던 마음(개인적 원형의 어머니/부모)에 대한 비애를 건드릴 수도 있다. 이것은 보통 CBT에서는 고려하지 않지만, 매우 중요할 수 있다(그것이 환상에 대한 비애일지라도 중요하다)(Gilbert & Irons, 2005). 실제로, 슬퍼하고 비애와 관련한 복잡한 감정을 잘 이겨 내는 능력은 정신화 역량의 발달에 도움을 준다.

그러므로 이것을 믿음(말하자면, 열등감, 취약성, 불완전함) 혹은 자동적 사고 수준에서만 보는 것이 아니라, 위협 시스템에 부호화되어 있는 경험들을 직접 풀어 보고 핵심 요소들로 나누어 볼 필요가 있다. 요소들은 다른 사람에 대한 두려움, 내적 두려움의 각성, 외로움, 경험의 언어적 꼬리표(바보 같은) 등이다. 이러한 기억 속에 다른 요소들을 밝혀낸 후(핵심 신념의 요소가 되는), 우리는 ① Sara의 뇌가 자기보호를 위해 어떻게 자동적으로 방어 전략을 만들려고 노력할 것인지를 조사하고, ② 각각의 요소들을 자비적으로 치료한다.

수치심의 다양한 영향

수치심은 한 사람의 신체, 감정, 환상과 욕망, 과거 행동, 개인적 성격 등의 다양한 자기의 면모들에 집중될 수 있다. 수치심은 또 다음과 같은 것들에서 중요한 역할을 할 수 있다.

1. 정서적 괴로움에 대한 취약성
2. 자기감의 발달
3. 대처 행동과 안전 전략
4. 다른 사람에 대한 개방성 부족, 혼자만 있으려고 하고 다른 사람을 찾지 못하는 것, 치료 방문과는 무관하게 도움 추구 회피
5. 중도 탈락 여부와 상관없이, 치료 회기나 진행에서 감정적

으로 대처하는 것(예: 눈물 범벅이 되거나, 통제력을 잃거나, 학
대 경험을 드러내는 것)

6. 치료의 전반적인 반응에서, 내담자가 집에서 일어난 수치심
   을 변화하려고 노력하는 것

7. 환자가 드러내거나 숨기는 것

복잡한 사례들을 마주하는 치료자는 수치심의 복잡성에 대해
서 이해를 잘할 것이다. 또 다른 복잡성은 자기비난이다.

11

자기비난

　자기비난은 수치심에서 흔히 볼 수 있다. 자기비난은 다양한 범주의 정신병리와 연관이 있고, 정신병 환청의 70%가 적대적이고 비난적 목소리다(Gilbert & Irons, 2005). 자기비난은 다양한 기원과 기능을 갖고 있다. [그림 7]은 치료자가 탐색해야 할 자기비난에 대한 간략한 모델과 주제들을 보여 주고 있다. 치료자는 탐색을 위해 환자에게 다음과 같은 질문들을 할 수 있다. "당신이 자기비난을 하고 있다는 것을 언제 처음 알게 됐나요? 그때 무슨 일이 있었나요? 좌절하고 실망했던 것 혹은 열망했던 희망/꿈/목표는 무엇이었나요? 왜 그 희망/꿈/목표가 당신에게 중요했나요?" 다른 말로 하면, 자기비난이 시작될 무렵의 위협들을 살펴보는 것이다.

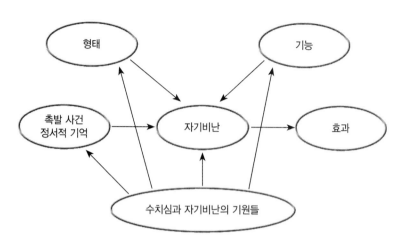

[그림 7] 자기비난: 자기비난적인 마음은 또한 위협에 초점을 둔 마음이다

    자기비난은 보통 원래의 위협과 관련된 상황 속에서 생겨난다. 예를 들어, John의 선생님은 John이 성적이 낮다고 경멸하고 창피를 주었으며, 똑똑하지 않고 게으르기 때문에 실패할 것이라고 말하였고, 그래서 부지런해져야만 무언가를 할 수 있다고 말하곤 하였다. John은 선생님의 말에 마음의 상처를 받았고 낙담하였으며, 수치심을 없애기 위해 공부를 더 열심히 했다. 나중에 그는 고립되고 우울하고 좋지 않은 감정을 느끼지 않으려고, 항상 최선을 다하는 일종의 일 중독자가 되었다. 만약 그가 리포트를 썼는데 사람들이 약간만 비난을 해도, 그것은 John의 수치심, 분노, 자기비난과 관련된 기억들과 그때 느꼈던 외로움을 떠올리게 되면서 심하게 자기비난을 하였다(수치심은 외로움과 함께 활성화된다). 이때 치료사가 John에게 부분적으로 과거 선생님의 목소리를 떠올리게 하고, 또 부분적으로는 '아, 지금 내가 무엇

을 하고 있지!'를 자각하게 도와주면(역자주: 선생님의 목소리가 자신을 비난하는 목소리로 나타나는 것을 자각하게 됨), 공황상태에서 빠져나오게 된다. 그러므로 자기비난에 대한 기억을 상기시키는 원래의 위협을 알아보고, 어떠한 것이 위협 시스템을 활성화시키는지 살펴보아야 한다. John은 실패자가 되지 않고 일을 열심히 하려면, 자신을 비난해야 한다고 믿었다.

우리는 연구를 통해 자기비난에 서로 다른 유형과 기능이 있다는 것을 알아냈다(Gilbert, Clarke, Kempel, Miles, & Irons, 2004a). Whelton과 Greenberg(2005)는 자기비난에 대한 '인지' 내용보다도, 분노와 경멸 같은 '감정'이 병적 영향에 더 중요하다고 밝혔다. 불충분하다는 감정이 있어서 자기비난을 하는 유형은 실망이나 열등감이 포함되어 있다. 이와 달리, 자신이 싫어서 자기비난을 하는 유형은 앞의 유형과 상당히 다르기 때문에 치료를 할 때 두 가지의 유형을 구분해야 한다. 자기혐오는 비임상 인구에서는 매우 낮지만, 어려운 환경에서 자란 사람들에게서 자기혐오가 높다. 우리는 자기혐오는 과거의 학대에서부터 비롯된다고 추정하지만, 아직 확실히 밝혀진 연구는 없다(Andrews, 1998 참조).

자기혐오는 신체처럼, 자신의 일부분(parts of the self)으로 이어진다("나는 내가 뚱뚱해서 너무 싫어요." 혹은 "이런 느낌이 너무 싫어요."). 그러므로 자기비난에 대해 물어볼 때, "비난하는 당신의 일부가 당신에 대해 어떠한 느낌을 가지고 있나요? 당신에게 어떠한 감정을 일으키나요?"라는 질문을 해 보아야 한다. 나는 현재 자기비난을 측정하는 척도가 자기비난을 제대로 측정하지 못하고 있다고 생각한다. 척도의 문항들은 자기비난보다 사회적 비교나 낮은 자존감을 측정하는 것에 더 가깝다. 따라서 자기비난은 자신에 대한 비난적 언급, 비난적 대화 그리고 비난적인 정서와 같은 것을 측정해야 한다.

사람은 자신에 대해 좋아하지 않는 부분이 있지만, 그것에 대해 자신을 비난하거나 책임이 있다고 생각하지 않는다. 예를 들어, 자신의 외모 혹은 모반이나 상처, 재능이 부족한 것에 대해 싫어할 수 있다. 그러므로 인과관계에 대한 문제점, 비난하는 것과 그냥 싫어하는 것을 명백하게 구분해야 한다. 사람은 자신에 대해 싫어하는 부분이 있을 때, 다른 사람을 부러워할 수 있는 것이다(Gilbert, 1992, pp. 246-252).

사람들에게 자기비난에 대해서 형상화하게 하는 것은 매우 유용하다. "만약에 당신의 자기비난가를 머리에서 꺼내어 당신의 눈으로 볼 수 있다면, 어떻게 생겼을까요?" (예: "사람인가요? 사람이 아닌가요? 얼굴이 있다면 어떠한 표정을 하고 있나요? 그것이 당신에게 어떠한 감정을 가져다주고 있나요? 그것이 가장 무서워하거나 두려워하는 것은 무엇인가요?" 등을 물어본다). 우리는 비난가를 이해하기 위해 비난가를 어떤 특정한 의자에 앉혀 놓고 그것의 생각과 정서를 조사하는 의자 작업(chair work)을 사용해 본다. 그런 다음, 환자가 그 의자를 볼 수 있도록 하고, 어떠한 방법으로 그 비난가와 관계를 형성하는지 관찰해 본다. 이러한 게슈탈트 치료법은 Leslie Greenberg가 개발하였고, 인기를 얻기 시작했다

(예: Whelton & Greenberg, 2005 참조). 자기비난가를 살펴보고자 한다면, 먼저 자비로운 자기를 계발한 다음에, 비난가에게 자비를 가르친다(제22장 참조). 중요한 생각만을 보는 것이 아니라 자기비난에 대한 묘사, 의미 및 감정을 알아보는 것 또한 매우 중요하다. 예를 들어, 만약 환자 자신의 비난가를 분노에 차고 지배적인 사람이라고 형상화했고, 만약 환자 자신이 대안적인 생각과 좀 더 합리적인 사고를 가지고 자신의 비난가에게 다가갔다면 (분노-지배적) 어떤 일이 일어났을지 물어본다. 환자는 재빨리 이러한 생각이 없어지고 왜 인지적 치료만으론 불충분한지 통찰력이 생길 것이다. 이것이 자기비난을 줄이기 위해서 자신의 좀 더 강한 부분을 계발하는 것이 중요한 이유다(제21장 참조).

자기비난의 기능 분석

자기비난의 기능 분석은 매우 중요하다. 물론 때때로 사람들이 실수를 저지를 때, 화가 나는 것은 아무런 기능이 없기도 하다(예: 공을 가지고 놀 때 실수로 공을 떨어뜨리거나 자신이 해야 할 일을 잊어버렸을 때). 하지만 우리는 자기비난이 어떻게 사람을 유도하는지, "무엇이 두려워서 계속 자기비난을 하는 것인가요?"라는 질문을 통해서 알아볼 수 있다. 일반적으로 사람들은 자기비난을 하지 않으면 거만해지거나 게을러지거나 통제력을 잃을까 봐 두렵다고 말하기도 한다. 이들은 자기비난이 실수를 하지 않도록 집중하고 항상 긴장하게 만드는 여러 가지 기능이 있다고 생각한다. 또한 자기비난은 경고의 기능을 할 수도 있다(예:

네가 살을 빼지 않으면 아무도 널 좋아하지 않을 것이다). 그러므로 우리는 자기교정과 개선을 위해 자비가 다른 방식(다른 정서적 시스템에 토대를 둔)으로 제공되도록 가르친다(제13장 참조).

독일 철학자 니체(Nietzsche)는 "은밀한 복수심 없이 자신을 비난하는 사람은 아무도 없다."라고 말했다. 프로이트는 이 말을 빌어, 우울증 이론에서 자신에 대한 분노 사고는 사실 의존하였거나 혹은 양가감정을 가진 사람에 대한 분노가 내재화된 것이라고 주장했다. 우리가 그들에게 분노감을 가지고 있다는 것이 두려워서 분노를 자신 쪽으로 돌린다는 것이다(Ellenberger, 1970). 실제로 사람은 분노가 두려워서 그것을 억제한다는 증거가 있다(Gilbert, Gilbert, & Irons, 2004b). 그러므로 자신에 대한 비난이, 사실 다른 사람에게 가지고 있던 처리되지 않은 분노인지 아닌지를 알아보는 것이 중요하다. 그리고 나는 사람들이 "난 화를 내는 사람이 아니에요."라고 말하면 그 말에 의심을 가진다. 물론 사실일 때도 있지만, 이것은 처리되지 못한 두려운 감정이 있다는 것을 나타내는 핵심적인 말이다. 보통 사람은 자신이 착하고 다정다감한 사람이라고 생각하고 싶어 한다. 그러나 우리 모두는 분노를 가지고 있다. 문제는 분노를 어떻게 인식하고 처리하는가다. 나는 분노하는 것을 창피해하지 않고 분노를 인식하고 그것을 극복하려고 할 때, 회복되는 만성 우울증 환자들을 많이 보았다. 만약 분노를 자신이 가지고 있는 감정들 중 하나라고 인식하지 못하고 계속 창피해하고 두려워하면, 무력한 분노, 무기력감, 수치심이 유지될 것이다.

안전 전략으로서의 자기 모니터링과 자기 꾸짖음

CFT는 자기비난(self-criticism)을 복잡한 유형과 기능을 가진 안전 전략으로서, 탐색되어야 할 것으로 여긴다. 그중 하나는 힘(권력)이다. 앞서 말한 대로(예: Gilbert, 2007a, 2009a; Gilbert & Irons, 2005), 종교적인 사람들은 자신의 불행에 대해 신을 탓하기보다는 자기 자신들을 탓하곤 한다. "제가 무엇을 잘못하였기에 이런 불행을 가져다주시나요." 우리는 힘 있는 신들을 두려워하기 때문에, 역사는 힘 있는 신들을 달래고 희생하기 위해 자기비난하는 노력들로 가득 차 있다. 실제로 죄에 대한 개념 자체가 비난인 것이다.

프로이트가 언급한 자기비난과 힘 있는 다른 사람들과의 연관성은 자기비난이 학대나 심리적 외상에서 시작된 것일 때 특히 크다. 이것은 자신보다 힘이 많은 다른 사람에 의한 트라우마가 피해자를 자동적으로 자기 모니터링과 자기 조절을 하게 만들기 때문이다. 그러므로 우리는 자기보호 시스템의 반응과 방어를 탐구해 보고, 그것이 어떻게 자기비난과 상관이 있는지 알아볼 수 있다. 아이들이 제일 먼저 수행해야 할 과제는 자신의 안전을 지키는 것이다. 만약 부모나 괴롭히는 아이들의 행동이 예측 불가능하다는 것은 잠자는 호랑이 곁을 떠도는 것과 마찬가지다. 만약 나뭇가지를 잘못 밟으면 호랑이가 깨어나 당신을 공격하는 것과 같은 것이다. 그러므로 괴롭히는 사람(호랑이)의 시야에서 벗어나려면 자신의 행동에 항상 집중하고 자기 모니터링을 해야 하는 것이다. 이것이 자기 모니터링과 자기비난 시스템이 연결되어 긍정적인 결과를 가져오는 방법이다. 자신의 행동만이 자신이 유일하게 조절/방어할 수 있는 것이기 때문에(괴롭히는 사람은 바꿀 수 없기 때문에), 자기비난은 괴롭히는 사람에게 공격심을 일으키거나 거부를 일으키는 행동을 하고 난 후 피할 수 없이 찾아오는 것이다.

CFT는 전통적인 조건화 모델을 설명하고 자기 모니터링과 자기비난의 기능적 가치를 설명한다. 환자들이 자기비난이 안전 요령이라는 것에 대한 개념을 알면 더 성찰적이고 이러한 기억과 자기자비를 계발하는 데 더 노력을 기울일 수 있다. 또한 사람이 왜 자신이 상식적으로 비난받을 일이 아닌데에도 불구하고(피질), 비난의 감정을 느끼는지(편도체로부터)에 대해 이해하는 것이 중요하다. 두 가지의 시스템 사이에는 불일치가 존재한다. 편도체는 상식적인 것을 따르지 않는다. 나는 환자가 이와 같은 설명을 들은 후 수치심이 낮아진 것을 본 적이 있다. 예를 들어, "편도체와 위협 시스템은 안전만을 생각하고 자기 모니터링과 자기비난(예: 잠자는 호랑이처럼)을 함으로써 우리의 안전을 지키기 때문에 자기 모니터링과 자기비난은 정상적인 것이라고 볼 수 있습니다. 그러므로 이러한 정서는 당신에 대한 것이 아니라 안전 전략에 대한 것입니다."

이러한 기억들과 작업을 할 때에는 먼저 지혜롭고 배려심이 있고 부모와 같은 존재가 될 수 있는 자기자비를 계발해야 한다(제21장 참조). 환자가 이러한 자기자비가 계발되었다고 느낄 때, 우리는 다시 자신을 웅크리게 만들었던 기억을 상기시켜 '그때와 지금'의 차이에 초점을 맞춰 천천히 일어날 수 있게 한다. 즉, (Sara에 대한 예에서, p. 131 참조)기억에 대해 다시 쓰고 '어머니'를 형상화하거나 빈 의자를 보고 적극적으로 상대하게 하거나 그녀의 감정을 편지로 써 보거나(보내지 않아도), 분노에 대한 두려움을 없애기 위해 분노를 탐색해 보는 방법 등이 있다. 다른 말로, 순종적이고 두려운 전략에 대항하고, 좀 더 적극적인 자기보호를 기르도록 한다. 그리고 어머니에 대한 자비나 용서를 하는 것은 그다음에 오는 것이다.

또한 치료자는 환자가 도움을 받고 싶어 하는 요소에 대해서 함께 이야기를 나누어 볼 수 있다. 예를 들어, 무기력감을 다루고 싶다면, 적극적인 신체 작업(body work) 회기들이 유용할 것이다. 만약 외로움을 다루고 싶다면, 치료자와 있는 그 순간의 경험에 초점을 맞추면 도움을 받을 수 있다. 함정에 빠져 있는 느낌을 다루고 싶다면, 더욱 주장적이 되도록 연습하여 그곳을 떠나게 할 수 있다. 혹은 배신감을 다루고 싶다면, 부모와 연을 끊고 싶은 소망이나 한동안 부모에게 연락하지 않을 수도 있을 것이다. 치료자는 핵심 문제들을 분리하여 개별적으로 다루어야 한다. 다른 치료들과 마찬가지로, 심상화로 각본 다시 쓰기가 유용할 수 있다(Lee, 2005; Wheatley et al., 2007).

환자는 치료자에게 협력하여 자신에게 무엇이 도움되고 위로되는지, 그리고 어떤 것이 그렇지 않은지를 살펴본다. 환자가 세 개의 원 모델을 이해하게 되면, 요가나 물리치료처럼 환자와 치료자가 함께 위로 시스템을 활성화하기 위해 다른 것들을 시도해 본다. 자기자비를 앞으로 불러오는 것과 환자가 이것을 이해하는 것이 치료의 목표이지만, 당연히 환자가 부담을 느끼지 않을 만큼만 해야 한다.

외상과 스트레스의 중요한 또 한 가지 요소는 그것들이 모순되는 방어들을 만들 수 있다는 것이다. 예를 들어, 수치심이 드는 사건에 대해 우리는 분노, 도망가고 싶은 마음, 슬픔들을 한꺼번에 느낄 수 있다. 다양한 정서와 방어적 행동 경향들이 같은 사건에 대립하여 일어날 수 있기 때문에, 어떠한 사람은 정서 조절의 혼란을 느낄 수 있다. 제10장의 Sara를 예(p. 131)로 들어 보자면, 그녀는 자신에게 화가 많이 났고, 그 화를 조절하기 위해 자해를 했을 수도 있다. 또한 그녀는 자주 욕구의 상실로 힘들어하기도 했다. 자기 진정감과 다른 사람들과의 연결감은 거의 존재하지 않았다. 때때로 그녀는 매우 분노에 차 있었는데, 치료실에서 말은 하지 않았지만 자신의 분노를 느낄 때도 있었다. 그러나 그녀의 내부에서는 '이 모든 것을 끝내기 위해 그냥 내가 죽어 버릴까? 지금 내가 뭐 하는 거지?'라는 생각을 하고 있었다. 앞서 말한 시스템처럼, 그녀의 위협 시스템은 저지된 분노와 도주로부터 활성화되고 있었다(Gilbert, 2007a; Gilbert et al., 2004b). 편도체는 분노에 찬 공격 대 두려운 도주 대 순종적인 철수 대 보살핌을 끌어내는 것 등등 모순되는 방어들을 만들어 낼 수 있다. 하나의 방어가 밖으로 나타나면 다른 나머지 것들은 억제된다(모순적인 방어의 동물 모델에 대해서는 Dixon, 1998 참조).

S

12

수치심, 죄책감과 창피 구별하기: 책임감 대 자기비난적 꾸짖음

다른 종류의 자기 의식적 감정들의 차이를 명확히 하는 것은 중요하다(Tracy et al., 2007). 그 가운데 특별히 중요한 세 가지 주된 유형은 수치심, 죄책감 그리고 창피다. 수치심과 창피는 자신과 자신을 방어하는 것과 관계가 있으나([그림 5] 참조), 죄책감은 타인에게 해를 입히는 자신의 행동을 알아차리는 것과 그것을 개선하고자 하는 욕구로 동기화되는 것이다(Gilbert, 2007c, 2009a, 2009b; Tangney & Dearing, 2002). 말하자면, 수치심, 죄책감 그리고 창피에서 명심해야 하는 것은, 각각이 주의의 초점이 달라서 사고와 행동 방식도 다르다는 것이다. 〈표 1〉은 간략한 지침을 제시하고 있다.

〈표 1〉 경험에 근거한 수치심, 창피, 죄책감 간의 차이점

내적 수치심에 의한 사고방식(정신화)	창피에 의한 사고방식	죄책감에 의한 사고방식
자신과 명성의 손상에 대해 자기 내부로 향한 주의	타인에 의한 위협 혹은 손상이 외부로 향한 주의	타인에 대한 동정심에서 비롯되는 마음의 상처로 외부로 향한 주의
불안, 마비, 가슴이 철렁 내려앉음, 혼란, 공허, 자기를 향한 분노의 감정	분노, 부당함, 복수의 감정	비애, 슬픔, 회한의 감정
'총체적 자기(whole self)'에 대한 부정적 판단에 집중된 사고	타인의 부정적 판단이나 행동의 불공정함에 집중된 사고	'타인에게 해를 입히는', 즉 동정과 공감에 집중된 사고
순종적인 달램, 다시 호감을 사고 싶음, 폐쇄, 이사, 회피, 전치, 부인, 자해와 같은 행동에 집중된 행동	지배적이고, 과소평가하며, 다시 굴욕감을 주는 타인에 대해 복수와 침묵하기에 집중된 행동	해로운 것을 개선하고, 진실된 사과를 제공하고, 타인의 이익을 위한 개선에 집중된 행동

  일반적으로 수치심을 모르는 것이 바람직한 것이 아니지만, 수치심도 다른 감정과 마찬가지로 직면하거나 인내하는 방법을 배워야 한다. 어떤 측면에서 수치심과 창피의 감정들(공격당하거나 취약한 감정)은 종종 유용하지 않으며, 파괴적이고 방어적인 행동을 일으킬 수 있다(Tangney & Dearing, 2002). 이와 대조적으로, 죄책감은 행실을 고치는 것에 대한 책임감을 포함하는 행동적 감정이다. 예를 들어, 두 남성이 외도를 했고 그것을 아내들이 알았다고 생각해 보자. 수치심에 집중된 남성의 반응은 자신이 얼마나 형편없는 사람인지를 생각하게 되고, 다른 사람이 자신에게서 등을 돌릴 것이므로, 그들이 다시 자신을 좋아하도록 하기 위해 행실을 고치려고 할 것이다. 수치심은 곧 나쁜 '나(me),

나(me), 나(me)'이다. 반면, 창피해하는 남성은 아내가 별로 매력적이지 않아서 바람을 피우게 되었다고 화를 내고, 아내를 비난하거나 자신의 비밀을 폭로한 사람에게 화를 낸다. 외도에 대한 다른 반응들은 부인하거나 축소하기 등이 있다. 그러나 죄책감의 반응은 배신감의 인식, 상처를 준 것, 그 때문에 화가 난 아내에 대한 진정한 염려, 아내의 감정을 좋게 해 주려고 하고, 그 상처를 바로잡아 주려는 진실된 욕구를 갖게 될 것이다.

때때로 사람이 타인에게 불친절하거나 상처를 주게 될 때, 수치심에 기반한 나쁜 나의 경험을 죄책감에 기반하여 타인의 상처를 알아차리는 경험으로 바꾸는 것이 중요하다. 이것은 사람이 상처를 주는 행동을 할 때, 단지 자신을 공격하지 않으면서 혐오 감정을 견디도록 도울 것이다. 때때로 타인에게 해를 준 행동을 처리하기 위해 먼저 자신이 받았던 상처를 처리할 수 있어야 한다.

과도한 책임감의 문제가 있어 보이는 장애들은 역시 강박장애 혹은 과잉보호(Wroe & Salkovskis, 2000)에서 일어난다. 강박장애 환자가 얼마나 자신을 나쁘게 느끼고 있는지, 그리고 '타인'에 대한 진정한 염려보다는 '나쁜 자기'에 얼마나 집중하고 있는지는 명확하지 않다. 그러나 죄책감 발작 경험은 공황 발작과 크게 다르지 않은 것 같다.

따라서 우선 환자의 주의가 어디에 할당되어 있는지, 어떤 생각과 반추에 집중되어 있는지, 원하는 행동이 무엇인지를 살펴보아야 한다. 그리고 이들이 상호 배타적이지 않고 치료에서 그리고 평상시에도 각각이 다양하게 혼합되어 썰물과 밀물처럼 되풀이될 수 있다는 것을 기억해야 한다.

그러므로 누군가가 자신을 자극했을 때, 해로운 행동인 자기초점 수치심이나 분노로 빠지지 않고, 죄책감으로 이해하는 것을 배우는 것이 중요하다. 죄책감은 수치심과는 다른 방식으로 관계를 형성하여 유익하다(Baumeister, Stillwell, & Heatherton, 1994). 죄책감은 우리가 반드시 생각해 보고 감내해야 할 어떤 것이다. 슬픔, 불안과 분노를 감내하는 것에 대한 논의는 많이 있었지만, 죄책감을 감내하는 것을 배우는 연구는 거의 없었다. 하지만 이것은 CFT에서 중요하다. 인생에서 상처를 입고, 해를 당하고, 불쾌함 없이 살아가는 사람은 아무도 없기 때문에 죄책감은 정상적이고 자연스러운 것이며 당연한 것이다.

13

수치심 기반의 자기공격과
자비로운 자기교정 구별하기

    수치심과 자기비난(그리고 수치심 대 죄책감)을 작업할 때, 자기교정을 뒷받침하는 두 개의 다른 정서 시스템을 구별하는 것이 유용하다. 예를 들어, 당신이 사람들에게 자기비난을 완전히 그만(포기)하도록 요청한다면, 그들은 자신이 오만해지거나 게을러지거나 자신을 통제하지 못하게 될까 봐 걱정할 것이다. 이것은 정말 진실이다. 심지어 치료사들도 워크숍에서 그러하다. 앞서 언급한 것처럼, 내가 비난하는 당신의 일부를 떠올리도록 요청하면, 환자는 그것을 보기 위해 과거로 돌아가서 어떤 감정이 있을까 살펴본다. 그 감정은 대개 좌절, 분노, 경멸, 실망 중 하나다. 이런 감정들은 모두 위협 시스템에서 나온다. 따라서 이런 종류의 자기비난은 위협 시스템을 자극하고, 우리의 안녕감에 초점을 맞추지 않는다.

    그렇다면 중요한 것은 다른 동기 시스템을 조정하여 자기교정적이 되도록 하는 것이다. 이는 환자를 잘 치료하고 그들이 개선

되는 모습을 보는 것과 같이, 일이 잘되었다는 것을 인식했을 때
일어난다. 다시 말해서, 동기 시스템을 자극하는 방법을 한번 학
습하면, 최고의 상태가 되도록 긍정적으로 동기화된다. 따라서
CFT는 강점에 초점을 둔 다른 인지적 · 긍정적 심리학 원리에 기
반하고 있다. 이러한 접근은 인지행동 심리치료에서 점점 더 중
요해지고 있다(Synder & Ingram, 2006). 우리의 세 가지 원 모델에
초점을 맞춘 정신은 자비로운 자기개선과 수치심/공포 기반 자
기비난 간의 차이를 비교하도록 돕는 것이다. 〈표 2〉는 이를 요
약하여 보여 주고 있다.

〈표 2〉 수치심 기반의 자기비난과 공격으로부터 자비로운 자기교정 구별하기

자비로운 자기교정	수치심 기반 자기공격
• 개선하고 싶은 욕구에 집중하기 • 성장과 향상에 집중하기 • 미래 지향적 • 격려, 지지, 친절하게 대함 • 긍정 기반(예: 개인이 잘한 것을 보고 배움의 요소 고려하기) • 개인의 특성과 구체적 자질에 집중하기 • 성공에 대한 희망과 집중 • 참여에 대한 기회 증진	• 비난하고 벌하는 욕구에 집중하기 • 과거의 실수를 벌하는 것에 집중하기 • 종종 과거 지향적 • 분노, 좌절, 경멸, 실망으로 대함 • 노출에 대한 두려움과 결손에 집중하기 • 전반적 자기에 집중하기 • 실패에 대한 강한 두려움에 집중하기 • 회피와 철수의 기회 증진
위반/실수에 대해 • 죄책감, 관여함 • 슬픔, 회한 • 보수 • 몸부림치는 학생에게 격려와 지지적 태도를 보인 교사의 사례	**위반/실수에 대해** • 수치심, 회피, 두려움 • 가슴이 내려앉는, 기분이 가라앉는 • 공격성 • 몸부림치는 학생에게 비난적 태도를 보인 교사의 사례

출처: Gilbert, P. (2009a) *The Compassionate Mind*. London: Constable & Robinson and Oaklands, CA: New Harbinger에서 인용함

다시 직접적으로 언급해 보자. 학교에서 두 명의 교사와 다툼이 있는 한 학생을 떠올려 보자. 첫 번째 교사는 실수를 잘 지적하고, 꽤나 비난적이었으며, 학생의 실수에 약간 좌절했다. 교사는 학생의 정신을 바짝 차리게 해야 할 필요가 있으며, 그렇지 않으면 학생이 어떠한 두려움 없이 게을러질 것이라고 믿었다. 이와는 대조적으로, 두 번째 교사는 학생의 행복을 염려했고, 학생의 실수를 자비로운 방식으로 받아들이고 배우도록 격려했다. 당신은 어떤 교사가 당신의 자녀를 가르쳤으면 좋겠는가? John Holt(1990)는 『아이의 실패를 어떻게 할 것인가(*How Children Fail*)』에서, 서구식 교육의 대부분이 우리의 실수를 두려워하게 가르친다고 주장했다. 따라서 치료사가 사회적 고난에 대비하는 치료작업을 할 수 있다.

사람이 자기비난의 해로움(사람이 자기비난을 하는 이미지를 끌어내는 것을 회상하는 것)을 인식하도록 도울 수 있는 다른 방법은 자기비난의 기원을 탐색하는 것이다. 흔히 그것은 부모나 교사의 목소리일 것이고, 따라서 다음과 같이 질문할 수 있다. "그들이 당신의 행복을 위해 진정으로 돌보는 비난을 했습니까? 비난을 받을 때 돌봄을 받는다고 느꼈습니까, 아니면 화가 났습니까? 그들은 당신의 이익을 가장 염두에 두었습니까? 당신의 자기비난이 당신의 이익을 가장 염려한 것입니까, 아니면 오히려 화가 나거나 실망한 것입니까?" 또한 다음과 같이 질문할 수 있다. "만약 당신이 자신의 이익을 최우선으로 한다면, 자신에게 진정으로 하고 싶은 말은 무엇입니까? 당신은 이런 문제가 있는 누군가

를 돌본다면 어떻게 도울 것입니까? 어떻게 이 아이를 돕고 싶습
니까?" 이러한 예시에서 그들은 아마도 매몰차게 타인을 비난하
지 않을 것이라는 것을 인식함으로써 사람을 도울 수 있다. 자기
비난은 그들의 이익을 최우선으로 하지 않는 반면, 자비로운 자
기교정은 그들의 이익을 최우선으로 할 것이다. 물론 때때로 사
람은 자기비난이 유익한 것이 아닌 해로운 것이기 때문에, 자신
의 목소리가 아니라는 것을 인식하고 다른 사람이 비난하는 것
으로 생각할 수 있다. 그래서 그것은 교정이 아니라 실수에 대한
알아차림이고, 개선하기 위해 노력하는 과정으로 이끄는 핵심
감정이다.

지기비난에 대한 작업

자기비난은 종종 자기 정체성과 안전한 행동/전략과 연관된
복잡한 과정이기 때문에, 우리는 자기비난을 정면으로 분석하지
않고 환자에게 다음과 같이 말한다. "만약 자기비난이 유용하다
면 자기비난을 지속하는 것이 자유롭게 느껴질 것입니다. 그러
나 우리는 당신을 대하는 데 자비로운 자기교정을 비롯하여 생
각하는 새로운 방식을 가르칠 것입니다. 자비로운 방식을 연습
하다 보면, 이것이 자기비난보다 더 유익하다는 것을 알게 될 것
입니다."

단순히 자기비난만 있는 환자를 치료할 때는 자기비난의 증거
를 찾게 하지만, 자기비난이 높고 수치심이 있는 환자에게는 그
렇게 하지 않는다. 일단 환자가 '변화하거나 혹은 안전 전략을

없앰'에 대해 어떠한 위협감을 느끼지 않는다면, 새로운 전략을 가지고 어떠한 시도를 하는 것에 더욱 자신감을 느낄 것이다.

14

위협과 성취에 대한 보상

　수치심은 일반적으로 자기비난, 회피, 폐쇄, 감추기, 그리고 유용하지 않은 다양한 방식의 정서 조절과 같은 안전 전략으로 이끈다. 반면, 수치심은 성취 지향적 추구—합리적 정서행동 치료(REBT; Dryden, 2009)의 '반드시' '해야만 해'와 연결되는—의 활기 있는 추동 행동으로 이끌기도 한다. 아들러(Alfred Adler, 1870~1937)는 열등감을 느끼는 (열등의식을 가진) 사람들은 그것을 보상하고자 애쓸 것이고, (대부분의 심리치료사들에 의해 수용되지 못한 관점을) 타인에게 증명하려고 한다고 주장했다. 그러므로 CFT는 보상과 성취에 대한 연구와 관련된다. 몇 년 전, McClelland, Atkinson, Clark 및 Lowell(1953)은 가치 성취자와 욕구 성취자 사이를 동기 이론으로 구별했다. 가치 성취자가 자신의 성취를 기쁨과 재능 발휘에 둔다면, 욕구 성취자는 타인을 감동시키는 것에 그 기준을 둔다. 이런 주제는 다른 연구자들에 의해서도 연구되었다. 예를 들어, Dykman(1998)은 성취 뒤에는 두 가지 동기가 숨어 있다고 제안했고, 그것을 성장(growth) 추구 대 정당성(validation) 추구라고 불렀다. 성장을 추구하는 사람은 도전과 배움에 대한 능력 그리고 도전/실수를 통한 성숙을 즐겼다. 하지만 정당성을 추구하는 사람은 타인에게 호감 있고 수용받을 수 있는 존재로 자신을 입증해야 한다는 끝없는 억압을 느낀다. 그는 또한 정당성 추구는 방어적 대처전략으로, 비난적이고 완벽주의 양육의 배경에서 발달된다고 설명하였다. Dunkley와 그의 동료들(예: Dunkley, Zuroff, & Blankstein, 2006)은 다양한 완벽주의 척도들을 조사하고, 기저에 깔린 두 개의 요인을 제시하였다. 첫 번째 요인은 개인적인 기준을 설정하고 얻고자 하는 것이고, 두 번째 요인은 타인으로부터 비난과 거절을 피하고자 하는 노력이다 — 이를 '평가 염려(evaluative concern)'라고 명명하였다. Dubnkley 등(2006)은 평가 염려 차원은 다양한 정신 병리학의 지표와 연결되어 있음을 발견했다. 우리의 연구에서도 열등감을 피하기 위한 불안전한 추구(우월성 추구와 다른)는 안전한 비전력 추구와 구별할 수 있었다. 불안전한 추구는 거절, 배제, 수치심과 같은 사회적 결과를 회피하기 위한 것이다(Gilbert et al., 2007). 이와 달리, 안전한 비전력 추구자는 자신이 성공하든 실패하든 수용받을 것이라고 생각한다.

Goss와 Gilbert(2002)는 이것이 특히 식이장애 환자(eating disorder)에게서 그러하다고 주장했다. 신경성 식욕 부진증인 사람은 체중 조절에 대한 자만심과 먹는 것에 대한 충동에 집중되어 있다. 그들이 체중 조절을 실패하거나 충동적으로 먹을 때,

이런 행동들은 위협과 경계 불안을 활성화시킨다. 이것이 이들에게는 위협 시스템을 조절하는 데 사용되는 추동 시스템인 것이다. [그림 8]은 Ken Goss와 내가 식이장애를 묘사하기 위해 개발한 것으로, 이에 대한 단순한 관점을 제시하고 있다.

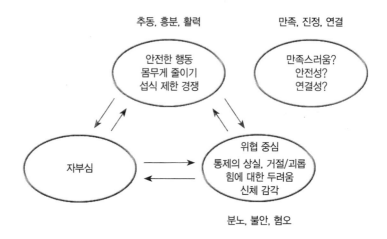

[그림 8] 정서 조절 시스템의 유형

출처: Gilbert & Goss (2009).

식이장애 환자에게 만족과 위로 시스템의 관계가 사실상 어떻게 작동하는지 모르기 때문에 이와 관계된 화살표는 생략할 수 있다. 그러나 이 모델은 경쟁적이고, 그리고 위협감이나 연결된 감정을 늦추고자 애쓰는 모든 범위의 사람들에게 적용될 수 있다. 이는 서구 사회에서 증가하고 있는 문제이고(Gilbert, 2009a; Pani, 2000), 왜 청소년의 우울증, 불안, 약물 복용, 자해와 같은 문제가 증가하는지에 대한 이유 중 하나다(Twenge et al., 2010).

성인 사회로부터 분리되고, 열등감, 외로움, 타인에 의한 가치를 추구하는 청소년과 이야기하는 것은 슬프다. 학교와 사업 그리고 서양의 정부들은 지난 20년 동안, 오직 경쟁과 능력만이 좋은 성과를 낼 수 있다는 믿음을 우리 사회에 의도적으로 감염시켰다. 우리는 반드시 '경쟁의 우위'에 서야 하고, 경쟁 시장에서 스스로를 증명해야만 한다. 이것은 우리의 뇌에 영향을 미치고(Pani, 2000), 또한 안녕감에 유익하지 않고 병리적일 수 있다고 알려진 높은 수준의 불균형을 초래하기 때문에 문제가 된다(Wilkinson & Pickett, 2009).

만약 환자에게 이 세 개의 원을 그려서 설명해 준다면, 무슨 일이 일어나고 왜 그런지를 금방 알 것이다. 그런 다음, 그들이 자비롭고 진정하는 시스템의 균형을 맞추기 위해 당신과 약속할지 여부는 또 다른 문제다. 종종 그들은 성공해야지만 사람들이 자신을 좋아할 것이라는 강한 신념을 고수할 것이다. 한 환자는 "2등은 최초의 실패자다." 그리고 "2등은 아무도 기억하지 않는다."라는 말을 들어 왔다고 이야기했다. 그러므로 가치 기반 성취를 위해 노력하는 것과 위협 기반 성취를 위해 노력하는 것을 구별하는 것은 유용하다. 위협 기반의 성취 노력은 수치심 경향과 사회적으로 배제되고 거절당하는 것에 대한 두려움과 크게 연결된다. 또한 이들은 만족과 친애와 관계 있는 긍정적 정서에 대한 두려움 역시 가지고 있으며(제29장 참조), 이러한 노력이 자기 정체감으로 형성된다. 그러므로 당신은 행동실험, 성취하지 않아도 되는 재미난 것들에 대한 계획 세우기, 농담조의 긍정 정서에 둔감해지기, 그리고 다른 방법으로 노력하게 함으로써 환자를 도울 수 있다.

성취 동기에 관한 연구에서 드러난 것은, 다른 사람과 연결되고 싶어 하는 능력에 문제가 있는 사람은 다른 사람에게 의지하고, 다른 사람과 함께할 때 안전감을 느끼며, 다른 사람에게서 자신의 공간을 찾고자 애쓰는 욕구가 일어난다는 것이다. 그렇게 하는 것이 그들에게 긍정적 감정과 자기 안전감을 주기 때문에 지나치게 유인 추구 도파민 시스템에 의존하게 된다. 더욱이 고군분투하거나 스스로를 증명해야 한다고 느끼는 완벽주의 사람은 성공했을 때, 종종 일시적인 안도감을 얻을 것이다. 당신은 일부 완벽주의자와 작업을 할 때 그들이 필사적으로 자신을 증명하려고 노력하면서도 타인과 진정으로 연결되지 못하고 소속감을 느끼지 못하는 '외로운' 감정을 자주 이야기하는 것에 충격을 받을 것이다. 그들은 또한 행복감을 느끼고 타인과 친밀하고 가까워지는 만족스러운 상태를 느끼기 위해 필사적으로 노력한다. 이러한 감정들은 우리가 이전에 언급한 수치심과 관련되고, 연결성과 위안 시스템의 활성화하는 문제와 연결되는 치료의 핵심이 될 수 있기 때문에 탐색해야 할 중요한 부분이다.

자기초점 대 자비의 목표

Crocker와 Canevello(2008)는 자기 이미지의 목표에 두 가지 유형이 있음을 연구했다. 한 유형은 다른 사람들을 돕고자 하는 자비의 이미지다. 이는 이타적 목표와 관계되어 있고, 아주 어린

아이들에게서 관찰되어 왔다(Warneken & Tomasello, 2009). 다른 유형은 자기초점된 이미지로, 이는 성취에 대한 욕구와 관련되어 있으며, 타인에게 좋은 인상을 남기고자 너그러운 행동을 하는 것이다. 여기서 우리는 가치 대 요구 성취, 성장 대 기준 추구, 어울림에 대한 동기 대 앞서감 사이의 유사성을 확인할 수 있다. 중요한 것은 자비의 목표는 친밀감, 연결감, 사회적 지지와 관련 있는 반면, 갈등, 외로움, 두려움, 혼란스러운 감정과는 정반대다. 이와 달리, 자기초점의 목표는 앞서 언급한 것과는 정반대의 관계를 나타낸다. Reed와 Aquino(2003)는 돌봄, 친절함, 정직함 속성은 자기 정체성, 소위 말하는 도덕적 정체성에 매우 중요하다고 주장했다. 친절하고 자비로운 사람이 되고자 하는 것은 (즉, 자신에 대한 돌봄의 사고방식을 사회적 역할의 공동 창조로 활용하는 것) 더 자애로운 행동과 가치에 공헌하는 것으로 특히 외부 집단에게 그러하다. 따라서 자기 정체성 이미지의 목표는 개인이 되고 싶어 하고, 그렇게 되기 위해 노력하고, 연습하며, 사회적 행동과 행복에 중요한 영향을 미치는 특정한 유형의 자기다. 개발하고 있는 자비로운 자신을 지켜볼 때, 이 연구를 명심해야 할 것이다(제21~29장 참조).

행위와 성취

CFT를 진정 시스템에만 관심이 있는 것으로 여기는 것은 부정확하다. CFT의 주된 초점은 단순히 진정 시스템의 자극이 아니라 세 가지 정서 조절 시스템의 균형이다. 때때로 위협 기반 성취에서 가치 성취로 옮김으로써 추동과 성취 시스템을 작업하는 것 역시 중요하다. '행위'는 우울증에 대한 행동 활성화 접근으로 아주 중요하다(Gilbert, 2009b; Martell, Addis, & Jacobson, 2001). CFT는 야망의 끝이 아니다. 달라이 라마는 세계를 돌면서 자기 증진에 힘을 썼다. 즉, ACT에서 자신의 가치와 목표에 전념하는 것은 개인의 성장과 발전을 위해 중요하다.

　자비로운 행동은 사람에게 그들 삶의 번영을 위해 중요한 것을 제공하는 것도 포함한다. 예를 들어, 크리스마스 때 오래전부터 다른 친구들처럼 자전거를 가지고 싶어 하던 아이에게 자전거를 주는 것은 자비의 행동이라고 할 수 있다. 만일 우리가 자기 부족의 심리를 가지고 있다면, 자기 자신을 위해 즐기고 제공하는 방법을 배우는 것이 중요할 것이다. 우리와 다른 사람의 성취에 대해 기뻐하는 것을 배우는 것은 역시 정서의 균형을 위해 중요하다. 하지만 다른 치료들처럼, 즐거움을 가지는 것은 '반드시 가져야 한다고 느끼는 것'과 차이가 있다고 생각한다(Dryden, 2009).

2부

자비 훈련

15

정서적 진정 이해하기: 보다 넓은 맥락에서 정서 조절 시스템의 균형

정서의 진정과 균형은 자비와 밀접하게 관련되지만(제16장 참조), 복잡하고 다양한 요소들이 작용하는 과정으로서 이해되어야 한다. 몇 가지 핵심적인 요소들은 다음과 같다.

(능숙한) 애정과 친절

앞서 언급하였듯이, 정서를 진정시키는 강력한 방법은 신체 접촉, 친절 그리고 온화함과 연결된다. 다른 사람이 당신을 진심으로 돌본다는 느낌 그리고 누군가를 돌볼 수 있다는 느낌은 정서를 진정시킨다. 그러나 친절은 대개의 경우 기술이나 능력과 같은 다른 자질들이 뒷받침되어야 한다. 당신이 당신을 치료하는 의사가 매우 능력 있고, 지식이 풍부하거나 지혜롭다는 것을 알게 되면, 의사에 대해 훨씬 안심하게 될 것이다. 마찬가지로 만약 '다른 사람'이 당신을 이해하고 있다는 것을 알게 되면 마음이 안정될 것이다. 치료에서 환자에게 '이와 같은 형태의 권위를 갖는 것'은 무척 중요하다.

사회적 참조

어린아이는 무섭거나 새로운 자극이 다가오면 불안해져서 자기의 느낌을 말하려고 부모를 찾을 것이다. 부모는 그 자극에 흥미를 갖고 접근하거나, 긍정적인 방식으로 그 자극과 상호작용하는 모습을 보여 준다. 부모는 어린 자녀가 그 자극을 탐색해 보도록 격려할 것이다. 이와 같이, 정서적 진정은 사회적 참조나 모델링으로부터 일어난다. 보다 복잡한 예는, 어떤 사람이 자신의 느낌에 대해 사회적 참조를 통해 다른 사람도 자신처럼 똑같은 형태의 느낌을 갖고 있다는 것을 알게 되고, 그러한 느낌에 대해 놀라거나 부끄러워하지 않는 경우다. 이것은 집단 치료에서 자비가 치료적으로 작용하는 주요한 과정이다(Bates, 2005).

보다 복잡한 형태의 사회적 참조는 자비 이론가인 Neff(2003a)가 '인간의 보편성'이라고 부른 것이다. 마음속의 환상, 공포, 걱정 그리고 우울이 우리를 비정상적으로 만드는 것이 아니라 우리 모두가 인간 조건의 일부로 이것들을 공유하고 있다는 것을 인식해야 한다.

다른 사람의 마음속에서 살기

사회 속에서 안전감을 느끼는 능력은 대개의 경우 다른 사람이 자신에 대해 어떻게 느끼고 생각하는가를 스스로 평가하는 방식에 달려 있다(Gilbert, 1992의 제7장, 2007a의 제5장 참조). 우리가 다른 사람과 생활할 때, 다른 사람이 자신의 제안이나 좋아하는 것에 대해 즐거워하면 우리는 안전감을 느끼게 된다. 실제로, 사람들은 많은 시간을 자신에 대한 다른 사람의 느낌을 생각하면서 보낸다. 사람은 다른 사람이 생각하는 것을 생각하는 특별한 인지체계(마음이론으로 일컬어지는)를 갖고 있으며, 많은 행동목표들이 다른 사람의 인정과 존경을 얻기 위해 혹은 집단에 받아들여지기 위해 결정된다. 100여 년 전 사회심리학자 Charles Cooley는 이러한 현상을 '거울자기 바라보기(Looking Glass Self)'(Cooley, 1902/1922)라고 명명했다. 프로이트와 달리, Cooley는 우리의 마음이 형성되고 정서가 조절되는 데 있어 사회 집단과 사회적 관계가 갖는 강력한 힘을 강조했다. 마음 상태에 대한 사회적 접근이 후대에 등장한 개인화되고 의료화된 치료 속에서 잊힌 것은 불행한 일이다.

CFT에서는 타인의 마음과 그에 대한 자신의 경험이나 생각이 정서 조절 능력의 핵심 요소이며 진화적으로 훌륭한 타당성을 갖고 있다고 본다(Gilbert, 2007c). 당신의 연인, 친구, 동료, 환자나 상사가 당신을 어떻게 평가하고 있는가를 생각한다면, 그들이 당신을 바람직하고 도움이 되며 능력 있는 사람으로 보는 것은 당신에게 매우 가치 있는 일이 될 것이다. 만약 당신이 이러한 느낌을 다른 사람의 마음에서 일어나게 할 수 있다면 세 가지 일이 일어날 것이다. 첫째, 당신은 세상이 안전하다고 느끼며, 다른 사람이 당신을 가치 있게 여기므로 당신을 공격하거나 거절하지 않을 것이란 것을 알게 될 것이다. 둘째, 당신은 상호 지지나 성적 관계 그리고 나눔과 같은 의미 있는 역할을 창조할 수 있게 될 것이다. 셋째, 타인이 당신을 소중하게 생각하고 돌본다는 신호를 받으면, 당신의 생리 시스템과 정서 조절 시스템이 직접적으로 영향을 받게 된다. 많은 환자들은 자신이 타인의 마음속에서 어떻게 살고 있는가에 대해 두려움을 느낀다. 대개, 환자의 마음속에 있는 타인은 환자를 이상하고, 약하며, 부적절하거나, 나쁘게 평가한다. '누군가가 당신의 마음속에 어떤 방식으로 존재하는가?'라는 내적 참조 체계에 대한 작업은 정서 조절을 위해 도움이 된다.

경청하고 이해하기

사람은 다른 사람이 자신을 이해하지 않거나, '자신의 이야기를 듣는 것'에 관심이 없거나, 자신의 견해를 받아들이지 않을 때 위협감을 느끼고 방어적으로 된다. 반대의 경우, 즉 다른 사람이 자신의 견해를 중요하게 여기고 주의를 기울이고 숙고하며 타당하다고 여기며, 무시하거나 폐기처분하지 않을 경우, 우리는 안전감을 느낀다. 이것은 정서 안정을 위한 생리적 활동을 불러온다. 예를 들어, 한 환자가 마음이 상해 슬퍼하고 있었다. 남편은 아내를 달래기 위해 안아 주었지만 아내는 남편을 밀어냈고, 남편은 상처를 받았다. 그녀는 남편이 "자, 자, 괜찮아."라고 말하며, 자신의 근심을 경청하고 자신을 표현할 기회를 주거나 이해하려 하지 않고 단지 자신의 감정을 가라앉히려고만 하는 것 같다고 느꼈다. 그녀에게는 누군가 진심으로 들어주는 것, 그녀의 고통과 함께해 주는 것, 그리고 자신의 고통을 함께 견뎌 주는 것이 필요했다. 때로 사람은 화가 나서 울지만, 그들이 원하는 것은 단순히 편안하게 되는 것이 아니라 자신의 고통을 들어주는 것이다!

공감적 타당화

공감적 타당화란 다른 사람이 자신의 마음 —느낌, 생각, 견해 —을 이해하고 인정해 주는 것을 말한다. 치료자는 남편을 잃고 비통해하는 여인에게 다음과 같이 말할 것이다. "남편을 잃은 것이 당신에게 비극적인 일이란 것은 당연합니다. 당신이 느끼는 감정은 충분히 이해할 만합니다. 왜냐하면……." 공감적 타당화는 다음과 같은 의미를 담고 있다. ① 나 또한 보편적인 인간 심리를 갖고 있기 때문에 당신의 견해를 이해한다 —당신은 이상한 사람이 아니다. 그리고 ② 나는 당신의 생생한 경험을 진실한 것으로 인정하며, 그것은 인간 조건과 삶의 일부다. 따라서 공감적 타당화는 단순한 반영(예: "당신은 그 일에 대해 슬퍼하고 있군요.") 이상이며, 내담자의 반응을 이해할 만하고 타당한 경험으로 인식하는 것이다(예: "X나 Y와 같은 일이 일어났다면, 당신이 ~하게 느끼는 것은 당연합니다."). 그러나 다시 말하지만, 공감적 타당화는 우리가 다른 사람의 마음속에 존재하는 방식을 통해 이루어진다. 다른 사람의 경험을 타당화하지 않는 예로는 다음과 같은 것들이 있다. "당신의 이런 반응은 신경증적입니다. 당신은 이렇게 느낄 필요가 없습니다. 당신은 이렇게 느껴서는 안

됩니다. 당신은 비이성적입니다 등등." 사람들 간의 많은 갈등은 다른 사람이 관심이나 이해하거나 돌보려는 노력 없이 자신의 반응을 인정해 주지 않을 때, 혹은 자신을 병자 취급하거나 자신의 반응을 바꾸려고 시도할 때 일어난다.

많은 사람들은 이해하기 어렵고 두려운 복잡한 감정을 경험하며 살아간다(Leahy, 2002, 2005). 사람은 회피, 부인, 해리 혹은 자신의 감정을 다른 것으로 바꿈으로써 이에 대처한다. 사회적 참조, 경청 그리고 공감적 타당화는 '다른 사람의 마음속에서 일어나는 것'을 경험하는 중요한 방식이며, 사람이 자신의 감정을 수용하고 이해하도록 돕는 방법이다. 환자와 치료자는 '보편적 감정 문제들'에 관해 함께 작업하며, 환자가 정서적 기억, 충족되지 못한 욕구 혹은 위협을 느꼈던 두려운 감정을 자각하고 다루도록 돕는다(Gilbert & Leahy, 2007 참조). 어떤 경험을 통해 나타난 다양하고 복잡한 감정들을 말하고 써 보게 하는 것 역시 유용하다.

논리적 추론

CBT는 논리적 추론(reasoning)과 '자신의 신념에 대한 검증'을 강조한다. 우리가 두려움을 느꼈을 때 주의는 위협 대상으로 협소해지며 '나중에 후회하는 것보다는 조심하는 편이 낫다.'라는 생각에 지배된다(Gilbert, 1998). 한 걸음 물러서서 자신의 생각을 자세히 검토하고 다른 관점을 취할 때 감정은 진정될 수 있다. 어린아이였을 때, 우리는 타인(예: 부모, 교사)을 관찰함으로써, 그들의 설명을 받아들임으로써 그들의 가치를 따름으로써, 혹은 어떻게 생각할 것인가에 대한 직접적 지시를 받음으로써 어떤 일에 대해 논리적으로 추론하는 법을 배운다. CBT 치료자는 강렬한 정서나 두려움에 처한 상황에서 일어나는 환자의 사고와 추론 과정을 인식하게 하여 그들을 돕는다. 그러므로 변화의 정도는 환자가 자신의 추론 과정을 깊게 관찰하고, 한 걸음 물러나 넓게 조망하고, 대안적 생각과 행동에 대한 실험에 어느 정도 참여하게 하는가에 달려 있다. 위협적 사고의 확산을 막고 새로운 방식으로 생각할 수 있도록 도와주는 과정은 정서를 진정시키고 안정시킬 수 있다. 논리적 추론은 자신이 살아가는 세상이 안전한가 아니면 위협적인가에 대한 느낌을 결정하는 데 도움이 되는 매우 중요한 요소다. 주의해야 할 점은 대안적 사고가 안전감을 느낄 수 있도록 해야 하며, 문제가 되는 감정을 만들어 내는 다양한 추론 과정이 있다는 점이다.

통 찰

사람들은 일들이 어떻게 벌어지고 연결되는가에 대한 통찰(insight)을 얻게 되면 안도감을 느낄 수 있다. 통찰은 한 걸음 물러서서 자신의 생각에 초점을 다시 맞추어 관찰할 수 있는 능력과 관련된다. 이것이 왜 유용한가에 대한 통찰이 없다면, 이러한 노력은 단지 '치료자의 충고를 추종하는 것'일 뿐이다. 그럼에도 불구하고, 통찰은 또한 정서적 경험 과정이기도 하다. 예를 들어, 불교에서 수년간의 명상 수행은 자기가 환상이라는 통찰(직접적인 경험으로서)을 가져오는데, 이를 통해 사람은 마음의 평화와 자비심을 얻게 된다.

반추

반추(ruminating)가 정신건강에 매우 해롭다는 많은 증거들이
있다(pp. 100-104 참조). CFT 모델에서 설명하자면, 반추는 위협
과 자기보호 시스템을 지속적으로 (과잉)활성화시킨다. 따라서
마음챙김과 같은 모든 치료들은 주의를 재정향함으로써 반추 경
향을 감소시킨다. 자비로운 마음 상태로의 전환은 사람이 위협
에 초점을 둔 반추 사이클로부터 빠져나오는 데 매우 유용하다.

탈민감화

다양한 행동 치료들의 핵심 기법에는 노출이나 탈민감화
(desensitization)가 포함된다. 정서적 안정을 가져오기 위해서는
내적·외적 공포 대상을 새로운 방식으로 경험할 수 있어야 한
다. CFT에서는 '함께 머무르는' 능력과 두려운 느낌이나 상황을
인내하는 것을 학습하는 것을 정서 안정의 핵심적 요소로 보고
있다. 그러나 어린아이가 이러한 상황에 닥칠 때 부모를 보며 따
라 하는 것처럼 환자도 치료 과정에서 치료자가 자신의 두려움
을 '견뎌 주고 함께 해 주는' 경험이 필요하다. 이러한 치료 과정
에 사람이 저항하는 핵심적 이유는 타인을 신뢰할 수 있는 능력
이 없기 때문이다. 그들은 안전한 기반이 없다고 느낀다. 실제
로, 성공적인 행동 치료의 핵심 요소는 환자가 다양한 노출 상황
에 참여할 때 치료자가 환자의 불안을 어떻게 지지하고 견뎌 주며

함께해 주는가에 달려 있다(Gilbert, 1989; Gilbert & Leahy, 2007). 이 점에서 성공하지 못한다면 환자는 치료를 포기할 것이다.

  행동치료에서 아직 정립되지 않은 부분은 일부의 사람들이 전반적인 긍정적 정서나 결과—특히 애정과 같은 감정—에 대해 두려움을 갖는다는 점이다. 따라서 사람이 긍정적 정서를 느끼고 인내할 수 있도록 하는 탈민감화가 필요하다. 긍정적 정서나 사건들은, 정의에 따르면 언제나 긍정적으로 느껴지는 것으로 오랫동안 생각되어 왔지만, 실상은 그렇지 않다(제29장 참조).

  ## 용기 불어넣어 주기
  CFT는 용기를 불어넣어 주기 위한 다양한 방법들을 가지고 있다. 우리는 사람들에게 두려움을 주는 대상에 직면해서 불쾌하거나 두려운 느낌을 있는 그대로 느껴 보라고 권유한다. 외상의 기억을 가진 사람은 그러한 기억에 직면하고 기억을 다시 써 보는 방법을 배울 필요가 있다. 지지와 격려는 용기를 심어 주는 데 도움을 준다. 자비로운 용기는 우리가 어려운 느낌들을 인내하고 대처하는 데 도움을 준다. 용기를 북돋는 것은 고통을 인내할 수 있게 하는 첩경이다. 진실로, 용기 없이 자비를 행동으로 실천하기는 매우 어려운 일이다(Gilbert, 2009a).

  ## 개 요
  위협 시스템을 안정화하고 정서를 진정시키는 데 도움이 되는 다른 많은 과정들(예: 마음챙김)이 있다. 우리는 간략하게 동기

와 정서 조절 시스템의 균형을 이끌어 주는 방법으로서 자비로
운 주의, 자비로운 생각, 자비로운 행동, 자비로운 동기 그리고
자비로운 느낌에 대해 살펴볼 것이다. 기법적이고 중립적이거나
혹은 과도하게 통제적인 치료적 가면 뒤에 숨기보다 완전하고
적극적인 치료자의 현존이 치료의 핵심이다. 따라서 CFT는 단
순히 사람들에게 '멋진' 것과 사람들을 '사랑하는' 것을 구분한다
(Gilbert & Leahy, 2007).

16

자비의 본질

자비는 온화함이나 상냥함과 같은 다양한 특질들과 관련되며 (제7장 참조), 자비의 발달은 아동기로부터의 초기 정서적 경험이나 안정적 애착과 밀접하게 연결되어 있다(Gillath, Shaver, & Mikulincer, 2005). 자비는 여러 가지 방식으로 정의될 수 있다(제1장 참조). 달라이 라마는 자비를 자신과 타인의 고통에 대한 감수성으로 정의했으며, 자비는 고통을 경감하는 노력에 깊이 관여하는 행동을 포함한다고 말했다. 대승불교에서, 마음챙김은 마음을 고요하게 하고, 자비는 마음을 변화시킨다. 마음챙김과 자비는 새의 양 날개처럼 함께 작용한다. 붓다는 자비가 마음을 변화시키는 과정을 깨달았고, 다양한 방법을 통해 우리의 마음을 훈련해야 할 필요를 인식했다. 그는 자비와 통찰에 이르기 위한 팔정도를 제시했다.

- 정견(right view): 고통의 참된 원인은 집착과 탐욕이라는 것

에 대한 분명한 통찰

- 정정(right concentration): 마음챙김과 자비와 같은 집중된 주의
- 정사유(right intention): 자비로운 돌봄의 동기
- 정언(right speech): 인간관계에서 상처를 주지 않고 친절하게 말하기
- 정명(right action): 파괴하지 않고 치유하려는 행동
- 정업(right livelihood): 올바른 직업 선택, 자신의 일을 올바르게 수행하기
- 정정진(right efforts): 노력과 헌신으로 수행하기
- 정념(right mindfulness): 자비로운 마음으로 '현재의 순간'에 주의를 모으기

위협적 마음 대 자비로운 마음

우리가 '위협적 마음(threat mind)'이라고 부르는 위협-보호 시스템(threat-protection system)이 활성화될 경우, 이는 우리의 감정과 동기, 주의, 생각 그리고 행동에 영향을 미친다. 또한 우리의 꿈이나 백일몽 혹은 머릿속에 떠오르는 이미지나 환상에도 영향을 줄 수 있다. 우리가 자비로운 마음을 일으키려고 노력했을 때 이 모든 것들은 매우 달라진다([그림 9] 참조, 환자에게 이 그림을 그려 줄 수 있다).

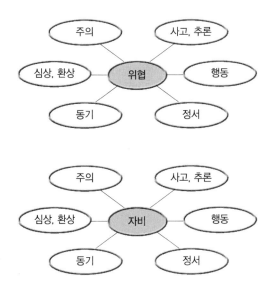

[그림 9] 위협에 기초한 마음과 자비에 기초한 마음의 비교

출처: Gilbert, P. (2009b). *Overcoming Depression* (3rd edn.). London: Constable & Robinson and New York: Basic Books. 허락하에 게재함

대조적으로, 자비로운 마음은 다른 방식으로 우리의 마음에 영향을 준다. 자비로운 주의, 자비로운 생각, 자비로운 행동, 자비로운 감정, 자비로운 동기와 자비로운 이미지와 환상은 위협적 마음의 그것들과 매우 다르다. 환자에게 위협적 마음과 자비로운 마음 간의 차이를 이해시키는 것은 간단한 방법이지만 상당한 도움이 될 수 있다. 치료자가 해야 할 작업은 언제 환자가 위협적 마음 상태로 빠져드는가를 인식하도록 돕는 것이다. 즉, 치료자는 환자들에게 위협적 마음 상태로 빠져들 때의 주의나 신체적 느낌, 생각 그리고 어떤 행동을 하고자 하는 충동 등의 변화를 알아차리고 자비로운 마음을 불러일으키는 방법을 가르

처야 한다. CBT, ACT 그리고 DBT 등에서 사용하는 다양한 개입 방법들이 이러한 작업을 하는 데 도움이 될 수 있다.

유념해야 할 것은, 마음의 상태는 단지 반응할 뿐 아니라 선택할 수 있다는 점이다. 때로 우리는 가벼운 정도의 불안과 짜증, 지치고 피곤하고 우울한 느낌을 가진 채 위협적 마음 상태로 아침에 깰 경우가 있다. 이러한 상태는 자비로운 마음 상태와는 다른 뇌 시스템의 활성화와 관련된다. 사람들이 스트레스를 받거나 실패나 상실의 경험을 하면, 마음은 쉽사리 위협적 마음 상태로 빠져들고 사소한 일에도 흥분하게 된다. 다시 말하지만, 환자에게 이러한 상태는 스트레스에 대한 자연스럽고 정상적 반응 과정이라는 점을 설명하는 것이 유용하다. 그러나 이러한 상태를 민감하게 알아차리고 자비로운 마음 상태로 전환할 수 있는 훈련이 필요하다.

보다 복잡한 관점

CFT는 진화-신경과학적 접근에 기초해 있으며, 인간의 자비 능력은 이타주의나 돌봄 행동의 능력에서 진화된 것으로 본다(Gilbert, 1989, 2005a). 이타주의는 다른 사람이 목표를 달성하거나 괴로움을 줄이도록 돕고자 하는 욕구를 가능하게 한다. 14~18개월 정도의 영아도 보상 여부와 무관하게, 타인이 목표를 이루도록 도우려고 하는 내재적 관심을 가지고 있다 (Warneken & Tomasello, 2009). Fogel, Melson 및 Mistry(1986)의 양육 모델에 따르면, 돌봄-양육의 핵심 요소는 "……양육 대상의 기대되는 잠재적 변화에 맞춰 발달적 변화를 촉진하기 위한 목적으로 지도, 보호와 돌봄을 제공하는 것"(p. 55)이다. 그들은 또한 양육은 돌봄의 필요에 대한 자각, 돌봄에 대한 동기, 돌보는 느낌의 표현, 돌봄을 위해 필요한 것에 대한 이해, 그리고 돌봄을 받는 사람들의 피드백에 맞추어 돌볼 수 있는 능력을 포함한다고 말했다. 따라서 돌봄은 능숙한 기술과 참여를 필요로 한다. Gilbert(2000a)는 양육의 이러한 측면들은 외부 대상을 향해 있기도 하지만, 자기지향적 요소도 포함하고 있다고 주장했다. 돌봄은 자비의 핵심 측면이며, 돌봄의 능력이 부족할 경우 치료적 관계를 포함한 대인 관계에서 자비를 실천하는 데 지장을 줄 수 있다. 따라서 자비는 돌봄의 대상에 유익을 주기 위해 보살피고, 보호하며, 지켜 주고, 가르치며, 안내하고, 조언을 해 주며, 감정을 진정시키고, 수용과 소속감을 제공해 주는 목적을 가진 일련의 감정, 사고 그리고 행동을 포함한다(Gilbert, 1989, 2007a, 2007b).

자비로운 돌봄은 상호 의존적인 다양한 유능성과 특질을 필요로 한다. 이러한 상호 의존성은 자비의 원(compassion circles)으로 칭한 두 개의 상호작용하는 원을 통해 보여 줄 수 있다(Gilbert, 2005a, 2009a). 상호 연결된 요소들은 서로 간에 영향을 미친다. 모든 요소들은 (차가운 객관성이 아니라) 온화함에 바탕을 두고 있다.

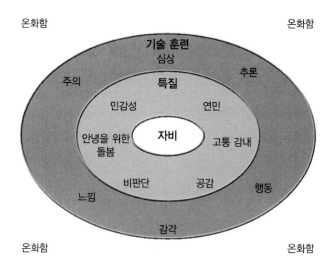

[그림 10] 다중양식 자비 마음 훈련(CMT)

출처: Gilbert, P. (2009a). The compassionate Mind. London: Constable & Robinson and Oaklands. CA: New Harbinger, 허가하에 게재함

　내부의 원은 자비의 '내용' 즉 특질들을 보여 주며, 외부의 원은 기술들을 보여 준다. 외부의 원은 내부의 내용들을 '어떻게' 실현할 수 있는가를 제시하고 있다. 따라서 우리는 어떻게 자비롭게 주의를 두고, 자비롭게 생각하고 추론하며, 자비롭게 느끼고, 자비롭게 행동하며, 자비로운 이미지와 상상을 그려 내고, 자비로운 몸의 느낌을 만들어 낼 수 있는가를 가르칠 수 있다. 자비로운 마음은 특질들과 기술들이 결합되어 구성된다.

　자비로운 마음은 다른 사람과의 관계에서 주의, 생각 그리고 행동을 자비로운 방향으로 돌려 선택할 수 있는 마음의 상태다. 또한 중요한 것은, 자비로운 마음은 자신과의 관계에서도 계발될 수 있다는 점이다. 자비를 향한 마음을 훈련할 때, 우리는 이를 자비 마음 훈련(compassionate mind training: CMT)이라고 부른다. [그림 10]은 자비의 핵심 측면과 특질들(내부의 원) 그리고 자비를 계발하는 과정(외부의 원)을 보여 주고 있다.

지면의 제약으로 모든 특질들과 기술들을 자세히 기술하지는 못한다(그러나 Gilbert, 2009a, pp. 194-210 참조). 대신, 간단한 개요를 〈표 3〉에 제시했다.

많은 CFT 개입 방법들은 표준 CBT 개입 방법들을 사용한다. 몇 가지를 예를 들면, 연쇄적 추론, 문제해결, 반추 감소 작업, 대안 개발하기, 증거 찾기, 수용 능력 키우기, 점진적 노출, 행동실험, 안전 행동 감소시키기 등이다. 이것들은 매우 중요한 기술들로서 CFT와 다르지 않다. 중요한 차이는 이러한 기법들을 적용하는 맥락과 태도다.

예 시

어떤 사람이 면접에서 떨어졌거나 비만 때문에 고민하고 있다고 상상해 보자. 이 사람은 자신에 대해 나쁜 느낌을 갖고 자신을 비난하고 있다. 우리가 사용할 수 있는 몇 가지 절차들을 제시했다. 다음과 같이 환자들을 도울 수 있다.

1. 면접 실패나 체중 문제로부터 일어난 괴로움을 인정해 주어라. 환자의 문제를 다루기 전에 우선 환자가 자신의 괴로움에 대해 민감해지고 인정하며 공감하도록 도와야 한다(그러나 자기연민에 빠지도록 해서는 안 된다). 이러한 접근은 매우

중요한데, 많은 사람들은 괴로움을 떨쳐 버리거나, 줄이려 하거나, 냉정해지려 하거나, 심지어 "문제를 해결하려는 노력을 하지 않는다."라고 자신을 비난하기 때문이다.

2. 회피하거나 '통제력을 갖기 위해 자신과 싸우기' 대신 정서를 인내하고 수용하는 법을 가르쳐라. 마음챙김이 왜 가치 있는지 탐색하라.

3. 자기비난은 이해할 만하지만 도움이 되지 않는다는 것을 인식시켜라. 비난 뒤에 있는 두려움과 슬픔을 보게 하라. 그런 다음 그러한 감정을 자비로운 태도로 만나게 하라.

4. 내적 고통이나 자기비난이 일어났을 때 정서를 안정시키는 호흡 리듬 훈련을 가르쳐라(단 몇 초 동안만이라도, pp. 196-198 참조).

5. 이러한 상황에서 무엇이 도움이 되고 지지가 되는가에 대해 주의를 환기시켜라. 예를 들어, 예전의 성공이나 지지했던 사람들, 자비로운 자기(제21장 참조) 혹은 자비로운 이미지에 대한 기억을 떠올리게 하는 것은 환자가 지금-여기에서 자신에게 도움이 되는 것이 무엇인가를 생각하도록 도울 수 있다.

6. 이러한 문제들(예: 면접 실패, 체중 문제)을 다루면서 자비로운 자기를 상상하게 하라.

7. (자기비난적) 반추가 이해할 만하고 흔하게 일어나는 것이 사실이지만, 자비로운 자기가 되는 것에 주의를 돌리는 것의 가치를 인식시켜라.

8. 자기비난이나 자기비난과 함께 일어나는 두려움과 슬픔에

〈표 3〉 자비의 특질과 기술은 우리가 화나고, 불안하며, 우울하거나 괴로울 때 일
　　　어나는 정서, 사고 및 행동 양식에 대응하기 위해 사용된다.

자비의 특질	자비의 기술
1. 자신과 타인을 돌보고자 하는 동기—고통을 줄이고 성장을 도모하기. 자비를 계발하려는 노력의 가치를 인식하고 '의도성'을 계발하는 것이 핵심이며, 이는 자비의 '감정'을 이끌어 낸다.	1. 균형 잡힌 관점을 갖고, 의도적으로 도움이 되는 일에 주의를 기울이기. '마음챙김 자각'을 계발하기—도움이 되는 자비로운 이미지나 자비로운 자기의 느낌을 마음에 가져와 주의를 기울이기. 그러나 이것은 회피하는 방법은 아니다.
2. 자신과 타인의 감정과 욕구에 대한 민감성(취약성, 두려움 혹은 걱정을 알아차리는 것과는 다른)	2. 균형 잡힌 관점을 갖고, 증거에 기초하여, 객관적으로 사고하고 추론하는 능력을 키우기. 한 걸음 물러서서 자신의 생각하는 방식을 반성하고 적어 보기
3 자신과 타인의 감정에 정서적으로 공명할 수 있는 공감 능력(자신의 감정과 분리되거나 자신의 감정을 두려워하거나 싫어하는 것과 대조되는). 이것은 또한 성장이나 도움을 위한 욕구에 보다 민감해지고 이를 위해 시간을 내는 것을 의미한다.	3. 자신과 타인의 괴로움을 줄이고 성장을 위한 목표에 도달하기 위해 계획을 세우고 실행하기
4. 어려운 감정, 기억 혹은 상황을 피하지 않고 인내하는 능력(긍정적 정서를 포함하여)	4. 자비로운 행동은 용기와 실행이 필요하다.
5. 자신과 타인의 마음이 어떻게 작동하며, 특정한 감정을 느끼는 이유에 대한 이해와 통찰	
6. 자신과 타인에 대해 수용하고, 비난하지 않으며, 좋은 면만 보이려 하지 않는 태도	

출처: Gilbert, P. (2009a). *The Compassionate Mind*. London: Constable & Robinson and Oaklands, CA: New Harbinger.

대해 자비롭게 대하는 자비로운 자기를 상상하게 하라(제
23장 참조). 환자에게 잠시 동안 반추를 하게 하고, 다음으
로 '자비로운 자기가 되는 연습'을 한 후 어떤 변화가 나타
났는지를 물어보라.

9. 환자가 친구에게 어떻게 말하고 싶은지 탐색하라. 말의 내용보다는 자신이 말할 때의 느낌을 찾아보도록 해야 한다. 실제로 내용은 동기나 느낌보다 중요하지 않다. 다시 말하지만, 자비로운 자기가 된 후 이런 느낌을 탐색하는 것이 가장 좋다.

10. 이러한 어려움들이 혼자만 경험하는 것이 아니라는 사실(인간의 보편성), 고통은 인간의 기본 조건이라는 인식, 탈개인화시키기, 흑백논리나 과잉일반화를 인식하고 직면시키기 등의 다양한 인지적이고 자비와 관련된 개념들을 활용하라. 이러한 작업을 할 때는 우리가 위협받고 괴로움을 느낄 때 이와 같은 방식으로 생각하는 경향은 이해할 만한 것임을 알려 줘야 한다. 그러나 환자가 이와 같은 사고들을 직면하는 것이 도움이 된다고 느끼기까지는 많은 시간과 노력이 필요하다. 환자는 내면의 '친절한' 목소리를 통해 이러한 훈련을 해야 한다.

11. 자비로운 의자 작업을 사용해 자기비난을 다룬다(제22장 참조).

12. 자비로운 편지를 쓰게 하라(제27장 참조).

13. 단기적으로 혹은 장기적으로 할 수 있는 가장 도움이 되는 행동이나 활동이 무엇인지 생각하게 하라.

14. 자비로운 이미지들을 사용하라. 자신이 자비로운 이미지와 대화하거나 상호작용하고 있다고 상상하게 하라.

이와 같은 예는 단지 몇 가지의 아이디어일 뿐이며, 다음에서는 몇 가지를 자세하게 탐색할 것이다.

자비의 특질을 계발하기

우리는 자비로운 심상이나 주의 훈련을 할 때 네 가지의 핵심 특성들, 즉 지혜, 강인함, 온화함/친절함 그리고 비판단/비난에 초점을 맞춘다. 이러한 내용을 환자와 공유할 수 있다. 그러나 우리는 또한 사람이 돌봄의 동기를 느끼고 계발하며 고통을 인내할 수 있도록 내면의 원에 있는 다른 많은 주제들도 함께 다룰 것이다.

지 혜

자비와 지혜는 긴밀하게 연결되어 있으며, 상호 보완적이다(Cozolino, 2008). 지혜에 관한 연구는 지혜가 전반적인 정신건강, 성숙 그리고 친사회적 행동과 관련된다는 것을 보여 준다(예: Ardelt, 2003 참조). Ardelt는 지혜는 다중으로 구성된 개념으로서, 인지적 · 반성적 · 정서적 구성요소들과 연결되어 있다고 제안했다. 지혜는 첫째, 새로운 것에 마음을 열어 '알고 배우려는' 이해를 위한 동기를 포함하며, 전통이나 미신에 의존하지 않고 지식을 추구한다. 둘째, 인간 조건과 본성을 반성할 수 있고, 삶의 복잡성과 패러독스(예: 죽음, 노화, 고통)와 씨름할 수 있는 능력을 포함한다. 불교에서 지혜는 '자기'라는 환상을 꿰뚫어 보는 것이다. 즉, 진화심리학의 입장에서 지혜는 자기가 (자신의 선택과 무관하게) 어떻게 구성되는가를 인식하여 "우리 모두는 단지 여기에 있는 자신을 발견할 뿐이다."라는 점을 아는 것이다(제8장 참조). 셋째, 지혜로운 추론은 상황을 다양한 관점에서 생각하고 (CBT에서와 같이), 고요한 마음을 배양하며(마음챙김과 같이), 투사와 정서적 추론을 최소화하며, 판단하거나 비난하지 않는 능력을 말한다. 지혜는 경험으로부터 배울 수 있는 것이다. 넷째, 지혜는 자신과 타인의 고통을 줄이고 번영을 추구하는 자비와 돌봄과 같은 정서에 기초해 있다. 지혜는 삶의 경로를 따라 나타나며, 경험을 통해 키워진다. 그러므로 심리치료는 환자가 지혜를 계발하도록 돕는 과정이다. 결국 환자를 돕는 것은 자신이 발견한 지혜다. 지혜로운 마음은 DBT의 핵심 요소다(Linean, 1993). 여기서 중요하게 지적해야 할 점은 지혜의 대부분의 특질들은 자신의 마음의 상태를 수련하는 것과 관련되며(Bateman & Fonagy, 2006), 따라서 마음을 수련하는 것이 지혜의 초석이 된다는 점이다. 마음을 닦는 것과 지혜를 얻는 과정은 많은 부분에서 겹친다.

지혜를 얻는 과정 자체가 지혜다. 지혜는 통찰, 앎 그리고 이해로부터 나온다. 지혜는 마음을 변화시킨다.

직관적 지혜

CFT는 사람이 자신의 내적 이해와 연결되고 자신의 감정을 인정하도록 돕기 위해 직관적 지혜라는 개념을 사용한다. 예를 들어, 대개의 사람들은 세 개의 원 모델을 잘 이해하는데, 우리는 사람이 '직관적 지혜'를 가졌기 때문에 이것이 가능하다고 생각한다. 착취당하는 삶을 살아왔던 한 환자는 지금-여기만을 강조하는 치료자에게 상담을 받다 치료를 그만두었다. 얼마 후 그녀는 나를 찾아왔다. 그녀는 자신의 과거에 대해 이야기하고 싶어 했다. 나는 이 문제를 그녀의 직관적 지혜를 통해 풀어나갔다. 그녀는 자신에게 필요한 것이 무엇인지 알고 있었다. CFT에서는 가능하다면 언제라도 환자에게 "당신의 직관적 지혜는 이 문제를 어떻게 보나요?"라고 질문한다. 이러한 질문은 치료적 협동의 기초가 된다. 물론, 때때로 환자의 직관적 지혜가 그리 현명하지 않을 때도 있다!

강인함

자비와 관련되어 가장 일반적인 혼동들 중의 하나는 사람들이 자비를 약하거나 무르다고 보는 것이다. 그러나 Sharon Salzberg(1995)는 다음과 같이 말했다.

자비는 전혀 약한 것이 아닙니다. 자비는 고통의 본성에 대한 통찰로부터 일어나는 강인함입니다. 자비는 두려움 없이 자신과 타인의 고통을 인내하며 바라볼 수 있게 해 줍니다. 자비는 주저함 없이 불의를 고발할 수 있게 하며, 모든 방법을 동원해서 강하게 행동할 수 있게 합니다. 사무량심[1]의 두 번째 요소인 자비의 마음을 계발하는 것은 모

역자주

1) ① 자무량심(慈無量心): 중생에게 즐거움을 주려는 한량없는 마음
② 비무량심(悲無量心): 중생의 괴로움을 덜어 주려는 한량없는 마음
③ 희무량심(喜無量心): 중생이 괴로움을 떠나 즐거움을 얻으면 한량없이 기뻐하는 마음
④ 사무량심(捨無量心): 중생을 평등하게 대하려는 한량없는 마음

든 살아 있는 존재들에게 예외 없이 자비를 베푼 붓다처럼 살아가는 법을 배우는 것입니다(p. 103).

그녀의 주장은 다소 이상적이기는 하지만(예: '두려움 없이'라기보다는 두려움을 인내하는 능력이 핵심이다), 당신은 그녀의 주장의 요점이 무엇인지 이해할 것이다. 그녀는 고통을 인식하는 것보다 더 어려운 것은 고통에 마음을 열고 고통과 함께 지내는 법을 아는 것이라고 말한다. 이는 ACT(Wilson, 2009)의 접근법과 유사하다. 핵심은 고통스러운 느낌을 '인내하는' 능력이며, 이는 용기와 관련된다(Gilbert, 2009a). 강인함은 또한 권위의 개념과도 연결된다. 뒷부분에서 자비 훈련을 할 때 이를 언급할 것이다.

온화함과 비판단

온화함은 제7장에서 논의했다. 비판단(non-judgement)은 비난하지 않는 것, 문제를 억지로 변화시키거나 제거하거나 파괴하려고 하지 않는 것을 의미한다. 분명 자비로운 사람은 자비롭고 공정한 세상을 원한다. REBT에서 잘 설명하였듯이, 원하는 것(a preference)과 해야만 하는 것(a must) 간에는 중요한 차이가 있다(Dryden, 2009).

다양한 요소들

자비에는 다양한 요소들이 있다. 어떤 사람은 친절하지만 그리 현명하지 않다. 또 다른 사람은 관대하고 부드럽지만 용기가 없다. 불길에서 어린아이를 구하기 위해 뛰어드는 용감한 사람이라도 사람들에게 친절하거나 부드럽지 않을 수 있다. 정의나 공정함은 돌봄의 문제와 갈등을 빚을 수도 있다(Gilbert, 2005a). 타인에게 친절하지만, 자신에게는 그렇지 않은 사람들도 있다. 친구에게는 친절하지만, 적에게는 악랄한 사람도 있다. 그러므로 자비는 다양한 측면에서 보다 많은 연구가 필요한 복잡한 개념이라는 것을 인식하는 것이 중요하다. 치료에서는 환자가 이미 가지고 있는 자비로운 강점들을 명료화해 주고 이를 활용할 수 있도록 시도하는 것이 매우 중요하다.

17

마음을 준비하고 훈련하기: 마음챙김과 호흡 훈련

지난 100년 동안 서구 밖의 사회로부터 기원한 다양한 영적 전통들과 마음 수련법들에 대한 관심이 날로 커지고 있다. 여기에는 다양한 무도 수련들(유도와 가라테), 동작 중심 접근들(예: 요가, 기공, 태극권) 그리고 다양한 형태의 불교들(예: 초기불교, 대승불교, 선)이 포함된다. 비록 다양한 학파들이 다양한 전통과 수련법들을 가지고 있으나, 이들의 공통점은 마음을 훈련한다는 점—특히 주의 훈련—이다. 이러한 전통들은 경험과 '경험을 경험하기', 자각과 '자각을 자각하기'를 구분한다. 예를 들어, 나는 불안 때문에 괴로울 수 있지만, 나는 또한 내가 불안으로 괴로워하고 있다는 것을 자각할 수 있다. 나는 불안에 대해 생각할 수 있으며, 생각과 주의가 불안에 사로잡히도록 허용할 수 있다. 그러나 나는 또한 불안을 관찰할 수 있으며, 불안과 함께 머무르기를 선택할 수도 있고, 불안을 수용하되 불안이 이끄는 대로 행동하지 않을 수도 있다. 나는 호흡에 주의를 기울일 수 있으며,

'선택하는 행동을 통해' 주의를 집중할 수도 있다.

마음챙김(mindfulness)은 테라바다 전통(남아시아)의 마음 수련법으로(마음챙김은 고대 인도 팔리어인 '*Sati*'로부터 기원되었으며, 자각, 주의, 기억 등의 의미를 갖는다), 지난 20여 년 동안 존 카밧-진(Jon Kabat-zinn, 2005)은 마음챙김 훈련을 심리치료(Crane, 2009; Didonna, 2009; Hayes et al., 2004; Segal et al., 2002), 치료적 관계(Katzow & Safran, 2007; Siegel, 2010; Wilson, 2009) 그리고 자기도움(self-help) 기법(Williams, Teasdale, Segal, & Kabat-Zinn, 2007)으로 활용하는 데 중심 역할을 해 왔다. 마음챙김 훈련은 내적·외적 세계에 대해 호기심과 친절함을 갖고 판단하지 않은 채 주의를 두는 방법을 가르친다. 비판단은 비판하거나 비난하지 않는 것을 의미한다. 비판단이 선호하지 않음을 의미하지는 않는다. 예를 들어, 달라이 라마는 세상이 보다 영적 장소로 변화되기를 강력히 추구하며, 마음챙김 수행자는 보다 공정한 사회를 원한다. 우리 또한 마음을 챙기는 것을 기억할 필요가 있다.

마음챙김의 핵심은 '온전히 지금' 존재하고 관찰한 것에 대해 주의를 모으는 것이다. 예를 들어, 차를 운전해서 집에 도착했지만 어떻게 운전을 했는가는 전혀 기억하지 못하는 경우가 있다. 이는 우리의 마음이 딴 일들을 생각하고 있었기 때문이다. 온전한 현재에 존재한다는 것은 매 순간 운전하는 행위를 완전하게 알아차린다는 것을 의미한다. 마음챙김은 사람이 주의를 집중할 수 있는 관찰하는 마음을 가지고 있다는 점을 인식하도록 가르친다. 예를 들어, 마음을 챙겨 어떤 행동을 한다는 것은 현재 순간에 관찰하고, 알아차리고 개방된 주의를 가지고 주의를 집중한다는 의미다. 마음을 챙겨 사과를 먹는 행동은 사과의 모양, 촉감, 맛 그리고 씹는 행동에 주의를 기울인다는 의미다.

티베트 승려인 Matthieu Ricard(2003; 2008, 개인적 교신)는 비유를 사용하여 마음의 내용물과 마음을 챙겨 알아차리는 자각을 다음과 같이 구별하여 설명한다. 즉, 거울은 많은 사물들을 비출 수 있지만 거울은 그것이 비추는 것들은 아니다. 횃불은 많은 것들을 밝게 하고 많은 색들을 드러내지만 빛은 그것이 비추는 대상이 아니다. 물은 독이나 약을 담을 수 있지만 물은 그것이 담고 있는 독이나 약이 아니다. 이러한 비유는 마음의 내용물과 내용물을 의식적으로 자각하는 과정 간의 차이를 보여 준다. 이러한 차이를 보다 잘 이해하여 판단이나 비난을 하지 않은 채 의식적인 자각 속에 '머무는 것'이 마음챙김의 핵심이다.

우리가 생각이나 느낌을 회피하려 할 때—경험 회피라고 부르는—마음챙김이 도움이 된다(Hayes et al., 2004; Wilson, 2009). 느낌을 회피하는 것은 다양한 형태를 띤다. 예를 들어, 친밀감에 대한 두려움을 가지고 있거나 사회 불안을 피하려고 시도하는 사람은 관계를 맺을 수 있는 기회를 놓치고 자신을 불행한 외로움 속에 가둔다. 수치심, 공허함, 불안, 분노 혹은 우울감을 피하기 위해 사람은 술이나 약물, 난폭한 행동이나 과식을 하기도 한다. CFT는 사람들에게 '느낌과 함께' 머무는 방법 즉, 마음챙김을 활용한 탈민감화, 불편한 느낌을 인내하고 수용하기를 가르친다. 수용은 모든 것을 내버려 두는 것이 아니다. 당신의 손이

불 가까이 있다면 화상을 입기 전 손을 빼는 것이 바람직할 것이다. 만약, 당신이 착취적인 관계 속에 있다면 그것을 받아들이기보다 그 상황에서 빠져나오는 것이 좋을 것이다. 그러므로 수용은 지혜에 기초할 필요가 있다(Wilson, 2009; Linehan, 1993). 심리치료에서 고통스러운 느낌에 대한 수용과 인내는 치료자가 제공하는 자비롭고 공감적인 이해와 인정에 의해 촉진된다(Wilson, 2009; Leahy, 2005; Linehan, 1993).

마음챙김은 자신과 타인의 마음 상태를 한 걸음 물러서서, 천천히 비추어 보는 정신 능력을 계발하는 과정이다(제4장 참조).

마음챙김은 또한 반추의 순환 고리를 알아차리고 끊어 낼 수 있도록 돕는데, 이는 마음챙김이 익숙해질수록 반추하는 마음과 그것이 고통을 만들어 내는 과정을 더 잘 알아차릴 수 있기 때문이다. 연구자들은 반추가 다양한 심리적 장애들의 발병과 유지에 중요한 역할을 한다고 주장하기 때문에 마음챙김이 반추에 미치는 치료적 효과를 이해하는 것은 무척 중요하다(pp. 100~104 참조).

진화적 관점에서 마음챙김은 분리된 자기 정체감이나 자기평가와 같은 자기자각의 문제와 깊은 연관성이 있다. 사회심리학자 Mark Leary(2003)는 『자기의 저주(Curse of the Self)』라는 제목의 책을 썼는데, 이 책의 요지는 '자기'라는 존재감을 갖는 것이 다양한 유용성이 있을지라도 이는 또한 수많은 불필요한 문제를 낳는다는 것이다. 자기자각이나 자기평가는 자기나 자기 정체감을 보호하고자 할 때 자부심이나 수치심을 낳기도 하며 해로운 대처 행동들의 원인이 되기도 한다. 마음챙김 훈련은 자기감이나 개인적 정체감을 다른 방식으로 경험할 수 있도록 돕는다. 그러나 이 주제는 이 책의 범위를 넘는 영역이다.

마음챙김은 우리 마음의 문제가 되는 일부 영역만을 다루는 데 한정되는 것이 아니라, 우리가 존재하는 세계를 보다 진실하게 인식할 수 있도록 돕는다. 구름과 일출이나 일몰의 아름다움을 음미할 수 있게 하며, 음식의 맛과 같은 단순한 즐거움을 즐길 수 있게 하며, 경이롭게 꽃을 볼 수 있게 한다. 이러한 즐거움은 우리가 현재에 머무를 수 없기 때문에 쉽게 우리 곁을 지나쳐 간다. 우리의 마음은 늘 수많은 것들에 대한 생각으로 가득 차 있기 때문이다.

방황하는 마음

'차를 운전할 때'의 예에서 언급하였듯이, 우리의 마음은 지금 있는 곳을 벗어나 다른 곳을 방황한다. 즉, 걱정에 빠져 있거나 미래의 활동을 계획하거나, 논쟁거리를 생각하고 이에 대비하거나, 휴일을 어떻게 보낼지 상상하거나, 백일몽이나, 꼬리에 꼬리를 무는 생각 속에 빠져 있다. 이와 같은 정신 과정은 우리의 신체와 정신 상태에 광범위한 영향을 미친다. 마음챙김은 이렇게 방황하는 마음을 알아차릴 수 있도록 돕는다.

마음챙김은 특히 행동 실험이나 심상 훈련과 같은 훈련들을 방해하는 것들을 다루는 데 도움이 된다. 이런 훈련들이 사람에게 어려운 이유는 우리의 마음이 늘 모든 곳을 방황하고 있기 때문이다. 사람이 흥분하거나 무엇인가에 사로잡혀 있거나 불안한 상태일 때는 더욱 그렇다. 따라서 마음챙김을 가르칠 때 마음이 방황하는 것이 당연하고 정상적이라는 것을 알려 주는 것이 중요하다. 최근의 연구는 끊임없이 생각이나 장면들이 스쳐 지나가는 방황하는 마음이 실제로 인간의 창조성과 독창성의 근원이 될 수 있음을 제안하고 있다. 그러므로 방황하는 마음을 문젯거리로 바라보기보다는 창조적인 마음의 활동으로 긍정적으로 이해하도록 가르치는 것이 필요하다.

마음챙김은 마음이 방황할 때 이것을 판단하거나 비난하지 않고, 부드럽고 친절하게 알아차리고, 본래의 과제(호흡과 같은)로 돌아오도록 한다. '알아차리고 돌아오고, 알아차리고 돌아오고, 알아차리고 돌아오고……' 하는 것이 마음챙김의 핵심 요소들 중의 하나다. 마음챙김은 우리의 마음이 생각과 느낌을 만들어 내는 과정을 관찰하는 훈련이다. 치료자는 환자에게 방황하는 마음이 문제가 아니라는 점을 지속적으로 강조한다. 마음챙김의 핵심은 단순히 알아차리고, 집중하며, 자신의 주의에 초점을 두는 것이다. 사람은 자신의 마음이 쉴 새 없이 방황하고 있으며, 마음을 집중하기가 얼마나 어려운 것인가를 알았을 때 낙담하기 쉽다. 그러나 치료자는 마음의 방황을 알아차렸다는 사실이 마음챙김을 제대로 하고 있다는 것이라는 점을 설명한다. 알아차리고 주의를 본래의 과제로 되돌리는 것이 마음챙김의 모든 것이다. 흔한 오해 중 하나는 마음챙김을 마음에서 생각을 지우는 것으로 이해한다는 점이다.

마음챙김은 그 자체로도 유용하지만(몇몇 치료에서 마음챙김은 치료의 핵심 요소다; Crane, 2009; Segal et al., 2002), 많은 자비 중심의 훈련들에서 주요한 요소이기도 하다. 예들 들어, 자비로운 생각, 행동 그리고 심상 훈련은 마음챙김을 하며 실행될 수 있다.

호흡의 리듬을 진정시키기

달라이 라마는 우리의 마음을 효과적으로 활용하기 위해서는 '고요한 마음'을 배양할 필요가 있다고 지적했다. 무술 훈련에서 초점은 순간 속에 존재하며, 분노나 공포 혹은 굴욕을 주거나 해칠 마음에서가 아니라 고요함 속에서 싸우거나 공격하는 법을 배우는 것이다. 물론, 이는 이상적 목표이지만, 무술가는 사람들에게 신체적 각성을 다루는 법을 가르치는 것이 중요하다는 점을 인식하고 있다. CFT에서 이러한 훈련 중의 한 가지를 '호흡 리듬을 진정시키기'라고 부른다. 『자비로운 마음』이라는 책 (Gilbert, 2009a, pp. 224-228) 속에 이 훈련에 관한 자세한 설명이 있다. 내담자에게 이 훈련과 관련된 테이프나 CD를 주고 싶다면 나의 CD(Gilbert, 2007d)를 활용하면 된다. 이 CD 속에는 호흡 리듬 훈련뿐 아니라 다양한 자비 훈련법들이 포함되어 있다.

바닥에 발을 붙이고 등을 편 자세로 편하게 앉은 후 보통 때보다 약간 더 깊게 숨을 쉬고 호흡의 리듬을 알아차린다. 이렇게 하면 이완됨을 느낄 것이다. 어떤 호흡 훈련에서는 숫자를 세기도 하는데, 호흡 리듬 훈련은 호흡이 깊어질 때 신체의 느낌 변화에 주의를 기울이고 천천히 이 과정에 집중하도록 가르친다. 환자에게 호흡이 빠를 때와 호흡이 깊어질 때의 차이를 비교해 보고 그때의 신체 느낌의 변화를 알아차리도록 한다. 그 다음 호흡 리듬을 진정시키는 훈련으로 다시 돌아온다.

호흡 리듬 훈련은 다양한 이완 훈련이나 바디 스캔과 결합해서 사용할 수 있다. 그러나 CFT에서는 긴장을 보호 시스템의 일부로 간주한다. 긴장은 행동을 준비해서 자신을 보호하기 위한 생체 메커니즘이다. 따라서 긴장이 느껴질 때 이를 '고마운 것'으로 받아들이고 긴장감이 흘러 지나가도록 허용한다. 다른 말로 하면, '긴장'을 없애 버려야 할 나쁜 것으로 보지 않는 것이다. 긴장을 제거하려는 태도는 해로운 마음의 상태를 만든다. 오히려, 긴장을 고마운 현상으로 받아들이되, 그것이 지금 필요하지 않으므로 단순히 지나가도록 허용하는 것이다.

어떤 사람은 호흡 리듬 훈련을 상당히 두려워하는데, 이때는 천천히 이 훈련에 적응할 수 있도록 돕는 것이 필요하다. 만성적인 정신건강 문제를 갖고 있는 사람과 작업했을 때, 상당수의 사람들이 처음에는 호흡 작업을 원하지 않았다. 집단 토의를 통해 우리는 테니스 공을 사용해 마음을 집중하는 연습(Gilbert & Procter, 2006)을 해 보기로 했다. 환자들은 이 연습을 흥미롭게 받아들이고, 서로 재미있는 대화를 나누었다. "공을 잡고 있어요. 마음을 집중하세요!" 이런 과정을 통해 치료의 말미에 환자들은 호흡 리듬을 진정시키는 방법을 배울 수 있게 되었다.

생리적·신체적 과정에 주의를 기울이는 것이 중요하다(Ogden et al., 2006). 이 작업을 '세 개의 원 모델'의 맥락에서 실시하면 사람들은 자신이 하고 있는 훈련이 '자신의 뇌를 위해' 어떤 도움

이 되는지 알게 되며, 자신에게 맞는 훈련들을 창조적으로 개발
해 나간다.

편안할 때 훈련하기

행동치료자는 단계적 과업이나 점진적 노출과 같은 개념에 매
우 익숙하다. 이 책에서 제시한 모든 훈련들 또한 점진적이다.
치료자는 환자에게 편안할 때, 즉 기분이 좋을 때! 훈련하도록
설명할 필요가 있다. 예를 들어, 당신이 수영을 배우고자 한다면
따뜻한 물이 있는 수영장의 가장자리 얕은 물에서 훈련을 시작
하는 것이 좋을 것이다. 폭풍이 부는 날 호수에서 수영을 배우는
것은 좋은 생각이 아니다. 운전을 처음 배울 때 고속도로보다는
한적한 이면도로나 넓은 폐차장 같은 곳에서 연습하는 것이 좋
을 것이다. 운동을 시작하려 했을 때 마라톤 완주를 시도하는 것
은 어리석은 일이다. 이러한 비유들은 사람들이 불편한 조건에
서의 훈련을 소화할 만큼 기술(혹은 뇌 시스템)이 숙달되지 않았
기 때문에 어떤 기법들은 원하는 결과를 가져오지 못한다는 사
실을 인식하도록 도움을 줄 수 있다. 편안한 상태에서 훈련을 시
작하고 점진적으로 더 어려운 조건 속에서 훈련을 확장해 가다
보면 보다 원하는 성과들을 얻을 수 있게 될 것이다. 따라서 치
료자는 사람들이 훈련을 시작하기 가장 편안한 시간에 대해 생
각해 보도록 해야 하고, 다음의 훈련을 정기적으로 연습한 후 점
차 보다 어려운 상황에서 훈련하도록 지도해야 한다.

물론, 마음챙김의 핵심은 '순간'을 기억하는 것이며, 이는 모든

기술들의 토대가 된다. 따라서, 예컨대 사람들이 자비로운 생각 훈련을 할 경우, 괴롭거나 갈등 상황에서 생각하는 방식을 알아 차리고 이를 변화시키기 위한 시도를 하는 것이 중요하다. 생각 에 빠져 있음을 알아차리면, 호흡 훈련을 통해 마음을 진정시킨 후 자비로운 자기나 자비로운 심상으로 주의를 전환한다(다음 장 참조).

18

심상 훈련

앞서 언급하였듯이, CFT는 매우 분명하게 진화 · 신경 · 과학 모델에 기초해 있으며, 이를 환자에게 설명한다. CFT는 기본적인 두뇌의 설계나 역사 혹은 현재의 맥락적이고 사회적인 어려움들 때문에 사람들이 심리적 문제를 가질 수밖에 없다는 점을 분명히 함으로써, 심리적 문제를 병리적으로 혹은 수치스럽게 인식하지 않도록 한다. 왜 자신의 문제가 비난하거나 부끄러워할 만한 '실패가 아닌지'를 보다 깊이 이해하도록 하며, 동시에 '책임지는 것'의 중요성을 인식하게 하는 것이 CFT의 핵심 요지다. 우리는 또한 자비의 원 모델을 학습함으로써 자비로운 주의, 자비로운 생각, 자비로운 행동과 자비로운 태도를 갖고 어려움과 자신을 대하도록 동기 부여하는 것을 특히 강조한다. 심상 훈련은 이와 같은 전반적인 CFT의 틀 안에서 실행된다. 나는 치료자가 이론적 배경 없이 단순히 '약간의 자비 심상 훈련'을 시도하는 것에 대해 우려하며, 대개 이러한 방식의 접근은 실패하기 쉽다(제29장 참조).

CFT에서는 세 개의 원 모델과 뇌 지도([그림 11])를 이해시키면서 심상 훈련을 설명한다. 이를 통해 환자들은 왜 심상 훈련을 해야 하는지를 정확히 이해하게 된다.

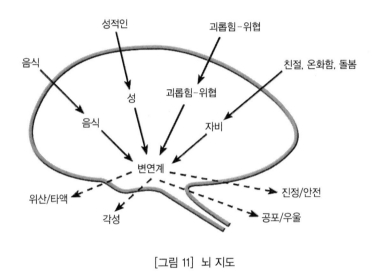

[그림 11] 뇌 지도

출처: Gilbert, P. (2009a). *The Compassionate Mind*. London: Constable & Robinson and Oaklands, CA: New Harbinger. 허가하에 게재함

심상 훈련은 다양한 심리치료에서 사용되어 왔으며, 언어적 작업보다 효과가 클 수 있다는 점이 여러 연구들을 통해 밝혀지고 있다(Hall, Hall, Stradling, & Young, 2006; Singer, 2006; Stopa, 2009). 심상 훈련은 타인에 대한 긍정적인 지각을 만들며(Crisp & Turner, 2009), 전통적인 조건화 치료에서도 사용된다(Dadds, Bovbjerg, Redd, & Cutmore, 1997). 심상 재구성 작업은 PTSD나 침투적 기억에 대처하는 데 매우 효과적이다(Brewin et al., 2009).

특정한 마음의 상태를 창조하기 위한 다양한 형태의 불교 명상 법들이 있으며(Vessantara, 1993), CFT에도 다양한 방법들이 있다 (Gilbert, 2009c).

　간단한 예를 통해 사람들에게 심상 훈련의 효과를 이해시키는 것이 중요하다. CFT에서 실시하는 훈련의 예를 다음에 제시하 였다. 우선 환자와 함께 뇌의 형태([그림 11] 참조)를 그린 후 다음 과 같은 설명을 하면서 글로 써 나간다.

안 내

당신이 무척 배가 고픈데 맛있는 음식을 보았다고 상상해 보세요. 당신의 몸에서 무슨 일이 일어납니까? (대답을 유 도하라) 음식은 당신의 뇌를 자극하고 뇌는 몸에 메시지를 보내 입에서는 침이 나오기 시작하고 위산이 분비됩니다. 잠시 동안 이에 대해 생각해 보세요. 이제, 당신이 매우 배 가 고프지만 집에 음식이 없다고 가정해 봅시다. 눈을 감고 맛있는 음식을 단지 상상만 해 보세요. 당신의 몸에서 무슨 일이 일어납니까? 다시 잠시 동안 이에 대해 생각해 보세 요. 당신이 마음속에 의도적으로 창조한 이미지들이 당신 의 뇌에 메시지를 보내면, 뇌는 당신의 몸에 메시지를 보내 입에 침이 고이고 위산이 분비될 것입니다. 실제 음식은 없 다는 것을 기억하세요. 맛있는 음식의 이미지는 단지 당신 이 마음속에 만들어 냈을 뿐이지만 몸의 생리 체계를 자극 해서 침이 흐르게 합니다. 잠시 이에 대해 생각해 보세요.

이제 우리 대부분이 경험하는 또 다른 예를 봅시다. 당신은 TV에서 선정적인 화면을 봅니다. 이것이 당신의 뇌를 자극하고 신체에 영향을 주어서 흥분을 일으킵니다. 물론 우리가 혼자 집에서 선정적인 어떤 것을 상상하는 것만으로도 신체는 영향을 받게 됩니다. 상상만으로 신체에 호르몬을 분비하는 뇌하수체가 자극되어 생리 체계에 영향을 주게 됩니다.

지금까지 든 예의 요지는 생각과 이미지들은 매우 강력하게 뇌와 신체의 반응을 자극한다는 것입니다. 잠시 동안 이에 대해 생각해 보세요. 마음속에서 생각을 통해 의도적으로 창조한 이미지들이 생리와 신체 시스템을 자극한다는 사실을 이해하면, 심상 훈련의 의도를 파악하게 될 것입니다.

이제, 보다 위협적인 사건의 경우를 생각해 봅시다. 어떤 사람이 당신을 괴롭힌다고 가정합시다. 그는 당신의 실수를 늘 지적하고, 당신을 어떻게 괴롭힐까를 궁리하며, 당신이 형편없는 사람이라고 악담을 늘어놓고, 당신에게 화를 냅니다. 이런 상황은 당신의 스트레스 체계에 영향을 줘서 스트레스 호르몬인 코르티솔 수준을 상승시킬 것입니다. 사람들이 당신을 비난할 때 어떤 느낌이 드나요? 당신의 신체는 어떻게 반응합니까? 이에 대해 잠시 생각해 보세요. 불쾌한 상황들은 당신을 불안하게 하고 흥분시키며 불편하게 만들 것입니다. 이는 당신의 뇌에 있는 위협 정서 체계가 자극되기 때문입니다. 여기서 말하고 싶은 것은 생각과 이미지가 동일한 작용을 할 수 있다는 점입니다. 당신이 계속해서 자신을 바보 같다고 생각한다면 이는 당신의 스트레스 체계를 활성화시키고 뇌의 정서 체계를 자극해서 당신은 불안이나 분노 혹은 무기력을 느끼게 될 것입니다. 생각은 뇌에 영향을 주어 고통스럽고 불쾌한 느낌을 불러일으킵니다. 이러한 생각들은 또한 긍정적 감정을 약화시킵니다. 비난을 받으면서 즐겁고 행복하며 만족스럽거나 안녕감을 느끼는 사람이 누가 있겠습니까! 자신을 비난하는 사고방식은 뇌의 위협 체계를 자극해서 위협 상태의 느낌을 지속하게 합니다. 이는 성적 생각이 뇌의 성적 체계와 관련된 부분을 자극하는 것이나 맛있는 음식에 대한 생각이 소화 체계를 자극하는 것과 다를 바 없습니다.

이와 반대로, 실수나 실패를 경험해서 좌절감을 느끼고 있을 때, 매우 친절한 사람이 자신을 이해하고 인정해 주면, 고통스러운 느낌이 가라앉게 됩니다. 우리는 지지받고 보호받는 느낌을 가질 것입니다. 음식이나 성적 환상 혹은 자기비난이 뇌와 신체 그리고 감정에 영향을 미치는 것처럼, 자기에게 자비로워지는 것을 배우는 것 그리고 자비로운 생각과 이미지를 상상하는 것은 우리가 두려운 느낌을 느낄 때 이를 진정시켜 줍니다.

이러한 지시들을 사용하는 것은 심상 훈련을 이해시키는 데 도움이 된다. 치료자는 환자에게 "자비로운 심상이나 생각 훈련이 왜 당신에게 유익한지 알겠습니까?"라고 질문할 수 있다. 심상 훈련과 생리적 과정 간의 관련성을 이해시키면 훈련에 대한 저항을 줄이는 데 도움을 줄 수 있다(제29장 참조; Gilbert & Irons, 2005).

심상을 설명하고 탐험하기

어떤 사람은 자신이 상상력이 부족하다고 느낀다. 그렇다면, 하나의 실험에 참여해 보도록 그를 권유해 볼 수 있다. 우선, 조용히 앉게 한 후 '자전거'라고 말한다. 다음 그에게 마음에 떠오르는 어떤 것이든 말해 보게 한다. '아이스크림'일 수도 '파티'일 수도 있다. 또 계속해서 마음속에 떠오르는 것을 물어보라. 심상은 자동적으로 떠오른다. 그 사람이 아무것도 말하지 못한다면, "자전거는 어떻게 생겼나요? 바퀴가 몇 개입니까? 자전거는 어디에 있나요?" 등을 질문하라. 그가 대답하면, "어떻게 그런 이미지가 떠올랐나요?" 하고 질문한다. 아침에 무엇을 먹었는가를 질문할 수도 있는데 계속해서 음식에 대한 생각이 어떤 반응을 불러오는가를 물어본다. 때로 사람은 이미지를 떠올리지만, 그것이 무엇인지 인식하지 못하거나 그 이미지가 모호해서 폴라로이드 사진 같이 선명한 이미지는 떠오르지 않는다고 말한다. 물론 '시각적' 이미지를 경험하는 수준은 사람마다 다르다.

다양한 이미지들은 다양한 연상 작용에 의해 서로 다른 정서

적 느낌을 낳게 된다. 외상 관련 이미지와 결합된 정서들은 행복
했던 시간과 연관된 이미지들과는 매우 다를 것이다. 어떤 외상
이미지들은 상당히 세부적이며 분명한 감각적 기억과 연관된다
(Ogden et al., 2006). 따라서 어떤 이미지의 감각적(시각적 혹은 청
각적) 요소들은 그 이미지가 갖는 정서적 요소들과는 구분된다.
자비로운 심상 훈련에서 우리는 점진적으로 정서적 요소들과 관
련된 이미지들을 창조한다.

자비로운 심상 훈련

심상 훈련은 자비 훈련의 기본 요소로서 자비로운 생각이나
행동 또는 자비명상과 같은 훈련들 속에 포함된다. 순수한 마음
챙김 명상에서는 심상 기법을 사용하지 않는다. 마음챙김 명상
은 내적·외적 세계의 흐름을 판단하거나 바꾸려고 하지 않고
매 순간 단순히 알아차리는 훈련이다. 그러나 자비명상은 특정
한 형태의 심상들을 활용하여 매우 다양한 방식으로 전개된다.
심상 훈련을 소개할 때 우리는 다음과 같이 소개한다.

안 내

심상 훈련을 하기 전 몇 가지 주의 사항들을 말하고자 합니
다. 어떤 사람은 이미지를 상상하는 것을 좋아하고, 또 다
른 사람은 힘들어하고 싫어합니다. 우선, 당신이 심상 작업
을 싫어하는 사람이라면, 중요한 것은 자비를 계발하고 싶
은 의도입니다. 이미지가 주는 느낌이나 이미지의 선명도

따위는 그리 중요하지 않습니다. 둘째, 사람은 선명한 이미지를 만들어 내고 싶어 하지만, 떠오르는 이미지들은 금세 사라지거나 흐릿할 것입니다. 마음속에 폴라로이드 사진처럼 선명한 이미지를 만들어 내기란 쉽지 않습니다. 때문에 때로 심상을 훈련하는 것이 필요합니다. 예를 들어, 바구니에 든 과일이나 화병에 꽂혀 있는 꽃을 본 후 눈을 감으며 방금 전 본 것들을 상상할 수 있습니다. 즐겁게 호기심을 갖고 연습해 보세요. 다른 것들도 상상해 보고 당신에게 어떤 반응이 나타나는지를 관찰해 보십시오.

마음이 이미지에 집중하지 못하고 방황할 때가 있을 것이라는 점을 사람들에게 환기시키고, 훈련의 핵심은 단순히 이를 알아차리고 자신의 주의를 이미지로 돌리는 것임을 설명하라. 치료자는 환자가 자신을 올바른 방식으로 관찰하고 있는지, 혹은 어떤 느낌을 느끼고 있는지를 지속적으로 살펴야 한다. 어떤 사람들에게는 어조나 내용을 상상하는 것이 더 쉬울 수 있다.

19

안전한 공간 만들기

첫 번째 유용한 심상 훈련은 자신이 원하는 편안하고, 안전하며, 차분하고, 고요한 '안전한 공간 만들기'다. 시작할 때, 편하게 앉아서 호흡의 리듬을 가라앉히고 짧은 이완 훈련을 하는 것이 도움이 된다. 당신의 환자가 호흡 훈련을 좋아하지 않는다면, 단지 잠시 조용히 앉아 있도록 한다. 이런 종류의 모든 심상 훈련은 진지하게 해야 하지만, 또한 '즐겁게' 해야 한다. '방황하는 마음'을 주시하다 보면 인상 깊은 이미지들이 떠다니는 일은 매우 흔하다. 매우 불안해하거나 흥분해 있을 때 심상 훈련은 무척 어려워진다는 점을 명심해야 한다. 여기에 몇 가지 지침이 있다.

안 내

우리는 심상 훈련을 통해 마음속에서 어떤 공간을 창조할 것입니다. 이 공간은 당신에게 안전함과 고요함을 줄 수 있어야 합니다. 당신이 우울한 상태라면 이러한 감정을 만들

어 내기 어려울 것이지만, 이 훈련을 시도하려는 행동이 무
엇보다 중요합니다. 당신이 원하는 공간의 느낌을 찾으려
고 시도해 보세요. 감정은 자연스럽게 따라올 것입니다.

나뭇잎이 가지에서 부드럽게 춤추고 있는 아름다운 숲을
상상해 볼 수 있습니다. 강렬한 태양이 대지를 밝게 어루
만지고 있습니다. 당신의 얼굴에 불어오는 부드러운 바람
과 눈앞에 어른거리는 빛의 감각을 상상해 보세요. 나뭇잎
이 바스락거리는 소리를 들어 보세요. 숲의 향기와 감미로
운 공기를 상상해 보십시오. 당신의 공간은 지평선이 창공
과 맞닿아 있고 수정처럼 푸른 바다를 끼고 있는 아름다운
해변일 수도 있습니다. 발바닥에 닿는 부드럽고 하얀 모래
는 실크처럼 부드럽습니다. 모래 위로 넘실거리는 파도의
고요한 소리를 들어 보십시오. 당신의 얼굴로 쏟아지는 햇
살을 상상하고, 수면 위에 반사되는 보석 같은 빛의 연무를
느껴 보세요. 당신의 발가락이 모래 속으로 파고들 때의 부
드러운 모래를 상상하고, 얼굴을 어루만지는 부드러운 산
들바람을 느껴 보세요. 모닥불가에 앉아 있는 당신을 상상
할 수도 있습니다. 당신은 통나무가 타닥타닥 타오르는 소
리를 들으며 향긋한 나무 연기를 맡습니다. 이러한 공간들
은 당신에게 즐거움을 줄 수 있는 예들 중 하나입니다. 이
훈련에서 핵심은 당신에게 안전한 느낌을 주는 공간을 찾
는 것입니다.

보고, 느끼고, 듣고, 그 밖의 다른 감각을 상상하는 것, 즉 당신의 모든 감각에 주의를 모으는 것이 도움이 됩니다.

안전한 공간을 마음속에 불러오면, 몸을 이완해 보세요. 당신의 얼굴 표정을 떠올리고, 즐거운 장소가 주는 즐거움을 느끼면서 부드러운 미소를 지어 보세요.

당신이 창조한, 당신에게만 허락된 장소를 상상하는 것이 좋습니다. 그 장소 자체가 당신에게 기쁨을 줄 수 있어야 합니다. 당신이 그 장소에 있을 때의 즐거움과 행복감이 어떻게 느껴지는지를 탐색해 보십시오.

이 훈련에서는 '거기에 있는 것만으로도 기쁨을 주는 공간'을 상상하는 것이 중요하다. 왜냐하면 앞서 언급하였듯이, 누군가를 돌보려는 마음은 스스로 가치 있는 존재가 되고 돌봄을 받기 위한 목적에서 진화했기 때문이다. 이 훈련을 통해 자극하려고 하는 것은 자신을 돌보는 마음을 일으키는 것이다. 천천히 여유를 갖고 일어나는 감각 하나하나를 주의 깊게 살펴보게 하라. 여기서 주의해야 할 것은 심상 훈련은 도피나 회피하기 위해서가 아니라 마음을 가라앉히는 훈련을 돕기 위한 것이라는 점이다. 또한 이러한 훈련들은 실험을 해 보고 무슨 일이 일어나는지를 시도해 보는 데 목적이 있다.

자비로운 색채

심상을 사용할 때, 때로 당신은 사람들이 자비로운 색채를 상상하기를 좋아한다는 것을 발견할 것이다. 대개 이러한 색채들은 어둡지 않고 부드러운 엷은 톤이다. 집단 장면에서 사람들이 좋아하는 다양한 색들을 관찰하는 것은 무척 흥미로운 일인데, 선호하는 색채는 치료 회기마다 달라진다. 천천히 쉬는 시간을 자주 가지면서 훈련을 실시한다.

안내

호흡을 편안하게 하고 준비가 되면, 자비로운 느낌을 주는 색, 혹은 온화하고 친절한 느낌을 주는 색을 상상해 보세요. 색채에 대해 떠오르는 자연스러운 느낌에 주목하고, 준비되면, 당신이 선택한 색채가 당신을 둘러싸고 있다고 상상해 보세요. 그다음, 이 색채가 당신의 가슴을 통해 들어갔다가 천천히 당신의 몸을 통과하고 있다고 상상해 보십시오. 이 색채가 가진 친절함 속에 깃든 지혜로움, 강함 그리고 따뜻함에 주의를 모으세요. 친절하고 따뜻한 표정을 지어 보세요. 이 색채가 당신을 돕기를 원한다는 것을 느껴 보세요. 이 색채의 유일한 의도는 당신을 치유하는 것이며, 당신이 행복하기를 원한다는 것을 상상해 보십시오.

이 훈련의 핵심은 돌봄을 받는 느낌을 훈련하는 것이다(색채를 사용한 훈련은 자비로운 사람을 상상하는 것보다 덜 위협적일 수 있

다, 제29장 참조).

　참여자 중 한 명은 자신이 어려운 결정을 해야 할 상황에 처해서 색채 심상 훈련을 했을 때, 자신이 택한 색채가 점점 더 강렬해졌다고 보고했다. 이 사람은 실험을 잘한 것이며, 실험 중에 일어난 일, 즉 자기 내면의 통찰적 지혜가 말한 것을 잘 관찰한 것이다. 그녀는 이 경험을 통해 자신이 택한 자비로운 색채가 다른 일들에서도 자신을 도울 것으로 믿었다.

20

다양한 자비 심상 훈련

대승불교의 엄청난 문헌 속에는 다양한 형태의 자비 심상(com-passion imagery) 훈련이 존재한다(Leighton, 2003; Vessantara, 1993). 그러나 서구에서 가장 잘 알려진 자비 심상 훈련은 테라바다 전통에서 가져온 것으로, 특히 자애(loving-kindness) 명상과 관련되어 있다(Salzberg, 1995). 예를 들어, Kabat-Zinn(2005, pp. 285-296)은 자애 명상에 대한 간단한 소개를 다음과 같이 하고 있다. "당신에게 친절한 존재들을 떠올리세요. 당신이 다른 존재들에게 친절했던 때를 떠올려 보세요. 당신에게 친절한 존재들을 떠올리기 어려우면 당신에게 친절한 사람들을 상상하세요." 자애를 시각화하는 것은 요즘 다양한 자조 방식으로 사용되고 있다(Germer, 2009; Salzberg, 1995 참조). 다른 영적 전통들과 심리치료에서도 지혜롭고 지지적인 타인이나 친구를 떠올려 친절하고 자비로운 도움을 받았던 기억을 떠올리는 대인 관계적 심상 훈련을 하고 있다는 점을 인식하는 것 또한 중요하다

(Frederick & McNeal, 1999).

자비 심상 훈련은 특정 뇌 시스템, 특히 마음을 진정시키고 친화적이게 하는 옥시토신/엔도르핀 시스템을 자극한다(pp. 82-84; 또한 Longe et al., 2010; Rockliff et al., 2008 참조). CMT는 훈련을 통해 긍정적 정서를 불러일으킴으로써 안전감, 평안감 그리고 안녕감을 증진시키고 위협적 마음을 가라앉히는 생리적 조절과정에 근본적인 관심을 두고 있다. (옥시토신과 엔도르핀은 위협 자극을 처리하는 편도체의 활동을 진정시킨다.) 자비 훈련은 다음의 네 가지 주요한 방식으로 영향을 준다.

1. **자비로운 내적 자기를 계발한다**: 자비 훈련은 자비로운 자기감을 창조하는데, 이는 배우가 자신이 맡은 역할에 몰입하는 행동과 유사하다.

2. **자비는 당신으로부터 빠져나와 타인에게 흘러들어 간다**: 자비 훈련은 우리의 마음을 타인에 대한 자비로운 느낌으로 가득 차게 한다.

3. **자비는 당신 안으로 흘러들어 간다**: 이 훈련을 통해 우리의 마음이 열려 타인의 친절함을 받아들일 수 있게 된다. 마음을 여는 것은 타인의 친절함에 대해 반응하는 뇌의 영역을 자극한다.

4. **스스로에 대한 자비**: 이것은 자신에 대한 자비로운 느낌, 생각 그리고 경험을 계발하는 것이다. 삶은 자주 곤경에 빠지는데, 자기에 대한 자비를 일으키는 방법을 배우는 것은 이

러한 때에 매우 도움이 된다. 특히, 감정과 관련된 어려움
에 대해 도움이 된다.

  자비가 다양한 특질과 핵심 기술들, 예컨대 자비로운 방식으
로 주의를 기울이기, 자비로운 생각을 일으키고 훈련하기, 자비
로운 방식으로 행동하기, 그리고 자비로운 느낌을 일으키기 등
을 포함하고 있다는 점을 기억하라(제16장; Gilbert, 2009a, pp.
191-210 참조). 이 모든 것들은 훈련을 통해 향상될 수 있다. 이
는 우리가 골프나 피아노를 배우는 것과 같다.
  자비 훈련의 기본 전제는 우리가 위협적인 상황에 놓일 때나
불안하고 화가 날 때, 생각, 심상 그리고 감정이 이러한 마음의
상태에 갇혀 빠져나오기가 무척 어렵다는 것이다. 그러므로 마
음의 상태를 조절하여 뇌의 특정 시스템을 활성화하는 행동을
배움으로써 위협적 마음을 진정시키는 방법을 익히는 것이 도움
이 된다. 환자에게 다음과 같은 방법을 가르쳐라.

• 감정에 대해 회피하거나 참거나 압도당하거나 놀라지 않고
  있는 그대로 수용하기
• 감정에 대해 자비롭고 이해하는 태도를 배우기, 감정을 개
  인화시키지 말고 감정에 대해 수치심을 갖지 않기(나만 이러
  한 감정을 갖는 것이 아니다), 감정이 위협적이라면 자비로운
  마음 상태로 전환하는 법을 가르치기
• 자기비난은 도움이 되지 않는다는 것을 인식하고 자기에 대

한 자비심에 주의를 돌리기

• 반추가 도움이 되지 않는다는 것을 인식하고 자비 훈련으로
  돌아가게 하기

자비 훈련은 스스로가 안녕에 도움이 되는 정서나 느낌의 시
스템으로 마음의 상태를 의도적으로 바꾸고 전환할 수 있게 하
는 작업이다. 물론, 이는 쉽지 않으며 훈련이 필요하다.

21

자비로운 자기 계발하기

자신의 다양한 부분들

인간은 기본적으로 형태를 창조하는 존재(Gilbert, 2009a)라는 점을 환자와 토론하는 것이 중요하다. 인간의 뇌는 다양한 패턴들을 만들어 내는데, 사람은 이것들을 자신의 다양한 부분들로 지각한다(제4장 참조). 우리는 분노와 함께 나타나는 패턴을 분노하는 '부분(part)' 혹은 '자기(self)'라고 부를 것이다. 분노하는 부분은 특정한 방식으로 생각하고 느끼며 행동하기를 원한다. 그 밖에 불안한 패턴이나 '사랑에 빠진' 혹은 '사랑에 싫증난' 패턴들이 있을 수 있다. 우리는 자신 안에 수많은 다양한 잠재적 패턴들을 갖고 있다. 자비로운 자기 혹은 자비로운 패턴을 계발하는 것은 우리 안에 일어나는 불편하고 어려우며 위협적인 패턴들(자기의 부분들, parts of self)을 포함한 '마음의 다중성'을 다루도록 돕는 데 핵심 요소다. 자비는 분노와 불안을 진정시킬 뿐 아니라 이러한 불편한 감정에 직면할 수 있는 용기를 주며, 이를 인내하고 적절히 대처할 수 있는 방법을 제공해 준다.

자비로운 자기를 계발하는 다양한 훈련이 있으나, 어떤 것이 각각의 사람들에게 최선의 방법인지는 실습해 보기 전에는 알기가 어렵다. 따라서 어느 정도 실험을 해 보는 시간이 필요하다. 처음 연습을 시작할 때 자기 자신이 자비로운 사람이라는 느낌을 계발하는 데 집중하는 것이 도움이 된다(특히, 자신에게 자비로웠던 타인을 떠올리기 어려운, 학대받았던 사람에게).

이를 위한 많은 방법들이 있으며, 이러한 종류의 기법들을 사용하는 많은 전통들 또한 있다. 예를 들어, 어떤 불교 전통은 '자기 자신' 안에 다양한 형태의 자기의 씨앗들이 존재하며, 그것을 발견하고 키우는 것이 중요하다는 점을 강조한다. 우리가 음악가가 되고 싶다면 악기 연주를 연습해야 하며, 능숙한 운전자가 되기를 원한다면 운전을 연습해야 한다. 그러나 대부분의 사람들은 이를 잊어버리고 환경이 '자신의 마음을 지배하도록' 내버려두며, 이에 따라 자신이 살고 있는 사회 환경에 단순히 반응하거나 맞추어 살아갈 뿐이다. 따라서 우리가 생각해 보아야 할 핵심은 무엇을 훈련하기 원하는가, 자신 안에 있는 무엇 혹은 어떤 사람이 되기를 원하는가다. 대개의 경우 사람은 자신이 의도적으로 특정한 형태의 사람이 되는 훈련을 하는 것은 불가능하다고 생각하지만, 훈련을 하기로 결심하고 훈련을 위한 시간을 내보면 이것은 가능하다.

자비로운 자기 상상하기

스트레스 사건에 대한 대처를 위해 심상을 사용해 온 역사는 상당히 오래되었다. 예를 들어, 미래에 닥쳐올 스트레스 사건에 대처하는 자신의 모습을 상상하면서 만족스러운 느낌을 떠올려 보는 훈련을 들 수 있다. 자비로운 심상 훈련은 다양한 형태의 긍정 정서 조절 체계가 존재한다는 확실한 이해에 바탕을 둔 것으로, 행동치료적 작업의 일종으로 볼 수 있다. 행동치료를 위한 또 다른 방법에는 다양한 행동 기법들(acting techniques)이 있다(Gilbert, 2009a). 그러나 여기에서 중점을 두는 것은 특별한 형태의 자기나 자기 정체성에 대한 심상이다. 자신이 되고자 노력하는 자기가 안녕감이나 사회적 관계에 영향을 주며, 자기 자신에 초점을 둔 자기 정체감보다는 자비로운 자기 정체감이 더 나은 결과를 가져온다는 증거들이 증가하고 있다(Crocker & Canevello, 2008). 여기서 다루고자 하는 것은 어떤 형태의 자기가 되는가에 대한 것이다. 다음은 환자를 안내할 안내문이다.

안 내

당신이 연극을 공부하는 배우라면, 배역의 핵심 요소가 무엇인지에 대해 주의를 기울일 것입니다. 배역은 분노하거나, 우울하거나, 불안하거나, 행복하거나, 즐거운 캐릭터일 수 있으며, 물론 자비로운 특성을 가질 수도 있습니다. 열정적인 배우로서, 당신이 시도해야 할 일은 당신 안에 있는 느낌과 생각, 동기를 끌어내어 내면으로부터 살아 숨 쉬는 배역 자체가 되는 것입니다. 이를 위해 당신은 배역이 세상을 인식하고 생각하는 방식, 어조, 몸짓과 자세, 말하는 것, 말하는 방식들을 주의 깊게 살펴야 합니다. 여기서 우리가 되어 보려는 배역은 자비로운 사람입니다. 이것은 우리가 키워서 계발하기를 원하는 우리의 일부입니다.

이제 자비로운 사람의 핵심적인 특성에 대해 생각해 보십시오. 마음속에 자비로운 사람을 떠올려 보고, 잠시 머물러 봅니다. 자비로운 사람에게는 다음의 네 가지 핵심 특성이 있습니다.

1. 개인적 경험, 세상의 이치와 삶의 고통에 대한 깊은 통찰과 성숙으로부터 얻은 지혜가 있습니다. 당신의 자비로운 자기는, 우리 모두는 자신이 선택하지 않았던 생애 초기의 경험과 자신이 설계하지 않은 뇌의 작용을 통해 만들어진 '현재의 자신을 발견할 수 있을 뿐'이라는 점을 알고 있습니다. 우리 모두는 행복을 추구하고 고통을 피하려 하며, 때로 괴로운 생각과 감정에 휩쓸려 혼란에 빠지는 마음을 갖고 있습니다. 지혜는 이와 같은 인간 존재의 측면들에 대한 이해로부터 나옵니다.

2. 불굴의 인내와 용기를 가진 강인함이 있습니다. 성숙하고 내적 권위를 가진 느낌에 집중해 보세요. 고요한 확신과 권위를 가진 자신을 상상해 보십시오.

3. 위대한 온화함과 친절함이 있습니다.

4. 타인을 돕고자 하는 혹은 변화시키고자 하는 소망과 책임감이 있습니다. 그러나 자신을 비난하거나 비판적으로 판단하지 않습니다.

매우 유용한 또 다른 연습은 당신의 지혜가 성숙하고 자비로운 방향으로, 당신을 더 크고 더 힘 있고 강력하게 만드는 것처럼 당신 자신이 확장되는 것을 상상해 보는 것입니다. 당신을 나이 든 현자로 생각해 보는 것도 좋습니다. 이제 연습해 보기를 원한다면, 이러한 특성들을 가졌다고 상상해 보고, 그것들이 어떻게 느껴지는지, 당신의 몸에 어떤 영향을 주는지 살펴봅니다. 연습은 다음과 같습니다.

• 방해받지 않고 조용히 앉을 수 있는 장소를 찾은 후, 호흡의 리듬을 진정시킵니다. 당신의 몸이 (약간이라도) 편안해지고 연습할 준비가 되면, 당신이 매우 자비로운 사람이라고 상상해 보세요.

• 자비로운 사람으로서 이상적으로 가지고 있을 모든 특성들을 생각합니다. 그것들을 깊이 살펴보세요.

• '자비로운 사람'이 되고자 하는 당신의 소망에 집중하면서 자비롭게 생각하고 행동하고 느끼는 자신을 상상해 보세요. 자비로운 특성을 가진 자신을 상상해 보세요. 고요하고 지혜를 가진 자신을 상상합니다(이에 대해 잠시

시간을 가집니다). 어려움을 인내하는 능력을 가진 세심하고 배려 있는 자신을 상상합니다(이에 대해 잠시 시간을 가집니다). 온화하고 친절한 자신을 상상합니다(이에 대해 잠시 시간을 가집니다). 비난하지 않으면서 고통당하는 사람을 돕고 변화와 '성장'을 바라는 자신을 상상합니다.

- 자비로운 얼굴 표정을 지어 보세요. 가벼운 미소를 지으면서 자신에게 어울리는 표정을 찾아보세요.
- 당신이 더 힘 있고 성숙하며 지혜롭고 확신을 가진 사람이 된 것처럼 확장된 자신을 상상해 보세요.
- 이런 상상을 하면서 당신의 몸에 주의를 기울여 보세요.
- 따뜻해지고 확장된 몸의 느낌에 잠시 머물러 보세요.
- 1분, 원한다면 그 이상을 당신이 말하고 싶은 친절한 말, 그때의 당신의 어조, 또는 당신이 하고 싶은 친절한 행동에 대해 생각해 보세요.
- 1분, 원한다면 그 이상을 당신이 친절한 말이나 행동을 할 때 느끼는 기쁨에 대해 생각해 보세요.

당신이 이러한 특성들을 가졌느냐 그렇지 않느냐는 중요하지 않다는 점을 기억해야 합니다. 단지 당신이 그것들을 갖고 있다고 상상하는 것이 훈련의 핵심입니다. 이런 특성들을 가진 자신을 마음속에 그려 보고, 즐겁고 여유로운 마음으로 꾸준히 연습해 보세요. 때로 이런 특성들은 각각 우리의 몸에 서로 다른 영향을 줍니다. 또한 당신의 마음이 방황하고 집중하지 못하기 때문에 훈련의 진척이 더딜 수 있다는 점을 기억해야 합니다. 이것은 마치 우리가 피아노를 처음 배울 때 손가락들이 말을 듣지 않는 것처럼 매우 일반적으로 일어나는 일입니다. 꾸준한 연습이 도움이 됩니다.

최고의 당신

자비로운 자기를 연습할 수 있는 다른 방법은 당신이 자비를 느꼈던 때를 회상해 보는 것입니다. 즉, 고요하고 지혜롭고 누군가를 돕기를 원했던 때를 말합니다. 내적 고요함과 지지하는 목소리를 상상하면서 당신이 '최고의 당신'이었던 순간의 자비로운 모습을 생각해 봅니다. 자비로운 표정을 지으면서 자비로운 자신의 모습을 떠올려 봅니다. 돕고자 했던 사람이 매우 고통스러웠던 장면에 초점을 두지 않는 것이 좋습니다. 이럴 경우 당신의 주의가 고통에 집중되기 쉽기 때문입니다. 이 연습의 목적은 당신의 돕고자 하는 소망과 친절함에 집중하는 것입니다.

이불 속의 자비

이상적으로, '자비로운 자기가 되는' 연습은 날마다 하는 것이 좋습니다. 생활이 너무 바쁘다면 '이불 속의 자비'라고 이름 붙인 연습을 해 볼 수 있습니다. 아침에 일어나면, 몇 분 동안 자비로운 자기가 되는 연습을 시도하세요. 침대에 누울 때, 자비로운 표정을 지어 보고, 지혜롭고 자비로운 존재가 되고자 하는 자신의 진실한 소망에 집중합니다. 당신 안에 지혜와 강인함의 능력이 이미 갖춰져 있다는 것을 기억하세요. 그러나 당신은 그것들이 꽃필 수 있는 공간을 창조해야 합니다. 단지 하루에 2분 동안 날마다 연습한다면, 결과가 나타날 것입니다. 버스 정거장에 서 있을 때나 욕조에 누워 있을 때도 연습을 할 수 있습니다. 우리의 마음은 온갖 것들, 대개는 걱정거리나 해야 할 일들에 대한 생각으로 방황하기 때문에, 우리는 실제로 얼마나 자주 자신이 따뜻한 목욕을 하고 있는지도 알지 못합니다. 이런 상태로 목욕을 하면 편안할 리가 없습니다! 당신이 더 오랜 시간 동안 연습하기를 원하고 그럴 만한 장소를 찾기를 바랄 수 있습니다. 이런 마음이 들 때면 언제든지, 회의 중에도 호흡 훈련을 할 수 있으며, 지혜롭고 자비로우며 고요하고 성숙한 자기가 되는 연습을 할 수 있습니다.

개인적 연습과 자비로운 생각의 중요성

자신이 시행하는 치료법을 개인적으로 훈련하는 것이 치료자에게 이득을 가져다준다는 증거들이 점점 증가하고 있다(Bennett-Levy & Thwaites, 2007). CFT는 이를 강력히 지지하며, CFT 치료자에게 되도록 자주 마음챙김과 자비로운 자기 명상을 연습하도록 권고한다. 우리는 또한 치료자 자신의 어려움에 대해 이 방법들을 활용하도록 권유한다. 여기 당신 스스로 연습해 보아야 할, 자비로운 생각을 이끌어 내는 몇 가지 예를 제시하였다. 당신이 환자와 어려움을 겪고 있어서 불안하고 자신을 비난하고 있다고 가정하고 다음의 연습을 따라 해 보라. 당신은 다음과 같은 대안적 생각을 할 수 있다.

- 우리는 복잡한 고통과 비극들을 다루기 때문에 어떤 환자들을 치료하는 것은 어려울 수 있으며, 이는 이해할 만한 것이다(타당화).
- 많은 치료자들이 환자들을 치료하는 데 어려움을 겪는다(보편적 인간성).
- 나는 나와의 작업을 통해 좋은 결과를 얻은 환자들을 기억할 수 있다(특정 기억으로 마음을 가져오기, 주의 재정향).
- 이와 같은 불안과 걱정을 인내하는 법을 배우는 것이 나에게 중요하다(발달 과업이 무엇인지 생각하기).
- 내가 어려움에 처해 있을 때 슈퍼비전이나 충고, 도움을 얻기 위해 다른 사람을 찾는 것이 나에게 중요하다(자신이 도움받는 것 허용하기, 자신이 문제를 해결하지 못하는 것에 대해 수치심에 빠지지 않고, 도움을 추구하는 자비로운 행동 취하기).

이러한 생각들을 읽고 이것이 당신에게 어느 정도 도움이 되는지 평정해 보라(1~10점). 이제 1분 정도 호흡을 진정시킨 후 1분간 자비로운 자기가 되는 연습을 한다. 연습을 통해 자신이 성장하고 있음을 느껴 보라. 내적 고요함, 지혜, 돕고자 하는 마음, 친절함, 온화함 그리고 당신의 어조에 집중해 보라. '자비로운 자기'와 접촉했다고 느끼면 이와 같은 생각들의 내용이나 논리보다는 할 수 있는 한 최선의 친절함과 온화함에 집중하면서 천천히 다시 읽어 보라. 이러한 생각들이 당신에게 얼마나 도움이 되는가를 다시 한 번 평가해 보라. 당신의 불안에 대한 이 두 가지 작업 방식의 차이를 살펴보라. 두 번째 방식을 통해, 나는 먼저 당신의 정서 조절 시스템을 활성화한 후 대안적 생각을 하게 했다. 제대로 되었다면(당신이 지시를 철저하게 따랐다면), 당신은 자비로운 마음 상태에서 대안적 생각들을 읽었을 때 약간 다른 느낌이 일어나는 것을 알아차렸을 것이다.

개인적 연습의 중요성을 인식해야 한다. 우리는 날마다 더 자비로운 사람이 되기 위해 노력해야 한다. 환자를 만나기 전 연습을 해 보라. 누군가와 갈등이 있었을 때도 연습을 해 보라. 잠시 동안(혹은 그 이상) 호흡을 진정시킨 후 자비로운 자기 연습을 하면서 자비로운 생각과 행동이 무엇일지 집중해 보라. 이 연습이 어떻게 부정적인 반추적 생각들을 멈추게 하는지 살펴보라. 여기 제시한 모든 연습들은 개인적 연습을 위해 활용할 수 있다.

22

자비로운 의자 작업

많은 치료자들이 '개인의 다양한 부분들'의 생각과 감정을 불러일으키기 위해 의자 기법을 사용한다. 예를 들어, 분노 의자에서 환자는 자신의 분노에 몰입하고 분노가 말하도록 허용하고, 불안 의자에서는 불안에 집중하고 불안한 생각과 감정을 표현한다. 자기비난 의자에서는 환자가 스스로를 비난하는 자가 된다. 어떤 경우에는 환자들이 의자를 바꿔 가며 자신의 다양한 부분들과 대화를 나누게 된다. 이러한 의자 기법들은 Leslie Greenberg(Elliott et al., 2003; Greenberg, Rice, & Elliott, 1993; Whelton & Greenberg, 2005)가 훌륭하게 개발한 것이다.

CFT에서도 의자 작업을 많이 사용하지만, 작업의 초점은 자비로운 자기 부분의 느낌과, 인내, 통찰과 강인함을 키우는 데 있다(Gilbert, 2000a). 우리가 자기비난 부분과 작업한다면, 환자에게 의자 맞은편에 앉아서 자비롭게 반응해 보도록 함으로써 자비로운 자기를 훈련한다. CBT의 경우, 의자를 왔다 갔다 하며 자신의 분노 혹은 자기비난적인 부분들과 이야기하거나 성찰하도록 함으로써 환자의 사고를 보다 균형 있게 조정하도록 돕는다. 반면, CFT에서는 자신의 분노와 불안 혹은 자기비난의 부분들에 대해 자비로운 태도를 가질 수 있도록 동기와 감정을 키우는 것이 초점이다.

치료자는 환자와 환자 자신의 다양한 부분들의 특성에 대해 토론하고, 치료는 자기의 부분들이 성장하고 변화하며 치유되는 과정이라는 점을 주지시켜야 한다. 치료자는 환자로부터 이에 대한 협동적 동의를 구하여야 한다. 환자가 동의한다면, 치료자는 환자가 작업할 의자들을 선택하고, 환자에게 작업하고자 하는 '자기의 부분이 되도록' 안내한다. 환자에게 그러한 부분(예: 분노, 불안, 자기비난, 슬픔)을 느꼈던 때를 회상하도록 한 후 그 부분의 신체 경험이나 느낌에 주목하며 그러한 부분이 말하게 한다. 환자의 역량에 맞춰 처음에는 가벼운 예로 시작해서 점차 작업의 강도를 높인다.

다음으로, 환자를 의자의 맞은편에 앉도록 한다. 환자가 자신이 몰입했던 부분으로부터 빠져나와 자비로운 자기의 느낌을 만들어 낼 때까지 처음에는 상당한 시간이 걸릴 것이다. 환자가 자비로운 자기의 느낌을 찾고 이야기하기 전에 충분한 시간을 제공하는 것이 필요하다. 자비로운 의자에 앉아 마음챙김을 하며 호흡을 고르는 연습을 하는 것이 도움이 된다. 이후 천천히 그리고 중간 중간 멈추며 다음의 안내문을 읽어 준다.

안 내

지금 당신은 자비로운 의자에 앉아 있습니다. 호흡의 리듬을 진정시키면서 당신의 몸이 이완되는 것을 느껴 보세요. 이제 '당신의 최고였던 모습'이 되어 보세요…… 당신이 온화하고 지혜로우며 친절했던 때를 떠올립니다…… 자비로운 사람으로서 당신이 이상적으로 생각하는 특성들을 상상해 보세요…… 그것들을 생각하는 것은 당신이 그것들을 느낄 수 있도록 도와줄 것입니다…… 자비로운 표정을 짓도록 자신을 허락하세요…… 조용하고 부드럽게 지혜와 성숙, 권위와 힘을 가진 당신을 그려 보세요…… 호흡을 진정시키며 몸이 이완되고 당신은 자비로운 자기가 되어 가는 것을 느낍니다.

자비로운 자기와 접촉하는 느낌이 만들어지면 치료자는 환자가 분노, 불안, 슬픔이나 자기비난을 하는 자기의 부분에 대해 단순히 자비로운 느낌을 느껴 보도록 안내한다(자기비난적인 부분이 학대자의 목소리가 아닌지 확인할 필요가 있다. 이러한 경우는 다른 치료 과정이 필요하다, 다음 참조). 만약 환자가 맞은편 의자에서의 느낌으로부터 벗어나지 못하고 분노나 자기비난적인 부분에 압도되었다면 잠깐 휴식을 취한 후 '자비로운 자기가 되기'에 다시 초점을 맞추게 하는데, 이는 점진적 노출 기법 과정과 유사하다. 이 훈련의 초점은 자기의 다른 부분들과 작업할 수 있도록 자비로운 자기를 강화하는 것이다.

분노 혹은 자기비난적인 자기에게 자비를 보내는 것에 대해 생각하도록 시간을 주어야 한다. 분노 혹은 자기비난적인 자기에게 자비로운 마음을 보낼 때 사람들은 어떤 상태가 될까? 자비로운 자기는 다음과 같은 생각들을 하게 될 것이다. '이러한 (분노나 자기비난적인) 자기를 화나게 하고 위협하는 것은 진정 무엇인가? (초점을 위협 과정에 둔다.) 자비로운 자기가 말하거나 하고자 하는 것은 무엇인가? 분노하는 자기 혹은 자기비난적인 자기가 더 이상 위협받지 않고 치유되는 것을 상상해 보자—그렇다면 어떤 느낌이 들것인가?—어떻게 이것을 도울 수 있는가?' 환자의 마음이 방황하면 앞서 제시한 안내문을 반복함으로써 단지 자비로운 자기의 느낌으로 돌아오도록 해야 한다. "이러한 자신의 부분들이 필요한 자비를 모두 받았을 때 무슨 일이 일어날지 상상해 보세요. 위협들이 사라졌을 때를 상상해 보세요."

치료의 주된 초점은 부모와 같은, 지혜롭고 성숙하며 권위와 내적 강인함을 가진 자비를 유지하는 데 있다. CMT는 이러한 뇌의 상태를 강화하여 기억 인출을 보다 쉽게 촉발하도록 한다(Brewin, 2006). 환자가 '보다 나은 존재가 되기를 원하도록' 도와서 자신의 정체성 속에 자비를 심도록 해야 한다. "우리의 존재는 스스로 기르고 훈련하는 것에 달려 있다."라는 모토를 사용하라. '자신의 마음을 훈련하는 것'에 초점을 두라. 앞서 언급하였듯이(pp. 160-161), 우리가 되고자 시도하는 친절한 자기가 자신의 안녕이나 사회적 관계에 의미 있는 영향을 줄 수 있다는 증거들이 증가하고 있다(Crocker & Canevello, 2008).

자비에 초점을 둔 작업은 분노나 불안, 자기비난과 관련된 위협 시스템의 상대로서 자비로운 자기의 부분을 건설하는 것이 주된 목표다. 이 작업을 마친 환자는 자신의 부정적 감정을 보다 잘 인내할 수 있게 되고, 자신의 자비로운 목소리/느낌 그리고 생각을 떠올릴 수 있게 된다.

자비로운 자기 작업의 목표는 자기의 다른 부분들은 '제거하거나' '가라앉히는' 것이 아니라 이들을 소중한 '목소리들'로 진지하게 받아들이고 자비로운 태도로 작업하는 것이다. 한 가지 예외가 있다면, 내부의 비난자가 '과거의 학대자의 목소리'로 느껴질 때다. 이것이 '자기가 아닌 것'으로 확인되면, 이를 떠나보내도록 안내하거나 혹은 빈 의자 작업이나 트라우마 재구성 작업을 통해 적극적으로 처리해야 한다. 이 문제에 대한 더 많은 논의는 지면상 생략하지만, 내재화된 '목소리들'에 대한 작업을 다룬 문헌들이 있다(Ogden et al., 2003).

23

자비로운 자기에 집중하기

　문제가 되는 다양한 자기의 부분들(뇌가 만들어 내는 문제가 되는 형태들)에 대해 자비롭게 작업하는 매우 중요한 방법들 중 하나는 심상을 활용하는 것이다. 이 방법을 조금만 사용해 보면 자신의 자비로운 자기에 집중하는 법을 배울 수 있다.

안 내

당신이 무엇인가에 대해 매우 불안하다고 가정해 봅시다. 조용히 앉아 호흡에 집중하고, 당신을 자비로운 사람으로 상상해 보세요. 확장되고 성장한 당신의 내면을 느낄 수 있으면, 당신 앞에 불안한 자신을 보고 있다고 상상해 보세요. 자신의 얼굴 표정을 살펴보세요. 표정을 스쳐 지나가는 느낌에 주목합니다. 조용히 앉아 자비로운 마음을 느끼고, 자비로운 느낌을 불안한 자신에게 보내 보세요. 불안의 고통을 이해하면서 불안한 자기를 자비가 둘러싸도록 시도해 보세요. 이제 불안을 수용하고 자비를 느끼는 것 외에는 아무것도 할 필요가 없습니다. 불안한 자기에게 필요한 만큼 충분히 이해와 자비를 주고 있다고 상상하세요. 불안한 자기가 필요한 만큼 충분한 이해와 지지가 실제로 주어졌을 때 불안한 자기에게 무슨 일이 일어나는가를 상상해 보세요.

흥미롭게도, 동료인 스코틀랜드의 홀리아일랜드 불교센터(Holy Island Buddhist Centre)의 Fay Adams가 내게 책 한 권을 보냈는데, 내가 발견한 이 훈련은 11세기 여성 불교 지도자인 Machig Labdron(1055~1145)이 개발한 방법과 다르지 않았다! 그녀는 자신의 몸을 감로수로 변화시켜 자신의 악귀들(자신의 문제 혹은 자기의 문제가 되는 부분들)을 먹이는 심상 훈련을 개발했다(Allione, 2008).

의자 작업에서, 환자가 불안해지거나 불안에 압도된다고 느낄 때, 잠깐 멈춘 후 호흡에 초점을 두게 하고 '확장된, 현명하고 힘 있는 자비로운 자기, 최고의 자기'의 이미지를 느껴 보게 한다. 환자가 이러한 자기와 다시 접촉하면 불안한 자기(작업하고 있는 어떠한 자기의 부분이든)와의 작업을 재개할 수 있다. 환자는 이러한 작업을 통해 불안한 자기의 이미지에 무슨 일이 일어나는가를 목격할 수 있다. 불안한 자기 이미지는 변화되거나, 심지어 사라진다.

치료자는 앞서 제시한 훈련에 연속해서 환자가 심상 훈련을 하도록 안내할 수 있다. 예를 들어, 환자는 불안한 자기를 시각화한 후, 자비로운 마음으로 불안을 바라본다. 계속해서 불안에서 빠져나온 자신을 바라보며 이러한 작업을 완수했다는 자신감을 얻게 된다. 환자는 무엇이 도움이 되었는지 그리고 앞으로 어떻게 하는 것이 도움이 될 것인지를 배울 수 있을 것이다. 치료자는 자비로운 자기가 불안한 자기에 대해—불안한 순간뿐 아니라 더 이상 불안을 느끼지 않는 장면에 대해서도—무슨 말을 하고 싶은지 생각해 보도록 안내할 수 있다. 환자가 문제가 되는 장면을 떠올리게 하고, 문제를 경험하게 하고, 문제에 대처하여 회복하게 하는 작업—모든 과정은 자비로운 자기를 심상화하는 정신능력을 통해 이루어진다—은 도움이 된다. 환자는 미래에 대한 불안이 느껴지려 할 때 이 훈련을 회상하고, 실제 불안을 경험할 때 자비로운 자기로 전환하는 연습을 할 수 있게 된다.

비난하는 자기와 작업할 경우(당신 앞에 있다고 상상하면서) '자비로운 자기'로 전환하기 전에 지나치게 많은 시간을 비난하는 자기의 이미지에 집중해서 비난하는 자기가 '터져 나오도록' 해서는 안 된다는 점을 기억해야 한다. 왜냐하면 이 훈련의 핵심은 자비로운 자기의 패턴을 계발하는 것이기 때문이다. 자기비난과 작업할 때 자비로운 자기가 자기비난의 이면에 숨어 있는 두려움(예: 거절당하거나 누군가를 실망시킬 것이라는)에 대해 생각해 보도록 하는 것이 도움이 된다. 이면에 있는 두려움과 공포가 확인되면 여기에 자비를 보내도록 한다.

때때로, 치료자는 비난하는 자기의 '목소리'는 자신에게 상처를 주었던 누군가, 아마도 자신의 마음속에 남은 어머니나 아버지의 말이었다는 것을 환자에게 설명할 필요가 있다. 여기에서 자비로운 행동은 이런 형태의 자기비난은 자비가 부족했던 누군가로부터 온 것이며, 그들의 상처 주는 말이나 행동은 환자 자신에게 도움이 되지 않았다는 것을 인식하는 것이다. "만약 당신이 아이를 키웠다면 아이를 그와 같이 대할 것인가요? 그렇지 않다면 어떻게 아이를 대하고 싶은가요?"와 같은 질문을 환자에게 할 수 있다. 이런 질문들을 통해 환자는 어린아이였을 때 다른 사람으로부터 들었던 말을 사실로 믿고 그 상처 주는 말을 내재화했다는 것을 인식할 수 있다. 자비로운 자기를 통해 작업하면서, 환자는 그들의 말이 공정하지 않고 상처를 주었다는 점을 인식할 뿐 아니라 이와 같은 불친절한 과정을 지속하지 않기를 원할 것이다. 때로 자비로운 자기 작업에서 환자가 과거 불친절하고 자신을 학대했던 사람을 공격하고 싶어 할 수 있다. 이러한 경우 빈 의자 기법을 사용하거나 그 사람을 마음에 떠올려서 질문하거나 공격하고 싶은 느낌을 언어로 표현하게 하는 방법을 사용할 수 있다(Hackmann, 2005).

각본 다시 쓰기

자비로운 자기를 창조하는 경험은 특정 정서 처리 체계나 사회적 정신화능력의 활성화를 가져온다. 치료자는 이 작업을 통해 각본 다시 쓰기(re-scripting)의 효과를 가져올 수 있다(예: Brewin et al., 2009; Wheatley et al., 2007). 예를 들어, 어떤 사람이 어려운 기억에 대한 치료를 원한다고 가정해 보자. 치료자는 우선 자비로운 자기를 창조하고, 다음으로 '마음의 눈을 통해 보이는 장면'으로서 그 기억에 접근을 시도할 것이다. 환자는 자비로운 자기의 위치에서 그 기억을 바라본다(치료자는 환자의 호흡과 표정을 살핀다). 환자는 그 기억의 장면이 펼쳐지는 것을 상상한다. 그런 다음, 환자는 점차 자비로운 자기를 통해 그 장면에 새로운 것들(예: 도와주는 사람)을 가져오며 새로운 결론을 이끌어 내기 시작한다. 자비로운 자기는 기억 속에서 보고 있는 자신을 지지할 수 있으며, 또한 가장 환상적인 결론을 만들어 낼 수도 있다(Brewin et al., 2009). 자비로운 자기는 실제로 기억을 조절할 수 있는 힘을 가지고 있다는 점을 기억하라. 이와 함께 치료자는 기억 속에 들어간 환자가 안전한 느낌을 가진 자비로운 자기가 되어 기억에서 나오도록 매우 친절하고 부드럽게 안내함으로써 환자의 마음을 진정시키는 멘터의 역할을 할 수 있다. 이런 방식으로, 자비로운 자기를 통해, 치료자는 새로운 형태의 정신화 능력을 이끌어 낼 수 있다.

자비로운 집중과 정신화 능력

제4장에서 우리는 정신화 능력과 역량의 중요성을 자세히 논의했다. (비록 좋은 연구의 증거들을 기다려야 하지만) 여러 가지 난관에도 불구하고, 자비로운 자기를 계발하고 거기에 집중하는 (의자 작업이나 심상화와 같은) 훈련은 정신화 능력을 촉진할 수 있다. 다음에 기술한 것들을 포함하여 이에 관한 많은 근거들이 있다.

- 치료자는 호흡을 진정시키는 훈련을 통해 환자를 이완시키고 신체 감각에 집중시킨다.

- 치료자는 환자가 의도적으로 자신의 주의를 자비로운 자기에 집중하여 불안하거나 비난적이거나 분노한 자기 혹은 괴로운 기억과 거리를 둘 수 있게 한다. 이것은 '보다 안전한' 느낌을 갖게 한다.

- 치료자는 돌봄의 정신역량을 활성화할 수 있으며, 이는 공감 능력과 돕고 지지할 수 있는 동기를 향상시킨다.

- 치료자는 정서적 돌봄을 창조할 수 있으며, 이는 불안이나 분노와 같은 위협에 기초한 정서들을 중화할 수 있다.

- 자비로운 자기는 특히 수치심을 줄여 준다.

- 치료자가 환자의 주의 조절 문제를 돕고자 한다면, 자비로운 자기에 집중하는 훈련은 새로운 주의 집중 능력을 제공한다.

- 치료자는 다양한 자기의 부분들을 통제하기 위해 투쟁하고 있는 환자를 도울 수 있다

- 환자는 한 걸음 물러나 자비로운 자기에 집중할 수 있다. 환자가 압도되어 있는 경우라면 호흡 리듬을 진정시키는 훈련을 한다.

- 자비로운 자기 작업을 통해, 치료자는 '지혜롭고 진정한 돌봄'에 기초한 대안적 사고와 통찰을 개발할 수 있으며, 이는 계속해서 사용될 수 있다.

- 치료자는 (환자가 원한다면) 그들 옆에 앉아 매우 부드럽고 천천히 안내함으로써 마음을 안정시키는 (애착) 대상의 역

할을 할 수 있다.

• 자비로운 자기가 되는 주제에 대해 토론함으로써 치료자는 환자가 점진적으로 '더 강하고, 더 지혜롭고, 더 평온한 자비로운 자기'의 정체성을 갖도록 도울 수 있다.

이 밖에도 다른 근거들이 있다. 예를 들어, 우리가 잠재된 수치스러운 자료에 접근할 때 자기비난적이거나 혹은 자기를 안심시키는 행동을 할 경우 서로 다른 뇌의 패턴이 나타난다(Longe et al., 2010). 2,500여 년에 걸쳐 불교 사상가들과 수행자들이 제시하였듯이, 자비는 마음을 변화시키고 통합시킨다.

24

자비 흘려보내기

최근 타인에 대한 자비로운 마음을 키우는 것이 안녕감에 크게 기여한다는 증거들이 증가하고 있다(예: Frederickson et al., 2008; Lutz et al., 2008). 때로 사람들은 이 훈련이 자기 자신에 대한 자비심을 키우는 것보다 훨씬 더 쉽다는 것을 발견한다. 그러나 여기서 몇 가지 생각해 봐야 할 요소들이 있다. 사람은 자비심을 키우는 것을 실제로는 다른 사람을 달래기 위해 고분고분하거나 좋은 사람으로 평가받고자 친절해지는 것으로 착각한다. 자비의 다양한 요소들은 이미 우리 모두에게 존재하기도 하지만, 어떤 사람은 다른 사람이 실제로 필요로 하는(원하는 것이 아니라) 것에 대한 진정한 공감 능력이 부족하며, 부모 역할에서 중요한 주장을 할 때와 물러설 때를 분별하는 것에 대해 어려움을 겪기도 한다. 해결되지 못한 분노를 갖고 있는 사람에게는 완전히 다른 문제가 발생한다. 이들은 자비를 분노를 없애는 것으로 생각하거나 심지어 분노를 느끼는 것조차 자비와 배척되는 것으

로 생각하기 때문에 자비심을 키우는 훈련에서 어려움을 경험한
다. 자비란 이런 것이 아니라 오히려 자신의 감정에 대해 정직하
고, 인내하며, 이해하는 것이란 점을 아는 것이 가장 중요하다.

그럼에도 불구하고, 타인에게 자비를 보내는 훈련은 매우 유
익하다. 자비와 관련된 뇌의 시스템을 자극하고자 할 때 기억은
매우 좋은 도구가 된다. 여기 한 가지 연습이 있다.

안 내

이 연습에서 우리는 친절함과 자비를 당신으로부터 타인에
게 보내는 상상을 하게 될 것입니다. 조용히 앉아 호흡에
집중하세요. 마음이 편안해지면, 당신이 누군가(당신이 좋
다면, 동물을 떠올려도 됩니다)를 향해 친절과 돌보고 싶은 마
음을 느꼈을 때를 회상해 보세요. 그 사람(혹은 동물)이 매
우 고통스러웠을 때를 선택하려고 하지 마세요. 그렇게 되
면, 당신은 그 고통에 초점을 맞추게 됩니다. 중요한 것은
친절한 느낌과 돕고자 하는 마음에 초점을 두는 것입니다.
당신의 의도와 행동을 떠올리면 감정은 자연스럽게 따라올
것입니다. 이제 그 사람(혹은 동물)을 향해 자비로움을 느꼈
던 때를 떠올려 보세요.

- 마치 당신이 보다 평온하고 지혜로우며 강하고 성숙해져
  서 다른 사람을 도울 수 있게 된 것처럼 상상해 보세요.
- 친절한 느낌을 떠올리면서 당신의 몸에 주의를 기울여

보세요. 자비로운 얼굴 표정을 지어 보세요.

- 당신의 몸이 따뜻하고 이완되는 것을 잠시 느껴 보세요. 그 사람이 고통으로부터 벗어나 행복해지기를 바라는 진실한 마음에 주목하세요.

- 1분 혹은 할 수 있다면 그 이상을, 당신이 친절하게 말했던 것, 그때의 어조 혹은 친절하게 했던 행동이나 하고자 원했던 것을 생각해 보세요.

- 1분 혹은 그 이상의 시간을, 친절했을 때 당신이 느꼈던 기쁨에 대해 생각해 보세요.

친절하고 돕고자 했던 마음, 따뜻한 느낌, 확장된 느낌, 어조 그리고 당신의 목소리와 행동에 담긴 지혜로움에 초점을 두는 것이 중요합니다. 이 훈련을 마치고 난 후 어떤 느낌이었는지를 기록해 보는 것도 좋습니다.

타인에 대한 자비로운 자기에 초점을 맞추기

다음 훈련은 자신의 자비로운 자기를 향해 집중하는 연습입니다. 이 훈련을 위해서, 방해받지 않는 고요한 시간과 장소를 선택합니다. 이제 할 수 있는 한 최선을 다해 자비로운 자기의 존재를 창조해 보세요. 처음에는 자비로운 자기로 전환하는 것이 어려울 수 있지만, 시작해 보는 것이 중요합니다. 어떤 날은 다른 날보다 이 연습이 잘 되지 않을 수도 있습니다. 이제 당신이 돌보고 있는 사람(예: 남편/아내, 친구, 부모, 자녀)이나 동물 또는 식물을 향해 마음을 모아 봅니다. 마음속에 그것이 떠오르면, 그 대상을 향해 다음의 기본적인 세 가지 생각을 진실한 느낌을 담아 보냅니다.

1. 당신이 잘되기를
2. 당신이 행복하기를
3. 당신이 고통에서 벗어나기를

중요한 것은 당신의 행동과 의도라는 점을 기억합니다. 감정은 자연스럽게 따라옵니다. 부드럽고 친절하게, 다른 사람/동물/식물에 대한 당신의 소망과 의도에 시간을 갖고 집중해 보세요. 그들이 당신을 향해 미소 짓는 것을 상상해 보고, 그때의 느낌을 나눠 볼 수도 있습니다. 당신이 식물에 대해서는 그럴 리가 없다고 생각할 수 있지만, 당신의 자비로운 소망을 받아 '행복'해진 그 식물을 상상해 보세요. '다른 존재'를 향한 당신의 진실한 소망에 잠시 집중해 보세요.

당신의 마음이 방황하는 것이 문제가 아니라는 점을 기억하세요. 부드럽고 친절하게 당신의 마음을 연습하는 과제로 돌리면 됩니다. 이 훈련 중에 일어나는 신체 감각과 느낌에 주목해 보세요. 의식 수준에서 아무것도 일어나지 않는다 해도 걱정할 필요가 없습니다. 중요한 것은 해 보려고 시도하는 행동입니다. 몸매를 관리하기 위해 체육관을 찾아 운동을 해도 처음에는 의식적으로 몸매가 달라지고 있다는 것을 느끼기 어려운 것과 같은 이치입니다. 그러나 운동을 하면 신체는 알아채지 못하게 즉각적으로 반응하고 있을 것입니다.

이 기본 훈련은 모르는 사람, 심지어 당신이 싫어하는 사람에 이르기까지 매우 다양한 연습으로 확장될 수 있다. 이 모든 훈련을 하는 동안 환자가 "우리 모두는 자신의 선택에 의해서가 아니라 뇌와 사회적 조건화에 의해 자신을 규정하는 존재이며, 모든 존재는 행복하기를 원하며, 고통을 바라지 않는다."는 것을 인식하도록 돕는 것이 중요하다. 이러한 종류의 훈련에 대한 더 많은 정보는 Germer(2009), Gilbert(2009a) 그리고 Ricard(2003)에서 찾을 수 있다.

이 연습들은 행동적 훈련이므로, 치료자는 환자의 상태를 잘 살피고 서로 협동해야 치료의 성과가 나타난다는 점을 항상 유의해야 한다. 치료자는 환자가 이 훈련을 어떻게 느끼며, 어떻게 도움이 되며, 훈련의 요점을 무엇이라고 생각하는지, 훈련 중 바꾸고 싶은 어떤 것 혹은 새로운 방식이 있는지 등등에 관심을 기울여야 한다. 세 개의 원(p. 76)과 뇌 지도(p. 201)를 다시 읽어 보기 바란다.

심상에서 행동으로

이 책에서 우리는 심상 훈련에 초점을 맞추고 있지만, 가장 중요한 것은 자비로운 행동이라는 점을 명심해야 한다. 타인에 대한 친절한 행동은 자신을 돕는다는 많은 증거들이 있다. 따라서 치료 회기 사이에 타인에 대해 자비로운 행동을 어떻게 실천할지 계획해 보는 것이 필요하다. 예를 들어, 날마다 자신과 타인을 위해서 친절한 행동을 한 가지씩 하게 하라. '고분고분한 좋은 사람'으로 평가받기 위해 하는 행동(우리 모두가 많이 하는 것처럼)과 진실한 자비로운 행동 간의 차이를 분별하도록 돕는 것, 타인이 원하는 것과 필요로 하는 것(예: 알코올중독자는 술을 원하겠지만 그것은 그들에게 필요한 것은 아니다)의 차이를 인식하도록 돕는 것도 방법이다. 환자를 돕는 동안 환자에게 고마움과 칭찬을 표현하는 것, 환자와의 경계 설정을 잘하는 것 또한 자비로운 행동이다. 진정한 자비는 슬픔을 달래기 위해 크림 케이크를 사는 것이 아니라, 상실의 아픔을 친절하게 이해하는 것이다.

25

자신에게 자비 보내기:
기억을 활용하여

주의 할당에 대한 연구에서 사람들은 긍정적 자극보다 위협적 자극에 더 예민하다는 것을 보여 왔다(Baumeister et al., 2001). 사람은 중립적이거나 부정적인 얼굴 표정들 가운데 있는 행복한 표정을 찾아내는 것보다, 행복하거나 중립적인 표정들 가운데 있는 공격적인 표정을 더 빨리 발견한다(Öhman, Lundqvist, & Esteves, 2001). Beck은 열 군데의 가게를 갔을 때 아홉 곳의 종업원은 친절하고 한 곳이 불친절했다면 집에 돌아왔을 때 무례했던 한 곳만을 계속해서 떠올리게 된다고 지적했다. 이것은 우리의 뇌가 '보상보다는 위협에 민감하도록' 조직되었기 때문이며(Baumeister et al., 2001; Gilbert, 1998), 우리가 스트레스 상태에 있거나 뇌의 위협 체계가 활성화된 상태일 때 이런 경향은 더 커진다. 따라서 우리는 이러한 뇌의 반응 경향에 대해 대응하는 작업—사소한 것이라도 다른 사람의 도움과 친절함에 대해 주의를 돌리고 집중하는 훈련—을 할 필요가 있다. 내가 이것을 경계선적 장애를 가진 환자에게 말했을 때 그의 반응은 "쳇! 그놈들 모두 개자식들이에요!"였다. 그럼에도 불구하고, 치료 회기 밖에서 사소한 타인의 친절(예: 가게 점원의 미소)에 주의를 기울이거나, 반추하고 있는 생각의 내용(위협, 분노)을 관찰한 후 주의를 타인의 친절함으로 전환해 보는 연습은 유용한 훈련이 될 수 있다(p. 102의 [그림 4] 참조).

타인으로부터 자비를 받는 경험(관계적 자비)을 할 수 있게 되면, 다음 훈련은 자비를 자신에게 보내는 연습이다. 제29장에서 언급했듯이, 자비 훈련은 처음에 무척 어렵기 때문에 환자는 다양한 방식으로 저항하거나 두려움을 가질 수도 있다. 타인이 그들을 돌보고 도왔던 장면으로 환자의 주의를 돌리도록 돕는 것이 우선 필요하다. 이러한 장면은 쉽게 잊히는 경우가 많고, 환자가 위협이나 분노, 우울을 느끼고 있을 경우 접근이 더 어려워진다. 배우자에게 화가 났을 때, 사람들은 대개 배우자의 좋았던 점은 생각하지 못한다. 주의를 전환하여 관계에서의 긍정적인 면들을 회상할 수 있는 능력이야말로(불만족스러웠던 장면을 반추하는 것이 아니라) 성공적으로 관계를 유지하는 핵심 요인이다. 사람들은 자기 자신에게 자비를 보내는 경험을 훈련할 필요가 있다. 여기에 기억을 활용한 몇 가지 안내를 제시할 것이다. 그러나 어떤 사람들에게는 이러한 기억이 거의 없을 수도 있다는 것을 유의해야 한다.

안 내

잠시 동안 당신의 몸이 편안해질 때까지 호흡을 안정시키세요. 몸의 자세를 편안히 유지하면서 자비로운 자기의 이미지를 떠올려 보세요. 자비로운 자기가 당신을 둘러싸고 조금씩 확장되고 있는 것을 느껴 보세요. 자비로운 표정을 지어 봅니다. 가벼운 미소와 편안한 자세를 취하면서 부드러운 표정을 지어 보세요. 다양한 표정을 지어 보며 어떤 표정이 당신에게 잘 맞는지 살펴보세요. 준비가 되었다고 느끼면, 누군가가 당신에게 친절했던 때의 기억을 떠올려 봅니다.

당신이 매우 괴로웠을 때의 기억은 바람직하지 않습니다. 이럴 경우 당신은 그 괴로움에 초점을 두게 됩니다. 이 연습의 핵심은 돕고자 하는 소망과 친절함에 주의를 모으는 것입니다. 기억을 회상할 때 당신에게 친절한 느낌을 일으키는 자비로운 표정과 자세를 만들어 보세요.

1분 정도 당신에게 친절했던 사람의 얼굴 표정을 찾아보세요. 당신을 향한 그 사람의 표정 혹은 당신 앞에 앉아 웃음을 터뜨리는 그 사람의 얼굴을 보세요. 다음과 같이 당신의 기억에서 느껴지는 중요한 감각들에 집중합니다.

- 그 사람이 했던 친절한 말과 어조에 1분 정도 집중해 보세요.
- 다음으로, 그 순간 그 사람이 당신을 향해 실제로 느꼈던

감정에 대해 1분 정도 (원한다면 그 이상) 집중해 봅니다.

- 이제 당시의 전체 경험에 집중해 봅니다. 그 사람이 당신을 쓰다듬었을 수도 있고, 다른 방식으로 당신을 도왔을 수도 있습니다. 도움받았을 때의 고마움과 기쁨을 느껴 보고, 이러한 느낌이 점차 커져 가는 것을 허용해 보세요. 할 수 있는 만큼 자비로운 표정을 유지해 보세요. 몇 분 정도 기억과 함께 머무릅니다. 준비가 되면, 부드럽게 기억에서 빠져나와 이 훈련 동안 느꼈던 것을 적어봅니다.

기억을 대조해 보기

다소 희미한 기억이라 해도 그것을 회상하면 당신 안에 어떤 느낌이 일어난다는 것을 알아차렸을 것입니다. 만약 당신이 당신에게 불친절했던 사람을 떠올리면 어떤 일이 일어날지 생각해 보세요. 분명 당신 안에서는 매우 어려운 감정이 일어날 것입니다. 흥미로운 것은 우리가 우리의 마음속에서 일어나는 일에 대해 주의를 기울이지 않기 때문에, 우리가 회상하는(혹은 예상하는), 타인이 자신에게 무례하거나 위협했던 장면 속에서 빠져나오지 못한다(곱씹고 반추하는)는 점입니다. 이것은 우리가 자신의 위협 시스템을 자극하는 데 시간을 허비하고 있다는 의미입니다. 이러한 행동은 도움이 되는 기억과 뇌의 패턴이 활성화되는 것을 가로막습니다. 던져 봐야 할 질문은 다음과 같습니다. 우리가

마음을 훈련하는 목적은 무엇입니까? 우리는 자신의 마음
이 만들어 내는 어떤 패턴 속에서 살기를 원합니까? 우리
는 의식의 스포트라이트를 어느 곳에 비추기를 원합니까?

감각적 특질들에 주목하는 것이 중요하다는 것을 인식해야 한
다. 심상과 기억의 세밀한 부분들로 들어가서 이것들을 마음속
에 유지하는 것이 도움이 된다. 단순히 누군가가 도움이 되었다
는 생각만으로는 충분하지 않다. 기억이 정서 조절 시스템을 자
극할 수 있도록 충분한 시간을 가지는 것이 좋다. 그러나 모든
사람이 그러한 기억을 갖고 있지는 않으므로—혹은 모든 사람
에게 이 연습이 도움이 되지 않을 수 있으므로—각각의 사람에
게 이 훈련이 어떻게 작용하는지 실험하고 관찰할 필요가 있다.

26

자신에게 자비 보내기:
자비로운 이미지를 활용하여

다음 연습은 자비의 감정을 자신에게 보내는 훈련이다. 다시 말하지만, 이 연습은 많은 저항을 불러올 수 있기 때문에(제29장 참조), 이 훈련의 중요성을 분명히 이해하고 저항에 대해 작업하기 위해 세 개의 원(p. 76)과 뇌 지도(p. 201)를 다시 한 번 읽어 보는 것이 유용하다. '마음에 대한 물리치료'를 반복하여 참고하면서 저항과 작업할 필요가 있다.

이러한 유형의 훈련은 많은 치료들(Frederick & McNeal, 1999)과 영적 전통들(Leighton, 2003)에서 사용되어 왔다. 예를 들어, 불교 수행자는 오랜 시간 자비가 붓다로부터 자신의 가슴으로 흘러들어 오는 것을 느끼면서 자비로운 붓다에 대해 명상한다. 신을 믿는 사람은 자신을 사랑하는 신의 이미지를 상상할 수 있다. 연구들은 무신론자라 할지라도 이런 방식으로 사랑받고 있다는 상상을 함으로써 동일한 이득을 얻을 수 있음을 보여 주고 있다(연구 결과에 관한 흥미로운 탐색을 원한다면 Newberg &

Waldman, 2007의 특히 제9장 참조).

일반적인 불교 수행에서는 붓다의 이미지를 사람들에게 가르쳐 주고 염불을 포함한 일련의 전통적인 수행 단계를 따르게 한다(하향식 접근, top-down approach). 이에 반해 우리는 상향식 접근(bottom-up approach)을 취하는데, 사람은 자신에게 자비로운 어떤 것을 생각하는 작업을 한다. 우리는 사람들에게 자신의 이상적인 자비 이미지를 상상하고 창조하도록 요청한다. 중요한 것은 '자신에게 이상적인' 자비로운 이미지를 만드는 것이다. 자비로운 이미지로부터 그들이 진심으로 받기 원하는 것에 대해 생각해 보게 하는 것이 도움이 된다. 그들은 보호받고 이해받고 인정받으며 수용되기를 원하는가, 아니면 단지 돌봄 받고 소중한 느낌을 원하는가? 그들은 이 중 어떤 것을 두려워하는가? 그들은 이 중 어떤 것을 경멸하는가, 아니면 불가능하다고 생각하는가? 앞서 언급하였듯이, 인간은 타인으로부터의 돌봄을 추구하고(Hrdy, 2009), 타인이 자신을 돌보는 것을 느끼며(Gilbert, 1989, 2007a), 자신에게 최선의 것을 원하도록 진화되어 왔다. 이 때문에 자비로운 이미지로부터 일어나는 동기(자신에 대한 깊은 관심과 소망을 갖는 것)는 매우 중요하다.

환자 자신의 자비로운 이미지에 관한 초기 연구에서, Gilbert 와 Irons(2004)는 자신들이 자비 이미지를 만드는 것의 가치를 쉽게 이해한다는 것을 발견했다. 그들은 예수의 이미지와 더불어 햇빛, 따뜻한 바다, 둘러싼 덤불 등의 이미지들을 만들었다. 이 이미지들의 공통점은 신체적·정서적 측면 모두에서 '따뜻함'

의 느낌을 가지고 있다는 점이었다. 무시나 학대를 받았던 사람
은 처음에는 사람이 아닌 이미지들을 선호하는 경우가 많다. 그
러나 시간이 지나면서 점차 사람의 이미지들로 바뀐다. 어떤 사
람은 해결되지 않은 수치심 때문에 자신과 이미지 간에 장벽을
느낀다(예: 환자는 드러낼 수 없는 성적 혹은 공격적 환상을 가지고
있을 수 있다. 그러나 그의 이미지는 이 사실을 알고 있다. Mayhew &
Gilbert, 2008). 때로 이러한 장벽은 이미지가 갑자기 자신을 비
난하거나 거절하거나 해치거나 혹은 필요할 때 함께 있지 않을
것이라는 두려움과 연관된다(어린 시절의 기억과 연결되는 경우가
많다).

　자신이 만든 자비로운 이미지가 과거 한때의 자신의 모습이
었지만—이 때문에 지금 자신이 가진 모습들과 싸웠지만—지
금은 떠나 버렸다는 것을 상상해 보는 것이 (항상은 아니지만) 도
움이 될 수 있다. 그들은 자신의 문제들을 '구름 위에서, 영적인'
위치에서 거리를 두고 바라보는 것이 아니라, 마음 깊은 곳에서
이해해야 한다. 여기에서 우리는 다시 한 번 '마음 공유하기(mind
sharing)'(Gilbert, 2007a; Hrdy, 2009; Stern, 2004)의 심리학을 이야
기하고 있다.

　이 연습을 할 때 '나는 자격이 없다.'거나 할 수 없다고 생각하
는 경우가 흔하며, 심지어는 두려울 것 같다고 말하는 경우도 있
다. Groucho Marx(역자주: 1890-1997, 미국의 유명한 코미디언)식
으로 생각하는 사람도 있다. "나는 나 같은 사람에게 자비로운
사람에게 자비를 원하지 않아요!" 위협 시스템이 활성화되면 처

음에는 '자기에 대한 자비로운' 느낌을 차단할 수 있다(제29장 참조). 이에 대해 걱정하지 말라. 이것은 수치심이 높은 사람들에게 전형적으로 나타나는 현상이다. 충고하자면, "최선을 다해 당신이 할 수 있는 어떤 식으로든 연습해 보고 무슨 일이 일어나는지 살펴보라. 당신은 자신에게 '너는 건강할 자격이 없다.'고 말하지 않았을 것이다. 혹은 피아노를 연주하기를 원했을 때 '너는 피아노를 칠 자격이 없다.'고 말하지는 않았을 것이다. 마음 훈련에 대해 생각할 때 이것을 늘 기억하라. 비록 당신이 아무것도 일어나지 않는다고 느끼더라도 연습과 시도하는 행동은 당신을 앞으로 전진시키고 있다."

자신을 위한 '이상적이고 완벽한' 자비로운 이미지 창조하기

이 심상 훈련에서 나는 불교에서 보살이라 부르는 존재들의 핵심적 특질들을 이끌어 내고자 했다. 이들은 과거에 평범한 사람이었으나, 깨달음과 지혜를 얻은 후 모든 존재의 고통을 구제하기 위해 자비심을 갖고 완전하고도 충분하게 헌신하는 존재들이다(Leighton, 2003; Vessantara, 1993). 보다 많은 연구가 필요하지만(그러나 Ji-Woong et al., 2009; Lutz et al., 2008 참조) 다음의 연습은 특정 뇌 영역을 활성화하기 위해 고안된 대중적인 훈련이다.

이 훈련을 시작하기 위한 많은 방식들이 있다. 당신의 환자가 원한다면 곧바로 자비 이미지 훈련에 들어갈 수도 있지만, 여기서는 일반적으로 적용할 수 있는 방법을 제시한다. 각각의 특질

들(예: 헌신, 지혜 등)에 대해 시간을 충분히 갖고 명상하고, 그때
느껴지는 것들을 관찰해 보라.

안내

우선 호흡을 진정시키고 자비로운 표정을 지어 보세요. 마
음속에 안전한 공간을 떠올리고 그곳의 소리, 느낌 그리고
광경을 살펴보세요. 그곳은 당신만을 위한 장소이며, 당신
에게 기쁨을 주는 곳이라는 것을 기억하세요. 그곳은 당신
이 당신의 자비로운 이미지를 만나고 싶은 장소일 수도 있
습니다. 예를 들어, 당신은 당신 앞에 깔린 안개 사이로 당
신의 자비로운 이미지가 나타나 당신을 향해 걸어오는 것
을 상상해 볼 수 있습니다. (주: 불교 수행에서 수행자들은 다
양한 이미지들이 나타나는 맑고 푸른 하늘을 상상한다.)

이 훈련은 당신이 함께 작업할 자비로운 이미지를 창조하
는 데 도움을 주기 위한 것입니다(원한다면 한 개 이상의 이
미지들을 만들 수도 있으며, 이미지들은 시간이 흐르면서 변화될
수도 있습니다). 마음에 떠오르거나 당신이 선택한 이미지가
무엇이든 간에 그것은 당신의 창조물이며 당신 자신의 개
인적인 이상 —당신이 진실로 관심과 돌봄의 느낌을 받고
싶은 대상이란 점을 잊지 말아야 합니다. 이 훈련에서 중요
한 것은 당신이 당신의 이미지에 어떤 특질들(다음에서 기술
한)을 불어넣어야 한다는 점입니다. 이것들은 초인간적인

것입니다. 완전하고 완벽한 자비의 특질들은 결코 당신을 실망시키지 않습니다. 만약 당신의 이미지가 실망스럽거나 비판적이거나 완전하게 따뜻하지 않거나 혹은 권위와 힘이 부족하다면, 그러한 특질들을 창조하기 위해 주의를 다시 모아야 합니다. 이 작업은 당신의 뇌의 특정 영역이 활성화 되도록 돕기 위한 것임을 기억해야 하며, 이를 위해 상상을 통해 '순수하고, 완전한 자비의 특질들'을 훈련하는 것이 핵심입니다. 이러한 특질들은 다음과 같습니다.

- **당신을 향한 깊은 헌신:** 당신의 치유를 돕고, 당신의 고통을 감당하고 덜어 주며, 당신의 삶에 더 많은 기쁨을 주고자 하는 소망입니다. (주: 진화적 관점에서 타인의 돌보고자 하는 의도를 경험하는 것이 핵심이다.)
- **지혜:** 이것은 세 가지 원천으로부터 나옵니다. 첫째, 우리 모두는 자신이 설계하지 않은 뇌와 자신이 선택하지 않았지만 자신의 삶의 모습을 만든 어린 시절의 경험에 의해 조건화된 자신을 알 수 있을 뿐이란 점을 이해하는 것입니다. 둘째, 우리 자신의 개인사와 우리가 왜 안전을 추구하는 전략을 사용하는지를 이해하는 것입니다. 셋째, 지혜는 인간의 고뇌에 대해 무지한 분리된 마음이 아니며, 자신의 많은 삶의 역경들을 통해 일어납니다.
- **강인한 마음:** 이것은 당신의 아픔이나 고통에 압도되지 않고, 당신과 함께 그것을 인내합니다. 이것은 지혜로부

터 나오는 확신과 권위를 갖고 있습니다.

- **따뜻함:** 이것은 친절, 부드러움, 돌봄과 개방성에 의해 전달됩니다.
- **수용:** 이것은 결코 판단적이거나 비판적이지 않습니다. 이것은 당신의 괴로움을 이해하며 당신을 있는 그대로 수용합니다. 또한 이것은 당신을 돕고 지지하기 위해 온 전히 헌신합니다.

심상 훈련을 할 때 다시 이러한 특질들을 안내할 것이므로 이 모든 특질들을 기억하는 것에 대해 걱정할 필요는 없습니다.

우리는 또한 '소망'하는 의도와 노력의 중요성을 강조한다. 일반적으로 감정에 문제가 있는 환자의 경우, 실제 오랜 시간 동안 계발하려고 노력해 왔을 따뜻한 정서들을 느껴 보려고 애를 쓰지만 그렇게 되지 않더라도 걱정할 필요는 없다(제4장 참조). 따뜻한 정서들을 경험하고자 하는 소망, 의도, 열망 그리고 집중이 중요하다. 대개 느낌은 자연스럽게 따라온다.

언급했듯이, 자비로운 이미지는 환자의 안녕을 증진하고자 헌신하려는 깊은 소망을 갖고 있다. 이것은 그 이미지가 환자를 소중하게 여긴다는 뜻이다. 예를 들어, 만약 환자가 담배나 술을 끊기를 원한다면, 자비로운 이미지는 그 환자가 담배와 술로부터 자유로워지기를 바라는 자신의 이미지를 경험하는 데 집중할 수 있기를 바랄 것이다. 결코 실패를 비난하지 않으면서 말이다. 분명히 이 이미지는 안녕을 증진하기 위한 것이지, 어떤 목표를 달성하기 위한 것은 아니다. 예를 들어, 이 이미지는 거식증이나 자살을 지지하지는 않을 것이다. 물론 이해는 하지만. 매우 혼란스러운 환자에게 이것은 이해하기 어려울 수 있으며, 어떤 이미지들은 매우 자비롭지 않게 보일 수 있다(Mayhew & Gilbert, 2008).

이러한 특질들은 분명 사람의 마음에 있는 것들이지만, 자비로운 이미지는 사람의 형태를 취하지 않을 수도 있다. 우리의 초기 연구들은 사람들이 나무, 동물, 태양, 심지어 산을 자비로운 이미지로 선택한다는 것을 보여 주었다(Gilbert & Irons, 2004, 2005). 사람들이 이미지가 자신을 향한 자비로운 의도를 가지고 있다는 것을 경험할 수 있다면, 이미지가 갖는 형태는 그리 중요하지 않다.

사람들이 이미지의 감각적 특징들에 대해 작업하는 것은 때로 도움이 될 수도, 그렇지 않을 수도 있다. CFT의 초반에 우리는 사람들이 이미지를 형상화하는 데 어려움을 겪기 때문에 이미지의 시각적 측면에 대해 상당한 고민을 했다. 영적 전통에서는 사람들에게 특정한 이미지가 주어지는 경우가 많다. 그렇다 하더라도, 감각적 심상이 당신의 환자에게 유용하다면 다양한 형태의 연습을 실시할 수 있다(Gilbert, 2009a, 2009b 참조). 여기 하나의 예가 있다.

각각의 질문에 대해 환자는 자비의 특질들(지혜, 강인함, 따뜻함, 비판단, 제16장 참조)을 생각하거나, 그들이 보고 듣고 느끼려 하는 것들을 상상할 수 있다. 아무것도 마음에 떠오르지 않거나 마음이 방황하고 있다면, 부드럽게 호흡으로 주의를 돌리고 자비롭게 이러한 상태를 수용하는 훈련을 한다.

당신의 심상 훈련 작업을 기록하시오.

• 당신의 이상적인 자비로운 이미지의 모습, 시각적 특징은 어떻습니까?

• 당신의 이상적인 자비로운 이미지의 소리(예: 어조)는 어떻습니까?

• 다른 감각적 특징들은 무엇입니까?

• 당신의 이상적인 자비로운 이미지는 당신과 어떤 관계입니까?

• 당신의 이상적인 자비로운 이미지와 어떤 관계이기를 원합니까?

다음은 사람들이 이미지를 창조하는 데 도움이 되는 몇 가지 질문들이다.

- 당신은 당신을 돌보고/보살피는 이미지가 나이 든 사람 혹은 젊은 사람, 남성 혹은 여성(혹은 사람이 아닌 모습, 예컨대, 동물, 바다 또는 빛)의 모습/느낌이기를 원합니까?
- 지혜, 강인함, 따뜻함 그리고 비판단의 특질들과 연관된 색깔과 소리는 무엇입니까?
- 당신이 자신을 위한 이미지들의 헌신과 친절을 느끼도록 돕는 것은 무엇입니까?

이 연습의 핵심은 이러한 이미지가 자신이 고통에서 벗어나고 어려움을 다룰 수 있으며 성장하기를 진심으로 바란다는 것을 경험하는 것이다. 자비로운 이미지는 우리가 살고 있는 삶을 이해하고, 우리 모두는 지금-여기에서의 자신을 발견할 수밖에 없으며, 자신의 마음과 삶에서 최선의 것을 추구하고 있다는 것을 알고 있다. 자비로운 이미지는 우리의 마음이 어렵다는 것을 이해한다. 감정이 마구 날뛰기도 하지만, 그것이 우리의 흠은 아니란 것을 말이다.

안 내
이 훈련은 누군가가 진실로 당신을 소중하게 여기고 조건 없이 당신을 돌보는 느낌에 대해 경험해 보는 연습입니다.

이제 당신의 이상적인 자비로운 이미지가 당신을 한없이 따뜻한 마음으로 바라보고 있다고 상상하고, 거기에 집중해 보십시오. 그 이미지가 당신에게 다음과 같은 깊은 소망을 가지고 있다고 상상해 보십시오.

- 당신이 잘되기를
- 당신이 행복하기를
- 당신이 고통에서 벗어나기를

시각적인 명료함은 이 연습의 핵심이 아닙니다. 실제로, 어떤 사람은 자신의 이미지를 명료하게 보지 못합니다. 이 연습의 핵심은 당신을 향한 자비로운 소망에 집중하고, 당신이 성장하기를 바라는 또 다른 마음을 상상해 보는 것입니다.

당신은 이렇게 생각할 수 있습니다. '좋아요. 그렇지만 이것은 실제가 아니에요. 나는 실제로 나를 돌보아 줄 누군가를 원해요.' 물론, 이것은 매우 이해할 만할 뿐 아니라 이 연습이 당신을 슬프게 할 수도 있습니다. 이는 당신의 직관적인 지혜가 연결감을 추구하는 당신의 열망을 알고 있기 때문입니다. 우리가 연습을 통해 도전하려는 것은 당신 자신을 향한 당신의 태도—특히 수치심이나 자기비난—라는 것을 기억하세요. 당신을 돌보아 줄 누군가를 찾는 것도 좋은 일이지만, 당신이 자신 안에 이러한 느낌을 창조하는 것 또한 매우 좋은 일입니다. 이렇게 함으로써 당신은 점점 더 자신을 비난하지 않고 자비롭게 대하는 법을 배우게 될 것입니다. 당신이 자신에게 주는 자비와 다른 사람이 당신에게 주기를 바라는 자비는 '양자택일'의 상황이 아니라 서로 다른 과정일 뿐입니다.

이해받기

사람은 자신의 자비로운 이미지가 인간 존재와 삶의 복잡성과 어려움을 이해하고 있다고 상상할 수 있다. 다른 사람이 하지 못했던 것을 이들이 느끼고, 실행하고 상상할 수는 없다. 그 이유는 이것들이 우리의 뇌의 설계와 관련되어 있기 때문이다. 자비로운 이미지는 우리가 자신이 설계하지 않은 뇌와 함께 작업하고 있다는 사실을 알고 있다. 자비로운 이미지는 경험으로부터 지혜와 이해를 얻기 때문에, 완전하고도 충분히 그 사람을 이해하고 수용할 수 있으며 고통에서 벗어나고 성장하기를 원한다.

이것은 우리가 때로 다음과 같이 생각하기 때문에 중요하다. "좋아요. 그렇지만 나의 자비로운 이미지가 나에 대해 속속들이 알고, 나의 나쁜 감정이나 환상, 생각과 행동을 안다면, 그것은 자비로운 것이 아닐 겁니다." 우리는 자비는 '좋을 때만 친구'와 같은 것이 아니라고 설명한다. 자비는 고통과 어려움을 당할 때의 친구다. 좋은 것에 대해서만 자비로운 것은 진정한 자비가 아니다! 이것은 용서라는 주제와 연결된다. 이에 관한 방대한 문헌들이 있다. 이 주제는 CFT의 일부이기는 하지만, 지면의 제약으로 여기서는 상세히 설명하지 못한다.

심상에서 행동으로

앞서 언급하였듯이, 우리가 심상 훈련에 초점을 두고 있기는 하지만, 우리는 또한 사람들에게 자신에게 자비로운 행동에 대해 가르친다. 이것은 물론 목욕을 하거나 외식을 하는 것과 같은 (물론 할 수는 있지만) '자신에게 즐거운 것을 하는 것'을 의미하지는 않는다. 진실로, 자비로운 행동은 우리가 성장하기 위해 필요한 행동을 하는 것이며, 때로 이것은 복잡하고 어려운 상황을 피하지 않고 직면하는 것을 의미한다. 치료자와 환자가 함께 일주일간 실행해 볼 자비로운 행동에 대해 계획해 보는 것이 도움이 된다. 환자가 자비로운 마음을 갖고 어려운 문제들과 씨름할 수 있다는 것을 진실로 이해하면 그들의 동기는 더욱 커질 것이다. 한 환자는 누군가와 헤어지는 것이 필요했고, 자신을 위해 할 수 있는 가장 자비로운 행동은 이 문제에 직면하고, 죄책감에 대응하는 것이었다고 말했다. ACT의 용어를 빌리면, 자비는 전념하는 행동을 돕는다.

27

자비로운 편지 쓰기

표현적인 글쓰기 훈련은 이미 그 유용성이 입증되었다 (Pennebaker, 1997). 자기에게 글을 쓰는 것은 사람이 자신에게 일어난 어려운 경험을 수용할 수 있도록 돕는다. 자신에게 자비로운 마음으로 편지를 쓸 때, 환자는 자신의 자비로운 이미지가 자신에게 말을 한다고 상상할 수 있으며, 스스로를 자비로운 자기의 상태로 전환할 수 있다. 혹은 친구가 자신에게 편지를 쓴다고 상상할 수도 있으며, 친구에게 말하고 싶은 것을 쓸 수도 있다. 다시 말하지만, 행동실험에 참여해 보라. 이것이 도움이 되는지를 알아보겠다는 마음으로 해 보라. 치료 회기 중 이 작업을 할 경우 치료자는 환자가 편지를 쓰는 동안 잠시 방을 떠날 수 있고, 숙제로 내줄 수도 있다. 부드러운 목소리로 환자가 쓴 글을 그에게 읽어 주고, 환자가 자신의 글을 치료자에게 읽어 주도록 권유하라. 그들이 어떤 분위기로 글을 읽는지 살펴보라. 처음 시작할 때 환자가 자비로운 편지를 쓰지 않을 수 있기 때문에 다음과 같은 몇 가지 지침을 갖고 훈련을 안내하라.

편지가:

- 진실한 관심과 돌봄을 표현하고 있는가?
- 자신의 고통과 필요에 민감한가?
- 공감적이며 자신의 괴로움을 정서적으로 잘 표현하고 있는가?
- 자신의 감정을 인내하면서 알아차리고 직면하고 있는가?
- 자신의 감정과 어려움, 딜레마를 더 잘 이해하고 숙고하고 있는가?
- 판단하거나 비난하지 않고 있는가?
- 진실한 따뜻함과 이해 그리고 돌봄의 마음이 나타나고 있는가?
- 앞으로 전진하기 위해 필요한 행동에 대해 생각하고 있는가?

편지 쓰기 작업은 단순히 어려운 감정에만 초점을 두는 것이 아니라 사람이 한 발짝 떨어져서 자신의 감정과 생각에 공감적으로 마음을 열고 숙고하게 하는 데 있으며, 자비롭고 균형잡힌 방식으로 자신의 감정과 생각을 다룰 수 있도록 하는 것이다. 편지 쓰기에서 주의할 점은 '충고'나 '나는 ~해야만 해.' 등은 도움이 되지 않는다는 점이다. 편지 쓰기에 관한 더 자세한 정보는 Gilbert(2009a, 2009b)를 참조하라.

28

자비와 안녕감의 증진

Martin Seligman의 긍정심리학은 강점과 덕목을 강조하고 있으며(Peterson & Seligman, 2004), 임상가가 사람을 돕기 위해서는 그들의 문제행동을 다루는 것뿐 아니라 그들이 안녕감을 개발할 수 있도록 도와야 한다고 주장한다. 이러한 긍정적 접근은 점점 더 다양한 치료에 통합되고 있다(Synder & Ingram, 2006). 안녕감은 삶의 목적이나 통제감, 타인과 다른 어떤 것을 만들어 낼 수 있다는 느낌, 감사의 느낌, 타인을 인정하는 능력, 삶의 사소한 기쁨을 느낄 줄 아는 능력과 같은 다양한 요소들과 관련되어 있다. 과학자들이 안녕감의 가장 중요한 요소들 중 하나는 사랑하고 사랑받을 수 있는 능력, 돌보고 돌봄을 받을 수 있는 능력이라는 것을 계속해서 보여 준다면, 클리닉이나 학교 또는 직장에서 이루어지는 심리치료나 훈련들이 이를 목표로 점점 더 많이 실행될 것이다.

자비는 안녕감을 증진하기 위한 하나의 모델이다. 자비의 안녕감 증진 모델은 안녕감과 개인적 성장이 가진 다양한 특징들과 이를 이루기 위한 기술들을 포함하고 있다. [그림 12]는 간단한 모델을 보여 준다.

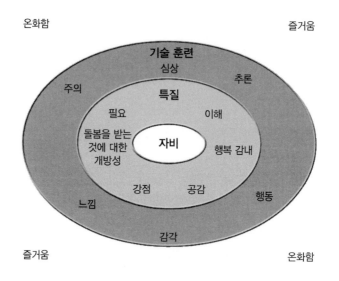

[그림 12] 긍정성과 친화성 증진을 위한 다중양식 자비 마음 훈련(CMT)

첫째, 우리는 자신과 타인의 안녕감을 위해 행동하며 삶의 만족을 발견하고 돌보도록 동기화되어 있다. 우리는 장기적으로 자신을 유지하고 풍요롭게 할 수 있는 자신의 필요에 대해 생각할 수 있으며, 이러한 필요를 자신의 욕구와 구분할 수 있다. 알코올중독자는 더 많은 술을 원하지만, 그것은 그에게 필요한 것은 아니다. 우리가 더 많은 돈을 원할 수 있지만 돈이 우리의 마음이 평안하도록 해 주는 것은 아니다. 우리는 어떤 대상에 금세 익숙해져서 싫증을 내고 더 새로운 것을 바라기보다 그것을 찬

찬히 음미하는 법을 배울 수 있다. 복권 당첨자조차 몇 달이 못가 자신의 원래 기분상태로 되돌아간다. 둘째, 어떤 사람들에게는 행복을 견디는 능력이 중요하다. 제29장에서 언급했듯이, 행복이나 긍정적 정서에 대한 중대한 공포들이 있다. 우리에게는 안녕감에 대한 이해와 공감이 필요하다. 마지막으로, 자비의 기본 틀 내에서 자신의 강점들을 발휘하는 것을 배워야 한다. 훌륭한 저격수나 사기꾼은 강한 사람일 수 있으나 아무도 이들을 본받고자 하지 않을 것이다.

사람을 '정신과적 사례들'로 다루는 것이 아니라 개인적 · 사회적으로 성장할 수 있도록 돕는 것이 가장 중요하다. 문제 행동은 우리의 단지 한 측면일 수 있으며, 언제나 다른 측면들이 있다는 것을 기억해야 한다. 우리는 이러한 다른 측면들을 훈련시킨다. 이러한 모든 시도들은 우리가 우리의 치료적 노력들을 확장시키고 개발하는 것을 돕고 있다.

29

자비에 대한 공포

우울할 때 사람은 자신에게 도움이 된다는 것을 알면서도 긍정적 행동을 하지 못하는 경우가 많다. 불안한 사람도 휴일에 훌쩍 떠나거나 새로운 데이트를 하거나 흥미진진한 일을 좋아하기는 하지만, 두려움이 너무 커서 시도할 엄두를 내지 못한다. 각성과 위협감은 자기보호 시스템의 작용으로, 긍정적인 기분을 일으키고 자기를 성장시킬 수 있는 활동들을 가로막는다. 어떤 활동이 긍정적인 기분을 일으키고 성장할 수 있는 기회를 줄 것으로 예측할 때조차도 그러한 활동을 하는 것이 두려울 수 있다. 이런 맥락에서 볼 때, 우울한 사람에게 참여와 행동을 격려하고, 불안한 사람이 불안감을 인내하고 대처할 수 있도록 돕는 것은 매우 중요한 작업이다.

아직 연구가 충분히 이루어지지는 않았지만, CFT 연구자들은 긍정적 정서 자체에 대한 공포가 존재한다는 사실을 점점 더 확신하고 있다. 이를 이해하기 위해서는 두 가지 형태의 긍정적 정서에 대해 분명하게 알고 있어야 한다(제6장 참조). 실제로, 사람은 이 두 가지 모두에 대한 공포를 가질 수 있다. 30여 년 전 Arieti와 Bemporad(1980)는 우울한 사람들 중 일부는 즐거움을 금기시한다고 주장했다. 이들은 금욕적 환경에서 성장해서 즐거움이 나쁜 것이라고 믿는다. 이들은 오늘 행복하면 내일은 무언가 나쁜 일이 일어날 것으로 생각한다. 때때로 이러한 믿음은 정서적 기억이나 조건화와 연관되어 있는데, 예컨대 과거에 행복감을 느낀 후 나쁜 일이 일어났던 경험을 실제 했을 수 있다. 예를 들어, Susan은 생일 파티를 들뜬 기분으로 기대하고 있었으나, 어머니가 짜증과 화를 내서 분위기를 망쳤던 기억을 회상했다. 또 다른 기억은, 가족이 바닷가로 놀러갈 계획을 짜고 있었는데 광장공포증이 있던 어머니가 갑자기 공황 상태가 되어 "모두 외투를 벗어라. 그렇지 않으면 아빠가 화를 낼 거야."라고 말했던 사건이었다. 그녀는 "나는 행복이 느껴지면 불편해져요."라고 말했다. 어떤 사람들은 '행복은 나와 거리가 멀다.'고 믿는다. 이들은 고통과 우울에 갇힌 정체감을 갖고 있으며, 행복감을 느끼는 자신을 상상할 수 없다. 어떤 사람은 자신을 타인으로부터 이용당하고 버려진 '희생자'로 인식한다. 이들을 가득 채우고 있는 것은 분노의 감정이다. 강박장애를 갖고 있는 사람은 스트레스를 받을 때만큼이나 행복을 느낄 때 증상이 악화되기도 한다.

자비는 만족감, 안전감 그리고 연결감을 가진 사회적 관계와 연관된 특별한 종류의 긍정적 정서다. 어떤 사람들에게는 사랑받고 만족스러울 때, 엔도르핀과 옥시토신에 의해 만들어지는 긍정적 느낌이 매우 위협적일 수 있다. 긍정적 느낌이 위협적인 이유는 긍정적 느낌을 느낀다는 것은 타인을 받아들이고 신뢰하며 관계에서의 기복을 견뎌 낼 수 있다는 것을 의미하기 때문이다. 우리는 긍정적 느낌을 가질 때 '경계를 늦추게' 된다. 문제는 우리의 뇌에서 가장 중요한 정서 진정 시스템이 작동을 멈추는 것이다! 실제로, 아이들과 성인들의 일부는 안전감을 느끼는 자신을 받아들이지 못하고, 괴로울 때 타인을 찾지 않고 피한다. 이러한 경향은 정신건강상의 복잡한 문제를 갖고 있는 사람들이 적절한 치료 서비스에 참여하게 하는 데 핵심적인 문제가 될 수 있다.

오래전 애착 이론가인 John Bowlby는 한 인터뷰에서 자신이 환자에게 친절하게 대했을 때, 어떤 환자는 불안해하고 짜증을 내거나 치료에 오지 않았다고 말했다. 그는 이러한 상황을 친절이 애착 시스템을 자극한 것으로 설명했다. 문제는 '시스템 안에' 애착 인물에 대한 혐오 기억이 있을 경우 이것이 치료자의 친절에 의해 촉발될 수 있다는 점이다. [그림 13]은 이러한 과정을 보여 준다.

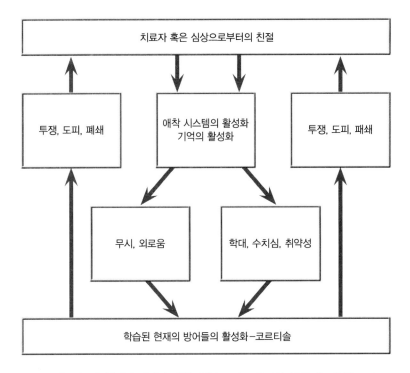

[그림 13] 친절과 자비가 애착, 위협 그리고 회피와 연결되는 방식

출처: Gilbert, P. (2009c). "Evolved minds and compassion-focused imagery in depression". In L. Stopa (Ed.), Imagery and the Threatened Self: Perspectives on Mental Imagery and the Self in Cognitive Therapy(pp. 206-231). London: Routledge. 허가하에 게재함

몇 가지 증거들

나의 연구 팀인 Rockliff 등(2008)은 심박변이도(HRV)를 사용하여 정서 처리 과정을 측정하는 연구를 시행하였다. 이 연구에서 자기비난을 적게 하는 사람은 자비 이미지에 대해 HRV가 증가했고, 코르티솔의 감소를 보였다. 이는 정서가 진정되는 신호다. 반면 자기비난을 많이 하는 사람들은 HRV가 감소했고(위협 시스템이 활성화되는 표시), 코르티솔의 변화가 없었다. Longe

등(2010)은 fMRI를 사용하여 고통스러운 상황에서(예: 취업 실
패) 자기비난과 자기위로를 할 경우 신경생리적 반응을 조사했
다. 둘 간의 신경생리적 반응에서 분명한 차이가 나타났을 뿐 아
니라, 자기비난을 많이 하는 사람들은 자기위로를 시도할 때 위
협 시스템의 활성화와 유사한 패턴을 보였다. 이는 Rockliff 등
(2008)의 연구 결과와 비슷하다. 심리치료는 자비가 위협으로 작
용하는 문제에 대해 대응할 수 있어야 한다. 그렇지 못할 경우
자기비난자는 중요한 정서 진정 시스템에 접근하지 못하며, 재
발에 더욱 취약해질 것이다. 자비가 위협이 되는 몇 가지 이유가
있다.

조건화

CFT는 고전적 조건화 모델과 긴밀한 연관성이 있으며, 우리는
이 문제를 이해하기 위해 고전적 조건화를 사용할 것이다. 예를
들어, 성적 느낌은 즐겁지만, 강간을 당했다면 성적 느낌은 혐오
스러워질 것이다. 정상적으로 즐거운 내적 동기, 느낌 그리고 활
동이 매우 혐오스럽게 될 수 있다. 따뜻한 느낌을 경험하는 것에
대한 공포와 불편함 또한 똑같은 논리로 설명할 수 있다. 친절
하고 도움이 되는 타인에 대한 정상적 느낌은 즐거움이지만, 만
약 그것이 친밀감의 욕구를 자극하여 당신에게 무력하고, 압도
되고, 강요받고 공포스럽게 의존되어 질식할 것 같았던 학대의
경험을 떠올리게 한다면, 그것은 더 이상 즐거운 느낌이 아닐 것
이다. 때때로 부모가 두렵거나 부재했던 어린 시절 때문에(Liotti,

2000) 자비 작업 중에 이런 기억들이 떠오를 수 있다. 따라서 정서 진정 시스템이 문제가 되는 한 가지 이유는 해롭고 위협적인 많은 기억들과 이와 관련된 조건화된 정서 반응 때문이다. 때때로 따뜻한 느낌은 처리되지 않은 어려운 정서와 기억을 광범위하게 자극할 수 있다.

애 도

자비 작업 중에 사람에게 흔히 생기는 문제는, 그것이 돌봄을 통한 안전감과 소속감을 원하는 그들 내면의 관계 욕구를 일깨운다는 것이다(Baumeister & Leary, 1995). 그러나 사랑받고 연결되기를 원한다는 인식은 슬픈 느낌과 함께 그들을 압도할 수 있다. 우리는 이러한 현상을 (그리고 그들의 눈물을) '직관적 지혜'로 설명하는데, 연결에 대한 열망은 우리의 뇌가 진화되어 온 방식, 즉 우리가 어떻게 설계되었는가를 말해 주고 있기 때문이다. 슬픔은 연결에 대한 열망을 인식하는 출발점이며, 어린 시절부터 사랑받고 필요한 존재가 되기 위한 노력이 수포로 돌아간 깊은 상실감을 처리할 수 있게 한다(Bowlby, 1980). 부모의 죽음이나 질병에 의한 상실과 같은 어린 시절의 특정한 상실 경험(사별)에 관한 연구들은 상당수 있으나, 필요하고 소중한 존재가 되고 싶은 열망의 상실에 관한 연구는 거의 없다. 말하자면, 이것은 학대에서 비롯된 아동기 소망의 상실이다. 일어난 일(학대)뿐 아니라 일어나지 않은 일(사랑받고 소중한 느낌)에 대해 애도할 수 있는 능력은 중요하다. Gilbert와 Irons(2005)는 경계선적 성격은 엄청난 상실로 가득 찬 삶에 대한 슬픔과 비통을 감내하기 어려운 상황에서 형성된다고 주장했다.

이런 이유로, CFT는 슬픔과 갈망을 감내할 수 있는 행동 훈련으로서 애도 작업을 실시한다. 유명한 한 CBT 치료자는 내게 과거에 대한 애도는 일종의 회피로서 치료에 도움이 되지 않는다고 말한 적이 있었다. 그러나 CFT에서는 애도를 매우 핵심 작업으로 간주한다. 아직 충분한 증거가 부족하기는 하지만, 우리와 함께 작업했던 많은 경계선 성격장애 환자들은 어린 시절의 외상과 사랑받고 보호받고 싶었던 갈망에 대해 애도하는 작업이 회복에서 중요한 과정이었다고 말했다(Gilbert & Procter, 2006). 마음의 상처를 입었거나 큰 질병을 겪었거나 혹은 정신병으로 이행하고 있는 사람들에게 애도 작업은 회복 과정의 중요한 부분이 될 수 있다. 그러나 애도 작업은 초기에 환자를 압도해서 이들이 작업을 거절할 수도 있다.

그럼에도 불구하고, 친절하고 협동적으로 애도 작업을 계속한다면 성과가 있을 것이다. 수개월 간 자신의 과거에 대한 비통한 애도 작업을 했던 한 환자는 자신 안에 있었지만 결코 알 수 없었던 온갖 감정들을 느낄 수 있게 되었다. 애도 작업 이전에 그녀의 감정들은 얼음처럼 꽁꽁 얼어 있었고, 그녀는 그것을 인식할 수 없었다. 사랑하는 사람의 상실에 대한 충분한 애도를 하지 못할 경우 심리적 문제의 원인이 될 수 있기 때문에, 삶의 고난을 겪은 사람에게 애도가 어떤 영향을 미치는가에 관한 보다 많은 연구가 필요하다. 슬퍼하는 것을 좌절한 '형편없는 나'로 인식한다거나 단지 반복적으로 슬퍼하기만 할 뿐이라면 애도는 별 도움이 되지 않을 수도 있다. 그럼에도 불구하고 슬픔은 다른 감정들과 마찬가지로 치료에서 다룰 수 있으며, 슬픔을 수용할 수 있도록 돕는 것이 핵심이다. 이 작업을 집단 치료에서 하는 것은 보다 어려우므로 (DBT와 같이) 애도 작업을 이해하고 있는 개인 치료자를 만나는 것이 도움이 된다. 애도는 어떤 면에서 '고통을 다시 불러오는' 것이다. 환자가 치료자를 함께하며 도와줄 수 있는 사람으로 경험하게 될 때, 환자의 정서 조절 시스템은 재조정되고 위협에 기초한 충동성은 줄어든다. 이 문제에 대해서는 매우 많은 연구가 필요하다. 그러나 사람이 사랑받고 소중하게 여겨지고 수용된다고 느낄 때(종교적 신앙을 가질 때조차) 이러한 경험이 "사람들을 변화시킨다."는 일화는 매우 흔하다. 이러한 주제에 대한 치료적 함의를 탐구한 연구가 거의 없다는 것은 무척 놀라운 일이다.

상위 인지

자비에 대한 공포는 다양한 상위 인지(Metacognition)들과 연관될 수 있다(제4장 참조). 사람들은 자비를 자신의 결점에 대해 관대한 것이라고 믿거나 자비가 자신을 약하게 만들 것이라고 생각할 수 있다. 또는 자신은 자비로운 대접을 받을 자격이 없다고 믿을 수도 있다. 우리는 현재 자비에 대한 공포에 대한 연구들을 진행하고 있다. 이것은 타인에게 자비로워지는 것에 대한 공포, 타인으로부터 수용되고 자비롭게 받아들여지는 것에 대한 공포,

그리고 자신에게 자비로워지는 것에 대한 공포로 구분할 수 있다. 현재의 자료들은 이 세 가지 공포 모두 스트레스, 불안 및 우울과 관련되며, 자신에게 자비로워지는 것에 대한 공포와 이들과의 상관관계가 특히 높다는 것을 보여 준다.

우울증과 자기자비의 관계에 관한 질적 연구에서 Pauley와 McPherson(in press)은, 대부분의 우울증을 겪고 있는 사람들이 자신에게 자비로워지는 것에 대해 생각해 본 적이 없다는 것을 발견했다(Gilbert & Procter, 2006과 유사한 발견). 하지만 그들은 자신에게 자비로워지는 것을 배우는 것이 매우 도움이 되겠지만, 자신이 우울할 때 자기비난에 휩싸이기 때문에 이를 배우는 것은 무척 어려울 것이라고 생각했다. 연구 참여자들 중 일부는 자신에게 자비로워지는 것은 자기 정체감에 너무 큰 변화를 일으켜서 감당하기 어려울 정도의 자기에 대한 혐오를 불러올 것으로 생각했다. 자기에 대한 자비의 계발을 가로막는 복잡한 장벽, 장애물 그리고 저항에 관한 보다 나은 이해와 추가 연구들이 시급히 필요하다. 치료에서 이러한 장애물들에 대해 작업할 수 있으려면 신중한 분석과 협동적인 참여가 필요하다.

느낌의 결여

자주 발생하는 또 다른 문제는 사람들이 심상 또는 자비 훈련을 할 때 '따뜻함이나 자비로운 느낌'을 느끼지 못한다는 것이다. 한 환자는 "모든 느낌이 죽은 것 같아요. 아무런 느낌도 없어요." 라고 말했다. 이런 일은 이들의 과거 배경을 고려하면 놀라운 일이 아니며, 이들의 친화-진정 시스템이 계발될 기회가 없었거나, 위협의 통제하에 있었거나 혹은 우울한 뇌의 상태 때문에 작동을 멈췄을 수 있다는 사실을 알려 주는 것이 유용하다. 그렇다 하더라도 자비로운 사람이 되고자 하는 소망, 동기 그리고 의도에 초점을 맞추는 연습을 하는 것이 중요하다. 우리는 '편안한' 느낌이 지속되기를 바라지만, 느낌은 계속 변화한다. 이 때문에 많은 시간과 훈련이 필요한 것이다.

발달상의 어려움

제4장에서 발달상의 능력의 중요성을 언급했다. 특히 자신의 감정을 생각하고 기술하고 반성하는 정신화 능력이 중요하다. 정신화 능력의 문제나 감정표현 불능증을 가진 사람에게 자비로운 느낌은 매우 생소할 것이다. 이는 이들이 어떤 느낌을 판별하거나 표현하는 것이 어렵기 때문이다. 이 때문에 자비 작업은 치료 회기 중에 일어나는 느낌에 주의를 모으는 훈련을 통해 매우 천천히 진행된다. 이들은 감정을 느끼고 기술하는 것에 대한 자신의 무능력에 민감하고, 감정에 대해 판단하려 하며, 재빨리 자기비난(수치심)의 상태로 되돌아간다. 이러한 행동들은 즉각적으로 위협 시스템을 작동시키며, 모든 연습의 성과를 수포로 돌아가게 한다. 나의 견해로, 감정표현 불능증을 가진 사람의 문제는 자신의 감정을 탐색하는 과정 자체에 대해 수치심을 느끼거나 자신을 비판한다는 것이다. 이들은 다음과 같이 생각한다. '이것은 쉬운 일이야. 나는 이것을 알아야만 해. 나는 이것을

할 수 있어야 해. 나에게 무슨 문제가 있지? 내가 느끼지도 이해하지도 못하는 느낌들에 대해 이야기하려고 앉아 있다는 게 바보처럼 느껴져.' 다른 경우, 이들은 (슬픔이나 분노와 같은) 감정들이 떠오를 때 이에 압도당해 이런 감정들을 회피하려 한다. 따라서 훈련의 첫 단계는 감정을 인내하면서 탐색하고, 자신을 비판하는 것을 허용하면서 알아차리는 방법을 가르치는 것이다. 정서를 인식하고 이를 훈습하는 것은 정서중심치료(Greenberg et al., 1993)와 최근의 정신화 역량 강화 접근들(Bateman & Fonagy, 2006)의 한 분야이기도 하다.

즐거움

CFT에서, 치료자는 지속적으로 '안전한 느낌'을 이끌어 내고 탐색을 촉진하기 위해 노력한다. CFT는 매우 높은 수치심과 자기비난 경향을 가진 사람을 위해 개발되었기 때문에 언제나 이 문제—수치심과 자기비난이 쉽게 촉발되는 과정과 위협 시스템에서 빠져나와 진정 시스템으로 전환하는 작업—에 깊은 관심을 두고 있다.

안전감은 탐색과 발달적 변화를 위한 (신경생리적) 조건을 형성한다. 탐색은 외부 세계에서 일어났거나 벌어지고 있는 사건뿐 아니라 자신의 내면세계의 상태를 관찰하는 능력이다. 이러한 학습은 아동기에 재미있고 낮은 위협 조건하에서 가장 잘 이루어진다. 이것은 치료에서도 마찬가지다. 우리는 탐색을 촉진하고 수치심을 낮추는 정서적 맥락을 조성하는 데에서 즐거움이 갖는 중요성을 지나치게 간과하고 있다. CFT에서 즐거움은 매우 중요한 치료 요소로서 치료자는 온화한 태도로 탐색을 격려한다. 즐거움은 내담자가 안전감을 느끼게 하는 데 도움이 된다. 자비로운 사람을 생각해 보면, 그들은 함께 있기 편안하며 매우 재밌고 즐거운 느낌을 준다. 즐거운 치료적 분위기는 치료자의 비언어적 의사소통 방식에 달려 있다. 즐거움은 치료자 내면의 위협 수준과도 연관되어 있다(치료자는 목표물들을 만나야 한다!).

정신화 능력의 문제에 의해 자비 작업이 어려운 사람을 친절하고 즐겁게 작업에 참여할 수 있도록 돕는 것이 첫 단계에서 중요하다. 정신병 환자들과 자비 훈련 집단 치료를 마친 Christine Braehler(2009. 12, 개인적 교신)는 집단구성원들이 서로 간에 자비로운 행동을 하게 됐고, 어떤 주제나 아이디어에 대해 즐겁게 농담을 나눌 수 있게 되었다고 말했다. 그녀는 집단 과정을 촉진하는 데 즐거움이 미치는 중요성을 인식했다. 우리는 1960년대 참만남 집단으로부터 떠나 아주 먼 길을 걸어왔다!

탈민감화

당신은 사람들이 회피하려고 하는 것들을 인내하고 경험하도록 돕기 위해 탈민감화 원리에 기초한 표준적인 행동적 개입들을 하고 있을 것이다. 이에 더해, CFT에서는 자비로운 치료적 관계, 환자의 자비로운 자기 계발, 자비로운 의자 작업, 자비로운 편지 쓰기와 심상 훈련 그리고 자비로운 느낌과 생각 훈련 등을 통해 새로운 조건화를 일으킨다.

기능 분석

자비에 대한 공포를 이해할 만한 현상으로 인식하고 기능 분석의 관점에서 탐색하는 것이 필요하다. 자비를 계발하는 데에서 가장 큰 두려움/위협은 무엇인가? 핵심 장애물이 무엇인가? 어떤 사람이 자신을 자비로운 사람으로 상상할 때, 그와 연관된 문제는 무엇인가? 특정한 정서 조절 시스템을 활성화하기 위한 치료를 진행할 때, 이 치료는 환자가 피해 왔던 것들을 느끼고 경험하도록 돕는 것이므로 환자와의 긴밀한 협력이 반드시 필요하다. 치료자는 특정 정서에 대한 회피보다는 특정한 정서 조절 시스템과 관련하여 회피의 문제를 고려할 수 있어야 한다. 앞에서 언급하였듯이, 자비에 대한 공포와 장애에 대해 여전히 탐구해야 할 것들이 많다. 치료에서 주된 작업이 공포와 장애물인 경우가 많기 때문이다.

30

후 기

   이 책에서 우리는 CFT의 기본 모델을 간략히 소개하였다. 이 모델은 과학적 사실에 기초하고 있으며, '특정 치료 학파'에 기초한 모델과는 달리 다초점적 접근(multi-focused approach)을 취하고 있다. CFT는 불교의 통찰과 가르침을 가치 있게 여기고 이를 활용하고 있기는 하지만, 불교적 모델은 아니다. Germer(2009)는 마음챙김과 다양한 자비 훈련을 결합한 보다 불교적인 접근에 관해 훌륭한 개관을 제공하고 있다. 이 책은 자습서용으로 만든 것이므로 환자에게 추천할 수 있다. CFT는 진화 이론, 정서 조절에 관한 신경 과학, 구뇌와 신뇌의 상호작용(정신화나 마음이론 능력과 같은) 그리고 (사회적) 관계의 특질들에 대한 이론들에 기초를 두고 있다. CFT는 발달심리학, 사회심리학 등 다양한 심리학 분야의 연구 결과들을 활용하며, 정서적 조건화와 같은 행동주의적 개념들과도 밀접한 관련성이 있다. CFT는 '특정 치료 학파'의 접근보다는 심리학의 과학적 지식들을 통합한 치료 모델 개발을 추구한다.

치료 개입 면에서(예: p. 52 [그림 1]) CFT는 다중적 치료이며, 이는 ACT, CBT, DBT, EFT, REBT 및 많은 다양한 접근들의 의미 있고 중요한 진전들에 그 기반을 두고 있다. CFT 치료자는 자신이 어떤 치료 개입을 사용하든(치료적 관계를 통한 개입, 사고나 핵심 신념을 재검토하기, 안전 추구 행동에 대한 조정, 분노나 외상 기억을 인식하고 작업하기, 공포 대상에 대한 노출 훈련, 행동 실험이나 점진적 과업, 신체 감각/느낌에 대한 작업, 마음챙김 훈련) 중립적이고, 냉정하고, 강요하거나 비판적인 마음가짐이 아니라 지지하고 수용하며 친절한 태도로 이러한 개입을 실시하는가를 주의 깊게 살핀다. 동기나 정서적 어조, 기본 의도나 지향과 같은 치료자의 자세가 핵심이다. 자기에 대한 자비를 계발하는 작업은 인지, 행동 그리고 정서에 기초한 접근 방식일 뿐 아니라 '자비로운 자기가 되는' 연습을 가능하게 하는 자기 정체감을 형성하는 방식이기도 하다. 언급하였듯이, 사람들이 사랑받고 소중하며 수용된다고 느낄 때 그것이 '그들을 변화시킨다'는 일화적 이야기들은 흔하다. 애착 문제에 초점을 두고 있는 치료자를 제외하고, 인간은 소속감과 소중한 존재라는 느낌에 대한 강렬한 욕구를 가진(Baumeister & Leary, 1995) 돌봄을 추구하는 존재로 진화해 왔다는 것을 감안하면(Gilbert, 1989, 2007a; Hrdy, 2009), CBT에서 이에 대한 치료적 함의를 탐구한 연구가 거의 없었다는 것은 참으로 놀라운 일이다.

CFT는 또한 변화에 관한 발달적 접근을 강조한다. 사람은 동기나 심리적 능력들(정신화 능력이나 추상적 사고와 같은 다양한 인지적 능력과 같은)과 관련된 변화의 단계들을 거친다. 따라서 사람은 처음에는 자신의 감정에 문제가 있다는 것을 인식하면서도 여전히 자신을 희생자로 느낄 수 있다. 다음 단계에서 이들은 '자신의 마음' 안에서 이러한 일들이 일어난다는 것을 인식하게 되고, 한 발짝 물러나 보다 관찰자적 태도를 취하기 시작한다. 그러나 여전히 이들은 자신의 감정이 자신을 지배하고 있다고 느낀다. 이후, 이들은 자신의 감정에 휘둘려 분출하는 행동을 할 필요가 없으며, 감정은 실제를 정확하게 반영하는 것이 아니라는 것을 인식하기 시작한다. 이들은 정신화 능력을 갖고 마음을 더 잘 챙길 수 있게 된 것이다. 이러한 통찰은 복잡하고 때로 갈등하는 정서들, 즉 우리는 다양한 선호와 동기들을 가진 다양한 자기의 부분들을 갖고 있다는 점을 이해하는 능력으로부터 일어난다. 치료는 환자의 인지적 능력, 관찰하고 마음챙김을 할 수 있는 능력 그리고 정서의 복잡성을 이해할 수 있는 능력에 따라 달라질 수 있으므로 이러한 발달 과정을 이해하는 것이 매우 중요하다. CFT에서 일어나는 변화의 전 과정은 자신에게 자비롭게 되고, 뇌의 특정 정서 조절 시스템을 활성화하는 과정이다. 내면의 자비와 연결되는 것은 안전과 진정(자기비난을 약화시키는)의 느낌을 일으키고 탐색 행동을 촉진하는 조건을 조성하며, 이는 인지와 정서의 성숙과 정신화 능력을 향상시킨다.

CFT는 마음의 다중성을 강조한다. 우리는 다양한 '자기의 부분들'을 가지고 있기 때문에 특정한 사건들에 대해 서로 다른, 때로는 갈등하는 동기와 정서를 가질 수 있다. 이런 이유로 치료에서 특정한 생각들을 검토하는 것이 어려울 수 있으며, 심지어 치료를 혼선에 빠뜨리기도 한다. 또한 어떤 감정은 다른 감정을 가리고 억제한다. 따라서 치료자는, 환자가 느끼거나 인식하기를 두려워하고 회피하는 것들을 포함하여, 어떤 경험을 통해 일어날 수 있는 잠재되어 있는 다양한 느낌과 동기를 서두르지 않고 천천히 표현할 수 있도록(소크라테스식 대화, 안내를 통한 발견, 공감을 통해) 도와야 한다. 치료자는 이러한 어려운 갈등을 자비롭고 수용하는 마음을 갖고 한 걸음 물러나 살필 수 있어야 하며, 환자와 보조를 맞추어 한 걸음 한 걸음씩 작업을 진행해야 한다.

CFT는 이제 다양한 영역의 심리적 문제들에 적용할 수 있지만, 원래 자비로운 방식으로 자신을 진정시키기가 몹시 어려운 높은 수준의 수치심과 자기비난 경향이 있는 사람들을 위해 고안되었다. CFT의 치료 효과를 확인하기 위해 우리는 다양한 무선 통제 연구들(RCTs)을 계획하고 있다.

현대의 치료자들 대부분은 마음의 과학을 정립하는 데 점점 더 많은 노력을 쏟고 있다. 이것은 치료자들이 시간이 지날수록 자연스럽게 합의할 수 있는 내용들이 점점 더 많아지고 (희망하기로) 분파적 경향은 점점 더 줄어든다는 것을 의미한다. 나에게, 과학은 분명하다. 우리는 안전하고, 지지적이며, 친밀한 관계 속에 있을 때, 최고의 기능을 하도록 진화되어 온 종이다.

자비 훈련이 당신의 안녕에 기여하기를 기원하며.

참고문헌

Allen, J. H., Fonagy, P. & Bateman, A. W. (2008). *Mentalizing in Clinical Practice*. Washington, DC: American Psychiatric Association.

Allione, T. (2008). *Feeding Your Demons*. New York: Little Brown & Co.

Andrews, B. (1998). "Shame and childhood abuse". In P. Gilbert and B. Andrews (eds)., *Shame: Interpersonal Behavior, Psychopathology and Culture* (pp. 176-190). New York: Oxford University Press.

Ardelt, M. (2003). "Empirical assessment of a three-dimensional wisdom scale"., *Research on Aging*, 25: 275-324.

Arieti, S., & Bemporad, J. (1980). *Severe and Mild Depression: The Psychotherapeutic Approach*. London: Tavistock.

Baldwin, M. W. (ed.). (2005). *Interpersonal Cognition*. New York: Guilford Press.

Barkow, J. H. (1989). *Darwin, Sex and Status*. Toronto, Canada: Toronto University Press.

Bateman, A., & Fonagy, P. (2006). *Mentalizing-Based Treatment for Borderline Personality Disorder: A Practical Guide*. Oxford, UK: Oxford University Press.

Bates, A. (2005). "The expression of compassion in group cognitive therapy". In P. Gilbert (ed.)., *Compassion: Conceptualisations, Research and Use in Psychotherapy* (pp. 379-386). London: Routledge.

Baumeister, R. F., Bratslavsky, E., Finkenauer, C. & Vohs, K. D. (2001).

"Bad is stronger than good". *Review of General Psychology*, 5: 323-370.

Baumeister, R. F., & Leary, M. R. (1995). "The need to belong: Desire for interpersonal attachments as a fundamental human motivation". *Psychological Bulletin, 117*: 497-529.

Baumeister, R. F., Stillwell, A., & Heatherton, T. F. (1994). "Guilt: An interpersonal approach". *Psychological Bulletin, 115*: 243-267.

Beck, A. T. (1987). "Cognitive models of depression". *Journal of Cognitive Psychotherapy: An International Quarterly, 1*: 5-38.

Beck, A. T. (1996). "Beyond belief: A theory of modes, personality and psychopathology". In P. Salkovskis (ed.)., *Frontiers of Cognitive Therapy* (pp. 1-25). New York: Oxford University Press.

Beck, A. T., Emery, G., & Greenberg, R. L. (1985). *Anxiety Disorders and Phobias: A Cognitive perspective*. New York: Basic Books.

Beck, A. T., Freeman, A., Davis, D. D., & associates (2003). *Cognitive Therapy of Personality Disorders*(2nd ed.). New York: Guilford Press.

Begley, S. (2007). *Train your Mind, Change your Brain*. New York: Ballantine Books.

Bell, D. C. (2001). "Evolution of care giving behavior"., *Personality and Social Psychology Review, 5*: 216-229.

Bennett-Levy, J., & Thwaites, R. (2007). "Self and self reflection in the therapeutic relationship". In P. Gilbert and R. Leahy (eds)., *The Therapeutic Relationship in the Cognitive Behavioural Psychotherapies* (pp. 255-281). London: Routledge.

Bering, J. M. (2002). "The existential theory of mind". *Review of General Psychology, 6*: 3-34.

Bifulco, A., & Moran, P. (1998). *Wednesday's Child: Research into Women's Experiences of Neglect and Abuse in Childhood, and Adult Depression*. London: Routledge.

Black, S., Hardy, G. Turpin, G., & Parry, G. (2005). "Self-reported attachment styles and therapeutic orientation of therapists and their relationship with reported general alliance quality and problems in therapy". *Psychology and Psychotherapy, 78*: 363-377.

Blackmore, S. (1996). *The Meme Machine*. Oxford, UK: Oxford University Press.

Bowlby, J. (1969). *Attachment and Loss. Vol. 1: Attachment*. London: Hogarth Press.

Bowlby, J. (1973). *Attachment and Loss. Vol. 2: Separation, Anxiety and Anger*. London: Hogarth Press.

Bowlby, J. (1980). *Attachment and Loss. Vol. 3: Loss, Sadness and Depression*. London: Hogarth Press.

Brewin, C. R. (2006). "Understanding cognitive behaviour therapy: A retrieval competition account". *Behaviour Research and Therapy, 44*: 765-784.

Brewin, C. R., Wheatley, J., Patel, T., Fearon, P., Hackmann, A., Wells, A., et al. (2009). "Imagery rescripting as a brief stand-alone treatment for depressed patients with intrusive memories". *Behaviour Research and Therapy, 47*: 569-576.

Buss, D. M. (2003). Evolutionary Psychology: *The New Science of Mind*(2nd edn). Boston: Allyn & Bacon.

Buss, D. M. (2009). "The great struggles of life: Darwin and the emergence of evolutionary psychology". *American Psychologist, 64*: 140-148.

Cacioppo, J. T., Berston, G. G., Sheridan, J. F., & McClintock, M. K. (2000). "Multilevel integrative analysis of human behavior: Social neuroscience and the complementing nature of social and biological approaches". *Psychological Bulletin, 126*: 829-843.

Carter, C. S. (1998). "Neuroendocrine perspectives on social attachment and love". *Psychoneuroendocrinology, 23*: 779-818.

Caspi, A., & Moffitt, T. E. (2006). "Gene-environment interactions in psychiatry: Joining forces with neuroscience". *Nature Reviews: Neuroscience, 7*: 583-590.

Choi-Kain, L. W., & Gunderson, J. G. (2008). "Mentalization: Ontogeny, assessment, and application in the treatment of borderline personality disorder". *American Journal of Psychiatry, 165*: 1127-1135.

Cooley, C. (1922). *Human Nature and the Social Order*(rev. edn). New York: Charles Scribner's Sons (Originally published 1902).

Coon, D. (1992). *Introduction to Psychology: Exploration and Application*(6th edn). New York: West Publishing Company.

Cozolino, L. (2007). *The Neuroscience of Human Relationships: Attachment and the Developing Brain*. New York: Norton.

Cozolino, L. (2008). *The Healthy Aging Brain: Sustaining Attachment, Attaining Wisdom*. New York: Norton.

Crane, R. (2009). *Mindfulness-Based Cognitive Therapy: Distinctive Features*. London: Routledge.

Crisp, R. J., & Turner, R. N. (2009). "Can imagined interactions produce positive perceptions?". *American Psychologist, 64*: 231-240.

Crocker, J., & Canevello, A. (2008). "Creating and undermining social support in communal relationships: The role of compassionate and self-image goals". *Journal of Personality and Social Psychology, 95*: 555-575.

Cullen, C., & Combes, H. (2006). "Formulation from the perspective of contextualism". In N. Tarrier (ed.)., *Case Formulation in Cognitive Behaviour Therapy: The Treatment of Challenging and Complex Cases* (pp. 36-51). London: Routledge.

Dadds, M. R., Bovbjerg, D. H., Redd, W. H., & Cutmore, T. R. (1997). "Imagery in human classical conditioning". *Psychological Medicine, 122*: 89-103.

Dalai Lama (1995). *The Power of Compassion*. India: HarperCollins.

Darwin, C. (1859). *On the Origin of Species by Means of Natural Selection*. London: John Murray.

Davidson, R. J., Kabat-Zinn, J., Schumacher, J., Rosenkranz, M., Muller, D., Santorelli, S., et al. (2003). "Alterations in brain and immune function produced by mindfulness meditation". *Psychosomatic Medicine, 65*: 564-570.

Decety, J., & Jackson, P. L. (2004). "The functional architecture of human empathy". *Behavioral and Cognitive Neuroscience Reviews, 3*: 71-100.

Depue, R. A., & Morrone-Strupinsky, J. V. (2005). "A neurobehavioral model of affiliative bonding". *Behavioral and Brain Sciences, 28*: 313-395.

Didonna, F. (ed.). (2009). *Clinical Handbook of Mindfulness*. New York: Springer.

Dixon, A. K. (1998). "Ethological strategies for defence in animals and humans: Their role in some psychiatric disorders". *British Journal of Medical Psychology, 71*: 417-445.

Dryden, W. (2009). *Rational Emotive Behaviour Therapy: Distinctive Features*. London: Routledge.

Dugnan, D., Trower, P., & Gilbert, P. (2002). "Measuring vulnerability to threats to self construction: The self and other scale". *Psychology and Psychotherapy: Theory Research and Practice, 75*: 279-294.

Dunkley, D. M., Zuroff, D. C., & Blankstein, K. R. (2006). "Specific perfectionism components versus self-criticism in predicting maladjustment". *Personality and Individual Differences, 40*: 665-676.

Dykman, B. M. (1998). "Integrating cognitive and motivational factors in depression: Initial tests of a goal orientation approach". *Journal of Personality and Social Psychology, 74*: 139-158.

Eells, T. D. (2007). *Handbook of Psychotherapy Case Formulation*(2nd edn). New York: Guilford Press.

Ellenberger, H. F. (1970). The Discovery of the Unconscious. The *History and Evolution of Dynamic Psychiatry*. New York: Basic Books.

Elliott, R., Watson, J. C., Goldman, R. N., & Greenberg, L. S. (2003). *Learning Emotion-Focused Therapy*. Washington, DC: American Psychological Association.

Fehr, C., Sprecher, S., & Underwood, L. G. (2009). *The Science of Compassionate Love: Theory Research and Application*. Chichester, UK: Wiley.

Field, T. (2000). *Touch Therapy*. New York: Churchill Livingstone.

Fisher, P., & Wells, A. (2009). *Metacognitive Therapy*. London: Routledge.

Fogel, A., Melson, G. F., & Mistry, J. (1986). "Conceptualising the determinants of nurturance: A reassessment of sex differences". In A. Fogel and G. F. Melson (eds)., *Origins of Nurturance: Developmental, Biological and Cultural Perspectives on Caregiving* (pp. 53-67). Hillsdale, NJ: Lawrence Erlbaum Associates, Inc.

Frederick, C., & McNeal, S. (1999). *Inner Strengths: Contemporary Psychotherapy and Hypnosis for Ego Strengthening*. Mahwah, NJ: Lawrence Erlbaum Associates, Inc.

Fredrickson, B. L., Cohn, M. A., Coffey, K. A., Pek, J., & Finkel, S. A. (2008). "Open hearts build lives: Positive emotions, induced through loving-kindness mediation, build consequential personal resources". *Journal of Personality and Social Psychology, 95*: 1045-1062.

Gerhardt, S. (2004). *Why Love Matters: How Affection Shapes a Baby's Brain*. London: Routledge.

Germer, C. (2009). *The Mindful Path to Self-Compassion: Freeing your Self from Destructive Thoughts and Emotions*. New York: Guilford

Press.

Gibb, B. E., Abramson, L. Y., & Alloy, L. R. (2004). "Emotional maltreatment from parent, verbal peer victimization, and cognitive vulnerability to depression". *Cognitive Therapy and Research, 28*: 1-21.

Gilbert, P. (1984). *Depression: From Psychology to Brain State.* London: Lawrence Erlbaum Associates, Inc.

Gilbert, P. (1989). *Human Nature and Suffering.* Hove, UK: Lawrence Erlbaum Associates, Inc.

Gilbert, P. (1992). *Depression: The Evolution of Powerlessness.* Hove, UK: Lawrence Erlbaum Associates, Inc., and New York: Guilford Press.

Gilbert, P. (1993). "Defence and safety: Their function in social behaviour and psychopathology". *British Journal of Clinical Psychology, 32*: 131-153.

Gilbert, P. (1995). "Biopsychosocial approaches and evolutionary theory as aids to integration in clinical Psychology and Psychotherapy". *Clinical Psychology and Psychotherapy, 2*: 135-156.

Gilbert, P. (1997). "The evolution of social attractiveness and its role in shame, humiliation, guilt and therapy". *British Journal of Medical Psychology, 70*: 113-147.

Gilbert, P. (1998). "The evolved basis and adaptive functions of cognitive distortions". *British Journal of Medical Psychology, 71*: 447-464.

Gilbert, P. (2000a). "Social mentalities: Internal 'social' conflicts and the role of inner warmth and compassion in cognitive therapy". In P. Gilbert and K. G. Bailey (eds)., *Genes on the Couch: Explorations in Evolutionary Psychotherapy* (pp. 118-150). Hove, UK: Brunner-Routledge.

Gilbert, P. (2000b). *Overcoming Depression: A Self-Guide Using Cognitive Behavioural Techniques*(rev. edn). London: Robinsons, and New York: Oxford University Press.

Gilbert, P. (2001a). "Evolutionary approaches to psychopathology: The role of natural defences". *Australian and New Zealand Journal of Psychiatry, 35*: 17-27.

Gilbert, P. (2001b). "Depression and stress: A biopsychosocial exploration of evolved functions and mechanisms". *Stress: The International Journal of the Biology of Stress, 4*: 121-135.

Gilbert, P. (2002). "Evolutionary approaches to psychopathology and cognitive therapy". In P. Gilbert (ed.)., Special Edition: Evolutionary Psychology and Cognitive Therapy, *Cognitive Psychotherapy: An International Quarterly, 16*: 263-294.

Gilbert, P. (2003). "Evolution, social roles, and differences in shame and guilt". *Social Research: An International Quarterly* of the Social Sciences, 70: 1205-1230.

Gilbert, P. (ed.). (2004). *Evolutionary Theory and Cognitive Therapy*. New York: Springer.

Gilbert, P. (2005a). "Compassion and cruelty: A biopsychosocial approach". In P. Gilbert (ed.)., *Compassion: Conceptualisations, Research and Use in Psychotherapy* (pp. 9-74). London: Routledge.

Gilbert, P. (2005b). "Social mentalities: A biopsychosocial and evolutionary reflection on social relationships". in M. W. Baldwin (ed.)., *Interpersonal Cognition* (pp. 299-335). New York: Guilford Press.

Gilbert, P. (ed.). (2005c). *Compassion: Conceptualisations, Research and Use in Psychotherapy*. London: Routledge.

Gilbert, P. (2007a). *Psychotherapy and Counselling for Depression*(3rd edn). London: Sage.

Gilbert, P. (2007b). "Evolved minds and compassion in the therapeutic relationship". In P. Gilbert and R. Leahy (eds)., *The Therapeutic Relationship in the Cognitive Behavioural Psychotherapies* (pp.

106-142). London: Routledge.

Gilbert, P. (2007c). "The evolution of shame as a marker for relationship security". In J. L. Tracy, R. W. Robins, & J. P. Tangney (eds)., *The Self-Conscious Emotions: Theory and Research* (pp. 283-309). New York: Guilford Press.

Gilbert, P. (2007d). *Overcoming Depression: Talks with your Therapist*, CD (with exercises). London: Constable Robinson.

Gilbert, P. (2009a). *The Compassionate Mind*. London: Constable & Robinson, and Oaklands, CA: New Harbinger.

Gilbert, P. (2009b). *Overcoming Depression*(3rd edn). London: Constable & Robinson, and New York: Basic Books.

Gilbert, P. (2009c). "Evolved minds and compassion-focused imagery in depression". In L. Stopa (ed.)., *Imagery and the Threatened Self: Perspectives on Mental Imagery and the Self in Cognitive Therapy* (pp. 206-231). London: Routledge.

Gilbert, P., Broomhead, C., Irons, C., McEwan, K., Bellew, R., Mills, A., et al. (2007). "Striving to avoid inferiority: Scale development and its relationship to depression, anxiety and stress". *British Journal of Social Psychology, 46*: 633-648.

Gilbert, P., Clarke, M., Kempel, S., Miles, J. N. V., & Irons, C. (2004a). "Criticizing and reassuring oneself: An exploration of forms style and reasons in female students". *British Journal of Clinical Psychology, 43*: 31-50.

Gilbert, P., Gilbert, J., & Irons, C. (2004b). "Life events, entrapments and arrested anger in depression". *Journal of Affective Disorders, 79*: 149-160.

Gilbert, P., Gilbert, J., & Sanghera, J. (2004c). "A focus group exploration of the impact of izzat, shame, subordination and entrapment on mental health and service use in South Asian women living in Derby". *Mental Health, Religion and Culture*, 7: 109-130.

Gilbert, P., & Irons, C. (2004). "A pilot exploration of the use of compassionate images in a group of self-critical people". *Memory, 12*: 507-516.

Gilbert, P., & Irons, C. (2005). "Focused therapies and compassionate mind training for shame and self-attacking". In P. Gilbert (ed.)., *Compassion: Conceptualisations, Research and Use in Psychotherapy* (pp. 263-325). London: Routledge.

Gilbert, P., & Leahy, R. (eds). (2007). *The Therapeutic Relationship in the Cognitive Behavioural Psychotherapies*. London: Routledge.

Gilbert, P., McEwan, K., Mitra, R., Franks, L., Richter, A., & Rockliff, H. (2008). "Feeling safe and content: A specific affect regulation system? Relationship to depression, anxiety, stress and self-criticism". *Journal of Positive Psychology, 3*: 182-191.

Gilbert, P., & McGuire, M. (1998). "Shame, social roles and status: The psycho-biological continuum from monkey to human". In P. Gilbert and B. Andrews (eds)., *Shame: Interpersonal Behavior, Psychopathology and Culture* (pp. 99-125). New York: Oxford University Press.

Gilbert, P., & Procter, S. (2006). "Compassionate mind training for people with high shame and self-criticism: A pilot study of a group therapy approach". *Clinical Psychology and Psychotherapy, 13*: 353-379.

Gillath, O., Shaver, P. R., & Mikulincer, M. (2005). "An attachment-theoretical approach to compassion and altruism". In P. Gilbert (ed.)., *Compassion: Conceptualisations, Research and Use in Psychotherapy* (pp. 121-147). London: Routledge.

Glasser, A. (2005). *A Call to Compassion: Bringing Buddhist Practices of the Heart into the Soul of Psychotherapy*. Berwick, ME: Nicolas-Hays.

Goss, K., & Gilbert, P. (2002). "Eating disorders, shame and pride: A cognitive-behavioural functional analysis". In P. Gilbert, & J. Miles (eds)., *Body Shame: Conceptualisation, Research & Treatment* (pp. 219-255). London: Brunner-Routledge.

Gray, J. A. (1987). *The Psychology of Fear and Stress*(2nd edn). London: Weidenfeld & Nicolson.

Greenberg, L. S., Rice, L. N., & Elliott, R. (1993). *Facilitating Emotional Change: The Moment-by-Moment Process*. New York: Guilford Press.

Hackmann, A. (2005). "Compassionate imagery in the treatment of early memories in axis I anxiety disorders". In P. Gilbert (ed.)., *Compassion: Conceptualisations, Research and Use in Psychotherapy* (pp. 352-368). London: Brunner-Routledge.

Haidt, J. (2001). "The emotional dog and its rational tail: A social intuitionist approach to moral judgment". *Psychological Review, 108*: 814-834.

Hall, E., Hall, C., Stradling, P., & Young, D. (2006). *Guided Imagery: Creative Interventions in Counselling and Psychotherapy*. London: Sage.

Hassin, R. R., Uleman, J. S., & Bargh, J. A. (2005). *The New Unconscious*. New York: Oxford University Press.

Hayes, S. C., Follette, V. M., & Linehan, M. N. (2004). *Mindfulness and Acceptance: Expanding the Cognitive Behavioral Tradition*. New York: Guilford Press.

Heinrichs, M., Baumgartner, T., Kirschbaum, C., & Ehlert, U. (2003). "Social support and oxytocin interact to suppress cortisol and subjective response to psychosocial stress". *Biological Psychiatry, 54*: 1389-1398.

Hofer, M. A. (1994). "Early relationships as regulators of infant physiology and behavior". *Acta Paediatrica Supplement, 397*: 9-18.

Holt, J. (1990). *How Children Fail*(2nd rev. edn). London: Penguin Books.

Hrdy, S. B. (2009). Mothers and Others: *The Evolutionary Origins of Mutual Understanding*. Amherst, MA: Harvard University Press.

Hutcherson, C. A., Seppala, E. M., & Gross, J. J. (2008). "Loving-kindness meditation increases social connectedness". *Emotion, 8*: 720-724.

Ivey, A. E., & Ivey, M. B. (2003). *Intentional Interviewing and Counselling: Facilitating Client Change in a Multicultural Society*(5th edn). Pacific Grove, CA: Brooks/Cole.

Ji-Woong, K., Sung-Eun, K., Jae-Jin, K., Bumseok, J., Chang-Hyun, P., Ae Ree, S., et al. (2009). "Compassionate attitude towards others' suffering activates the mesolimbic neural system". *Neuropsychologia, 47*(10).: 2073-2081.

Kabat-Zinn, J. (2005). Coming to Our Senses: *Healing Ourselves and the World Through Mindfulness*: New York: Piatkus.

Katzow, K., & Safran, J. D. (2007). "Recognizing and resolving ruptures in the therapeutic alliance". In P. Gilbert and R. Leahy (eds)., *The Therapeutic Relationship in the Cognitive Behavioural Psychotherapies*. London: Routledge.

Kegan, R. (1982). The Evolving Self: *Problem and Process in Human Development*. Cambridge, MA: Harvard University Press.

Klinger, E. (1977). *Meaning and Void. Minneapolis*, MN: University of Minnesota Press.

Knox, J. (2003). *Archetype, Attachment and Analysis*. London: Routledge.

Koren-Karie, N., Oppenheim, D., Dolev, S., Sher, S., & Etzion-Carasso, A. (2002). "Mothers' insightfulness regarding their infants' internal experience: Relations with maternal sensitivity and infant attachment". *Developmental Psychology, 38*: 534-542.

Laithwaite, H., Gumley, A., O'Hanlon, M., Collins, P., Doyle, P., Abraham, L., et al. (2009). Recovery After Psychosis (RAP).: A compassion focused programme for individuals residing in high security settings". *Behavioural and Cognitive Psychotherapy, 37*:

511-526.

Lane, R. D., & Schwartz, G. E. (1987). "Levels of emotional awareness: A cognitive-developmental theory and its application to psychopathology". *American Journal of Psychiatry, 144*: 133-143.

Lanzetta, J. T., & Englis, B. G. (1989). "Expectations of co-operation and competition and their effects on observers' vicarious emotional responses". *Journal of Personality and Social Psychology*, 56: 543-554.

Laursen, B., Pulkkinen, L., & Adams, R. (2002). "The antecedents of agreeableness in adulthood". *Developmental Psychology, 38*: 591-603.

Leahy, R. L. (2001). *Overcoming Resistance in Cognitive Therapy*. New York: Guilford Press.

Leahy, R. L. (2002). "A model of emotional schemas". *Cognitive and Behavioral Practice, 9*: 177-171.

Leahy, R. L. (2005). "A social-cognitive model of validation". In P. Gilbert (ed.)., *Compassion: Conceptualisations, Research and Use in Psychotherapy* (pp. 195-217). London: Brunner-Routledge.

Leahy, R. L. (2007). "Schematic mismatch in the therapeutic relationship: A social cognitive model". In P. Gilbert and R. Leahy (eds)., *The Therapeutic Relationship in the Cognitive Behavioural Psychotherapies* (pp.229-254). London: Routledge.

Leary, M. R. (2003). *The Curse of the Self: Self-Awareness, Egotism and the Quality of Human Life*. New York: Oxford University Press.

Leary, M. R., & Tangney, J. P. (eds). (2003). *Handbook of Self and Identity* (pp. 367-383). New York: Guilford Press.

Leary, M. R., Tate, E. B., Adams, C. E., Allen, A. B., & Hancocok, J. (2007). "Self-compassion and reactions to unpleasant self-relevant events: The implications of treating oneself kindly". *Journal of Personality and Social Psychology, 92*: 887-904.

LeDoux, J. (1998). *The Emotional Brain*. London: Weidenfeld & Nicolson.

Lee, D. A. (2005). "The perfect nurturer: A model to develop a compassionate mind within the context of cognitive therapy". In P. Gilbert (ed.)., *Compassion: Conceptualisations, Research and Use in Psychotherapy* (pp. 326-351). London: Brunner-Routledge.

Leighton, T. D. (2003). *Faces of Compassion: Classic Bodhisattva Archetypes and their Modern Expression*. Boston: Wisdom Publications.

Linehan, M. (1993). *Cognitive Behavioral Treatment of Borderline Personality Disorder*. New York: Guilford Press.

Liotti, G. (2000). "Disorganised attachment, models of borderline states and evolutionary psychotherapy". In P. Gilbert and B. Bailey (eds)., *Genes on the Couch: Explorations in Evolutionary Psychotherapy* (pp. 232-256). Hove, UK: Brunner-Routledge.

Liotti, G. (2002). "The inner schema of borderline states and its correction during psychotherapy: A cognitive evolutionary approach". *Journal of Cognitive Psychotherapy: An International Quarterly, 16*: 349-365.

Liotti, G. (2007). "Internal models of attachment in the therapeutic relationship". In P. Gilbert and R. Leahy (eds)., *The Therapeutic Relationship in the Cognitive Behavioural Psychotherapies* (pp. 143-161). London: Routledge.

Liotti, G., & Gilbert, P. (in press). "Mentalizing motivation and social mentalities: Theoretical considerations and implications for psychotherapy". In A. Gumley (ed.). *Psychology and Psychotherapy* (special edition).

Liotti, G., & Prunetti, E. (2010). "Metacognitive deficits in traumarelated disorders: Contingent on interpersonal motivational contexts?". In G. Dimaggio and P. H. Lysaker (eds)., *Metacognitive and Severe Adult Mental Disorders: From Research to Treatment* (pp. 196-

214). London: Routledge.

Longe, O., Maratos, F. A., Gilbert, P., Evans, G., Volker, F., Rockliffe, H., et al. (2010). "Having a word with yourself: Neural correlates of self-criticism and self- reassurance". *NeuroImage, 49*: 1849-1856.

Lutz, A., Brefczynski-Lewis, J., Johnstone, T., & Davidson, R. J. (2008). "Regulation of the neural circuitry of emotion by compassion meditation: Effects of meditative expertise". *Public Library of Science, 3*: 1-5.

MacDonald, J., & Morley, I. (2001). "Shame and non-disclosure: A study of the emotional isolation of people referred for psychotherapy". *British Journal of Medical Psychology, 74*: 1-21.

MacDonald, K. (1992). "Warmth as a developmental construct: An evolutionary analysis". *Child Development, 63*: 753-773.

MacLean, P. (1985). "Brain evolution relating to family, play and the separation call". *Archives of General Psychiatry, 42*: 405-417.

Marks, I. M. (1987). *Fears, Phobias and Rituals: Panic, Anxiety and their Disorders*. Oxford, UK: Oxford University Press.

Martell, C. R. Addis, M. E., & Jacobson, N. S. (2001). *Depression in Context: Strategies for Guided Action*. New York: Norton.

Matos, M., & Pinto-Gouveia, J. (in press). "Shame as trauma memory". *Clincal Psychology and Psychotherapy*.

Mayhew, S., & Gilbert, P. (2008). "Compassionate mind training with people who hear malevolent voices: A case series report". *Clinical Psychology and Psy chotherapy, 15*: 113-138.

McClelland, D. C., Atkinson, J. W., Clark, R. H., & Lowell, E. L. (1953). *The Achievement Motive*. New York: Apple-Century-Crofts.

McCrae, R. R., & Costa, P. T. (1989). "The structure of interpersonal traits: Wiggins circumplex and the five factor model". *Journal of Personality and Social Psychology, 56*: 586-596.

McGregor, I., & Marigold, D. C. (2003). "Defensive Zeal and the uncertain self: What makes you so sure?". *Journal of Personality and Social Psychology, 85*: 838-852.

Meins, E., Harris-Waller, J., & Lloyd, A. (2008). "Understanding alexithymia: Association with peer attachment style and mind-mindedness". *Personality and Individual Differences, 45*: 146-152.

Mikulincer, M., & Shaver, P. R. (2007). *Attachment in Adulthood: Structure, Dynamics, and Change.* NewYork: Guilford Press.

Miranda, R., & Andersen, S. M. (2007). "The therapeutic relationship: Implications from social congnition and transference". In P. Gilbert and R. Leahy (eds)., *The Therapeutic Relationship in the Cognitive Behavioural Psychotherapies* (pp. 63-89). London: Routledge.

Neely, M. E., Schallert, D. L., Mohammed, S., Roberts, R. M., & Chen, Y. (2009). "Self-kindness when facing stress: The role of self-compassion, goal regulation, and support in college students' wellbeing". *Motivation and Emotion, 33*: 88-97.

Neff, K. D. (2003a). "Self-compassion: An alternative conceptualization of a healthy attitude toward oneself". *Self and Identity, 2*: 85-102.

Neff, K. D. (2003b). "The development and validation of a scale to measure self-compassion". *Self and Identity, 2*: 223-250.

Neff, K. D., Hsieh, Y., & Dejitterat, K. (2005). "Self-compassion, achievement goals and coping with academic failure". *Self and Identity, 4*: 263-287.

Neff, K. D., & Vonk, R. (2009). "Self-compassion versus global self-esteem: Two different ways of relating to oneself". *Journal of personality, 77*: 23-50.

Nesse, R. M., & Ellsworth, P. C. (2009). "Evolution, emotions and emotional disorders". *American Psychologist, 64*: 129-139.

Newberg, A., & Waldman, M. R. (2007). Born to Believe. New York: Free Press.

Ogden, P., Minton, K., & Pain, C. (2006). *Trauma and the Body: A*

Sensorimotor Approach to Psychotherapy. New York: Norton.

Öhman, A., Lundqvist, D., & Esteves, F. (2001). "The face in the crowd revisited: A threat advacntage with Schematic Stimuli". *Journal of Personality and Social Psychology, 80*: 381-396.

Ornstein, R. (1986). *Multimind: A New Way of Looking at Human Beings.* London: Macmillan.

Pace, T. W. W., Negi, L. T., & Adame, D. D. (2008). "Effects of compassion mediation on neuroendocrine, innate immune and behavioral response to Psychosocial stress". *Psychoneuroendocrinology*, doi: 10. 1016/j. psyneuen. 2008. 08. 011.

Pani. L. (2000). "Is there an evolutionary mismatch between the normal physiology of the human dopaminergic system and current environmental condition in industrialized countries?". *Molecular Psychiatry, 5*: 467-475.

Panksepp, J. (1998). *Affective Neuroscience.* New York: Oxford University Press.

Pauley, G., & McPherson, S. (in press). "The experience and meaning of compassion and self-compassion for individuals with depression or anxiety". *Psychology and Psychotherapy.*

Pennebaker, J. W. (1997). *Opening Up: The Healing Power of Expressing Emotions.* New York: Guilford Press.

Peterson, C., & Seligman, M. E. (2004). *Character Strengths and Virtues.* New York: Oxford University Press.

Porges, S. (2003). "The polyvagal theory: Phylogenetic contributions to social behaviour". *Physiology & Behavior, 79*: 503-513.

Porges, S. W. (2007). "The polyvagal perspective". *Bilogical Psychlogy, 74*: 116-143.

Power, M., & Dalgleish, T. (1997). *Cognition and Emotion: From Order to Disorder.* Hove, UK: Psychology Press.

Quirin, M., Kazen, M., & Kuhl, J. (2009). "When nonsense sounds happy or helpless: The Implicit Positive and Negative Affect Test (IPANAT).". *Journal of Personality and Social Psychology*, *97*: 500-516.

Reed 11, A., & Aquino, K. F. (2003). "Moral identity and the expanding circle of moral regard toward out groups". *Journal of Personality and Social Psychology, 64*: 1270-1286.

Rein, G., Atkinson, M. and McCraty, R. (1995). "The physiological and psychological effects of compassion and anger". *Journal for the Advancement of Medicine, 8*: 87-105.

Ricard, M. (2003). *Happiness: A Guide to Developing Life's Most Important Skill*. London: Atlantic Books.

Rockliff, H., Gilbert, P., McEwan, K., Lightman, S., & Glover, D. (2008). "A pilot exploration of heart rate variability and salivary cortisol responses to compassion-focused imagery". *Journal of Clinical Neuropsychiatry, 5*: 132-139.

Rogers, C. (1957). "The necessary and suffcient conditions of therapeutic change". *Journal of consulting Psychology, 21*: 95-103.

Rohner, R. P. (1986). *The Warmth Dimension: Foundations of Parental Acceptance-Rejection Theory*. Beverly Hills, CA: Sage.

Rohner, R. P. (2004). "The parent 'acceptance-rejection syndrome': Universal correlates of perceived rejection". *American Psychologist, 59*: 830-840.

Rosen, H. (1993). "Developing themes in the field of congnitive therapy". In K. T. Kuehlwein and H. Rosen (eds)., *Cognitive Therapies in Action: Evolving Innovative Practice* (pp.403-434). San Francisco, CA: Jossey Bass.

Rosen, J. B., & Schulkin, J. (1998). "From normal fear to pathological anxiety". *Psychological Bulletin, 105*: 325-350.

Rowan, J. (1990). Subpersonalities: *The People Inside Us*. London:

Routledge.

Rubin, T. I. (1998). *Compassion and Self-Hate: An Alternative to Despair.* New York: Touchstone (Originally published in 1975).

Safran, J. D., & Segal, Z. V. (1990). *Interpersonal Process in Cognitive Therapy.* New York: Basic Books.

Salkovskis, P. M. (1996). "The congnitive approach to anxiety: Threat beliefs, safety-seeking behavior, and the special case of health anxiety and obsessions". In P. M. Salkovskis (ed.)., *Frontiers of Cognitive Therapy* (pp.48-74). New York: Guilford Press.

Salzberg, S. (1995). Loving-Kindness: *The Revolutionary Art of Happiness.* Boston: Shambhala.

Sapolsky, R. M. (1994). *Why Zebras Don't Get Ulcers: An Updated Guide to Stress, Stress-Related Disease, and Coping.* New York: Freeman.

Schore, A. N. (1994). *Affect Regulation and the Origin of the Self: The Neurobiology of Emotional Development.* Hillsdale, NJ: Lawrence Erlbaum Associates, Inc.

Schore, A. N. (2001). "The effects of early relational trauma on right brain development, affect regulation, and infant mental health". *Infant Mental Health Journal, 22*: 201-269.

Segal, Z, V., Williams, J. M. G., & Teasdale, J. (2002). *Mindfulness-Based Cognitive Therapy for Depression: A New Approach to Preventing Relapse.* New York: Guilford Press.

Siegel, D. J. (2001). "Toward an interpersonal neurobiology of the developing mind: Attachment relationships, 'mindsight' and neural integration". *Infant Mental Health Journal, 22*: 67-94.

Siegel, D. J. (2007). *The Mindful Brain: Reflection and Attunement in the Cultivation of Well-Being,* New York: Norton.

Siegel, D. J. (2010). *The Mindful Therapist.* New York: Norton.

Singer J. L. (2006). *Imagery in Psychotherapy.* Washington, DC: American Psychological Association.

Sloman, L. (2000). "The syndrome of rejection sensitivity: An evolutionary perspective". In P. Gilbert and K. Bailey (eds)., *Genes on the Couch: Explorations in Evolutionary Psychotherapy* (pp. 257-275). Hove, UK: Psychology Press.

Stern, D. N. (2004). *The Present Moment in Psychotherapy and Everyday Life*. New York: Norton.

Stevens, A. (1999). *Ariadne's Clue: A Guide to the Symbols of Humankind*. Princeton, NJ: The Princeton University Press.

Stopa, L. (2009). *Imagery and the Threatened Self: Perspectives on Mental Imagery and the Self in Cognitive Therapy*. London: Routledge.

Stott, R. (2007). "When the head and heart do not agree: A theoretical and clinical analysis of rational-emotional dissociation (RED). in cognitive therapy". *Journal of cognitive Psychotherapy: An International Quarterly, 21*: 37-50.

Suomi, S. J. (1999). "Attachment in rhesus monkeys". In J. Cassidy and P. R. Shaver (eds)., *Handbook of Attachment: Theory, Research and Clinical Applications* (pp. 181-197). New York: Guilford Press.

Swan, S., & Andrews, B. (2003). "The relationship between shame, eating disorders and disclosure in treatment". *British Journal of Clinical Psychology, 42*: 367-378.

Swann, W. B., Rentfrow, P. J., & Guinn, J. (2003). "Self verification: The search for coherence". in M. R. Leary, & J. P. Tangney (eds)., *Handbook of Self and Identity* (pp. 367-383). New York: Guilford Press.

Synder, C. R., & Ingram, R. E. (2006). "Special issue on positive psychology". *Journal of Cognitive Psychotherapy: An International Quarterly, 20*: 115-240.

Tangney, J. P., & Dearing, R. L. (2002). *Shame and Guilt*. New York: Guilford Press.

Tarrier, N. (ed.). (2006). *Case Formulation in Cognitive Behaviour*

Therapy: The Treatment of Challenging and Complex Cases. London: Routledge.

Teasdale, J. D., & Barnard, P. J. (1993). *Affect, Cognition and Change: Remodelling Depressive Affect*. Hove, UK: Psychology Press.

Teicher, M. H. (2002). "Scars that won't heal: The neurobiology of the abused child". *Scientific American, 286*(3).: 54-61.

Teicher, M. H., Samson, J. A., Polcari, A., & McGreenery, C. E. (2006). "Sticks and stones and hurtful words: Relative effects of various forms of childhood maltreatment". *American Journal of Psychiatry, 163*: 993-1000.

Thwaites, R., & Freeston, M. H. (2005). "Safety-seeking behaviours: Fact or fiction? How can we clinically differentiate between safety behaviours and additive coping strategies across anxiety disorders?". *Behavioural and Cognitive Psychotherapy, 33*: 177-188.

Tomkins, S. S. (1987). "Script theory". In J. Aronoff, A. I. Rubin, & R. A. Zucker (eds)., *The Emergence of Personality* (pp. 147-216). New York: Springer.

Tracy, J. L., Robins, R. W., & Tangney, J. P. (eds). (2007). *The Self-Conscious Emotions: Theory and Research*. New York: Guilford Press.

Trevarthen, C., & Aitken, K. (2001). "Infant intersubjectivity: Research, theory, and clinical applications". *Journal of Child Psychology and Psychiatry, 42*: 3-48.

Twenge, J. M., Gentile, B., DeWall, C. N., Ma, D. S., Lacefield, K., & Schurtz, D. R. (2010). "Birth cohort increases in psychopathology among young Americans, 1938-2007: A cross-temporal meta-analysis of the MMPI". *Clinical Psychology Review, 30*: 145-154.

Vessantara. (1993). *Meeting the Buddhas: A Guide to Buddhas, Bodhisattvas and Tantric Deities*. New York: Winhorse

Publications.

Wallin, D. (2007). *Attachment in Psychotherapy*. New York: Guilford Press.

Wang, S. (2005). " A conceptual framework for integrating research related to the physiology of compassion and the wisdom of Buddhist teachings". In P. Gilbert (ed.)., *Compassion: Conceptualisations, Research and Use in Psychotherapy* (pp. 75-120). London: Brunner-Routledge.

Warneken, F., & Tomasello, M. (2009). "The roots of altruism". *Brtish Journal of Psychology, 100*: 455-471.

Wells, A. (2000). *Emotional Disorders and Metacognition: Innovative Cognitive Therapy*. Chichester, UK: Wiley.

Wheatley, J., Brewin, C. R., Patel, T., Hackmann, A., Wells, A., Fischer, P., et al. (2007). "I'll believe it when I see it: Imagery rescripting of intrusive sensory memories". *Journal of Behavior Therapy and Experimental Psychiatry, 39*: 371-385.

Whelton, W. J., & Greenberg, L. S. (2005). "Emotion in self-criticism". *Personality and Individual Differences, 38*: 1583-1595.

Wilkinson, R., & Pickett, K. (2009). *The Spirit Level: Why More Equal Societies Almost Always Do Better*. London: Penguin.

Williams, M., Teasdale, J., Segal, Z., & Kabat-Zinn, J. (2007). *The Mindful Way Through Depression: Freeing Yourself From Chronic Unhappiness*. New York: Guilford Press.

Wills, F. (2009). *Beck's Cognitive Therapy: Distinctive Features*. London: Routledge.

Wilson, K. G. (2009). *Mindfulness for Two: An Acceptance and Commitment Therapy Approach to Mindfulness and Psychotherapy*. Oakland, CA: New Harbinger.

Wolfe, R. N., Lennox, R. D., & Cutler, B. L. (1986). "Getting along and getting ahead: Empirical support for a theory of protective and acquisitive self-presentation". *Journal of Social and Personality Psychology, 50*: 336-361.

Wroe, A. L., & Salkovskis, P. M. (2000). "Causing harm and allowing harm: A study of belifs in obsessional problems". *Behaviour Therapy and Research, 38*: 114-1162.

Zuroff, D. C., Santor, D., & Mongrain, M. (2005). "Dependency, self-criticism, and maladjustment". In J. S. Auerbach, K. N. Levy, & C. E. Schaffer (eds)., *Relatedness, Self-Definition and Mental Representation: Essays in Honour of sidney J. Blatt* (pp. 75-90). London: Routledge.

찾아보기

┃내 용┃

저자 소개

폴 길버트(Paul Gilbert)

영국 더비 대학교의 임상심리학 교수로서, 30년 넘게 수치심 문제와 관련된 기분 장애의 치료와 연구 활동에 전념하고 있다. 그는 영국 인지행동치료학회 회장을 역임하였고, 영국 심리학회 이사이며, 20년 이상을 자비중심치료의 발전에 기여해 왔다.

역자 소개

조현주(Cho Hyunju)

중앙대학교 심리학과 석사(임상전공)
고려대학교 심리학과 박사(임상 및 상담전공)
순천향대학교 천안병원과 중앙대학교 병원
임상심리수련감독자 및 연구교수 역임

현 영남대학교 심리학과 부교수(상담전공)
　　임상심리전문가
　　상담심리전문가
　　인지행동치료전문가
　　명상치유전문가

박성현(Park Sunghyun)

가톨릭대학교 심리학과 석사·박사(상담전공)

현 서울불교대학원대학교 상담심리학과 조교수
　　(사)한국상담심리학회 선임이사
　　상담심리전문가
　　명상치유전문가

자비중심치료
Compassion Focused Therapy

2014년 9월 20일 1판 1쇄 발행
2022년 4월 20일 1판 4쇄 발행

지은이 • Paul Gilbert
옮긴이 • 조현주 · 박성현
펴낸이 • 김진환
펴낸곳 • (주) 학지사
           04031 서울특별시 마포구 양화로 15길 20 마인드월드빌딩
대표전화 • 02)330-5114   팩스 • 02)324-2345
등록번호 • 제313-2006-000265호

홈페이지 • http://www.hakjisa.co.kr
페이스북 • https://www.facebook.com/hakjisabook

ISBN 978-89-997-0349-2 93180

정가 14,000원

이 도서의 국립중앙도서관 출판시도서목록(CIP)은 서지정보유통지원시스템 홈페이지(http://seoji.nl.go.kr)와 국가자료공동목록시스템(http://www.nl.go.kr/kolisnet)에서 이용하실 수 있습니다. (CIP 제어번호: CIP2014009467)

출판 · 교육 · 미디어기업 학지사

간호보건의학출판 학지사메디컬 www.hakjisamd.co.kr
심리검사연구소 인싸이트 www.inpsyt.co.kr
학술논문서비스 뉴논문 www.newnonmun.com
교육연수원 카운피아 www.counpia.com